Wolfgang Stölzle/Andreas Otto (Hrsg.)

Supply Chain Controlling in Theorie und Praxis

Wolfgang Stölzle / Andreas Otto (Hrsg.)

Supply Chain Controlling in Theorie und Praxis

Aktuelle Konzepte und Unternehmensbeispiele

Bibliografische Information Der Deutschen Bibliothek
Die Deutsche Bibliothek verzeichnet diese Publikation in der Deutschen Nationalbibliografie;
detaillierte bibliografische Daten sind im Internet über <http://dnb.ddb.de> abrufbar.

Prof. Dr. Wolfgang Stölzle ist Inhaber des Lehrstuhls für Betriebswirtschaftslehre mit Schwerpunkt Logistik und Verkehrsbetriebslehre und Direktor des Zentrums für Logistik und Verkehr (ZLV) an der Gerhard-Mercator-Universität Duisburg.

Dr. habil. Andreas Otto ist Produktmanager im Bereich Supply Chain Management bei der SAP AG in Walldorf sowie Privatdozent an der Friedrich-Alexander-Universität in Erlangen-Nürnberg.

1. Auflage September 2003

Alle Rechte vorbehalten
© Betriebswirtschaftlicher Verlag Dr. Th. Gabler/GWV Fachverlage GmbH, Wiesbaden 2003

Lektorat: Jutta Hauser-Fahr / Renate Schilling

Der Gabler Verlag ist ein Unternehmen der Fachverlagsgruppe BertelsmannSpringer.
www.gabler.de

Das Werk einschließlich aller seiner Teile ist urheberrechtlich geschützt. Jede Verwertung außerhalb der engen Grenzen des Urheberrechtsgesetzes ist ohne Zustimmung des Verlags unzulässig und strafbar. Das gilt insbesondere für Vervielfältigungen, Übersetzungen, Mikroverfilmungen und die Einspeicherung und Verarbeitung in elektronischen Systemen.

Die Wiedergabe von Gebrauchsnamen, Handelsnamen, Warenbezeichnungen usw. in diesem Werk berechtigt auch ohne besondere Kennzeichnung nicht zu der Annahme, dass solche Namen im Sinne der Warenzeichen- und Markenschutz-Gesetzgebung als frei zu betrachten wären und daher von jedermann benutzt werden dürften.

Umschlaggestaltung: Ulrike Weigel, www.CorporateDesignGroup.de
Druck und buchbinderische Verarbeitung: Lengericher Handelsdruckerei, Lengerich
Gedruckt auf säurefreiem und chlorfrei gebleichtem Papier
Printed in Germany

ISBN 3-409-12423-3

Vorwort

Im Zuge der Verbreitung des Supply Chain Management stellt sich zunehmend die Frage, inwieweit sich daraus auch ein Controlling-Bedarf ableitet. Dies hat in jüngster Zeit sowohl in der Wissenschaft als auch in der Praxis eine intensive Diskussion entfacht, die unter dem Begriff des Supply Chain Controlling geführt wird.

Die beiden Herausgeber verfolgen diese Entwicklung bereits seit einiger Zeit interessiert und nehmen dabei auch selbst eine aktive Rolle ein. Beispielhaft seien zwei Vorträge der Herausgeber auf einer Tagung der Wissenschaftlichen Kommission Logistik des Verbandes der Hochschullehrer für Betriebwirtschaft im Juli 2002 ebenso genannt wie die erste deutschsprachige Monographie zum Supply Chain Controlling, die 2002 publizierte Habilitationsschrift von *Andreas Otto*. *Wolfgang Stölzle* veranstaltete zusammen mit der Schmalenbach-Gesellschaft für Betriebswirtschaft im November 2002 ein gut besuchtes Unternehmergespräch zum Themenbereich Supply Chain Controlling in Duisburg.

Aus diesen Aktivitäten erwuchs das Vorhaben, eine kritische Bestandsaufnahme zum Supply Chain Controlling unter Beteiligung einschlägiger Wissenschafter und Experten aus der Unternehmenspraxis zu initiieren, um aus dem Spektrum der Fachexpertisen die Positionierung eines solchen Controlling-Konzepts vornehmen und Impulse für die zukünftige Auseinandersetzung mit dem Supply Chain Controlling vermitteln zu können.

Vor diesem Hintergrund liegt diesem Sammelband folgende Struktur zugrunde: In einem Überblicksartikel setzen sich die beiden Herausgeber gemeinsam in Form von Thesen mit dem „State of the Art" des Supply Chain Controlling auseinander. Der sich anschließende wissenschaftliche Block vertieft einzelne Facetten des Supply Chain Controlling – so dessen Wertorientierung (*Axel Neher*) und dessen Beitrag zur Wertschöpfung (*Klaus Möller*). Anschließend werden die Anforderungen diskutiert, die das Supply Chain Controlling an das Collaborative Planning Forecasting and Replenishment (CPFR) - Konzept stellt (*Herbert Kotzab* und *Christoph Teller*), bevor *Peter Kajüter* speziell die Risikodimension als Bezugspunkt des Supply Chain Controlling aufgreift. Im praxisbezogenen Teil beschäftigen sich zunächst aus Herstellersicht *Ulrich Lehner* und *Peter Florenz* mit dem Supply Chain Controlling bei einem Konsumgüterunternehmen, während *Frank Hasselberg* und Markus *Wagner* die Abstimmung des Supply Chain Controlling mit dem spezifischen Logistikkonzept eines Medizintechnik-Herstellers ansprechen. *Harald Gleißner* beschreibt spezifische Anforderungen an die Ausgestaltung des Supply Chain Controlling für den Versandhandel. Die beiden folgenden Beiträge sprechen die Logistik-Dienstleister an: *Andreas Froschmayer* thematisiert eine Gegenüberstellung der betriebswirtschaftlich relevanten Auswirkungen von Supply Chain Management - Aktivitäten in Gestalt einer Logistikbilanz, während *Christian Schneider* und *Wolfgang Draeger* auf die Auslegung des Supply Chain Controlling beim Angebot komplexer logistischer Dienstleistungen eingehen.

Allen Autoren sei an dieser Stelle sehr herzlich für ihr großes Engagement gedankt, mit ihren Beiträgen die Diskussion über das Supply Chain Controlling zu befruchten und an der einen oder anderen Stelle auch zu relativieren. Ein solches Vorhaben innerhalb der ursprünglich geplanten Meilensteine zu realisieren, spricht für die hohe Controlling-Affinität der Autoren.

Ein besonderes Dankeschön richtet sich an *Benjamin Werner* (Technische Universität München (Standort Weihenstephan)), der sehr eigenständig und höchst zuverlässig das Publikationsprojekt in formaler Hinsicht zur Vermarktungsreife gebracht hat. Die äußerst angenehme Zusammenarbeit zeigt, dass Controlling bei hoher Performance auch obsolet sein kann.

Wolfgang Stölzle und Andreas Otto

Inhaltsverzeichnis

Andreas Otto und *Wolfgang Stölzle*

Thesen zum Stand des Supply Chain Controlling 1

Supply Chain Controlling aus wissenschaftlicher Sicht

Axel Neher

Wertorientierung im Supply Chain Controlling 27

Klaus Möller

Supply Chain Valuation – Wertschöpfung in und durch
Supply Chain Networks 49

Herbert Kotzab und *Christoph Teller*

Kritische Erörterung des Collaborative Planning Forecasting and
Replenishment - Ansatzes aus der Sicht des Supply Chain Controlling 83

Peter Kajüter

Instrumente zum Risikomanagement in der Supply Chain 107

Supply Chain Controlling in der Praxis

Ulrich Lehner und *Peter Florenz*

Supply Chain Controlling bei Henkel 139

Frank Hasselberg und *Markus Wagner*

Siemens Medical Solutions: High Speed Logistik und
Supply Chain Controlling 171

Harald Gleißner

Supply Chain Controlling für die europaweite Endkundendistribution von
Großgütern und Möbeln im Versandhandel 197

Andreas Froschmayer

Supply Chain Solutions und „Logistik-Bilanz" 215

Christian Schneider und *Wolfgang Draeger*

Stand des Supply Chain Controlling am Beispiel eines integrierten
Logistikdienstleisters 227

Andreas Otto und Wolfgang Stölzle

Thesen zum Stand des Supply Chain Controlling

1. Vorbemerkung

2. Konzept des Supply Chain Controlling aus wissenschaftlicher Sicht

3. Bezüge des Supply Chain Controlling zur Unternehmenspraxis

4. Zukünftige Herausforderungen an das Supply Chain Controlling

Anmerkungen

Literaturverzeichnis

Privatdozent Dr. habil. Andreas Otto ist Mitarbeiter im Bereich Supply Chain Management der SAP AG in Walldorf sowie als Privatdozent am Lehrstuhl für Betriebswirtschaftslehre insbesondere Logistik an der Friedrich-Alexander-Universität in Erlangen-Nürnberg tätig.

Prof. Dr. Wolfgang Stölzle ist Inhaber des Lehrstuhls für Betriebswirtschaftslehre mit Schwerpunkt Logistik und Verkehrsbetriebslehre sowie Direktor des Zentrums für Logistik und Verkehr an der Universität Duisburg-Essen (Standort Duisburg).

1. Vorbemerkung

Mit der Durchdringung des Konzeptverständnisses des Supply Chain Management wurde nicht nur in der wissenschaftlichen Diskussion, sondern auch im Zuge von Implementierungsprojekten die Notwendigkeit erkannt, Controllingaufgaben zu identifizieren, die den spezifischen Anforderungen des Supply Chain Management Rechnung tragen. Dies führte in jüngster Zeit zu ersten Vorschlägen einer Gestaltung des Supply Chain Controlling. Mittlerweile ist in der Fachwelt eine recht intensive Diskussion über einen solchen neuen Controllingansatz im Gange. Wir nehmen insofern die aktuelle Situation zum Anlass, den Status Quo der Auseinandersetzung mit dem Supply Chain Controlling in Theorie und Praxis zu dokumentieren.

Es kann durchaus sein, dass dieser Beitrag für den einen oder anderen Vertreter der Disziplin zu früh erscheint. Fraglich mag etwa sein: Ist bereits so intensiv zum Supply Chain Controlling veröffentlicht worden, dass die Mühe, dessen Stand zu dokumentieren, gerechtfertigt ist? Oder noch provokativer: Ist das Supply Chain Controlling überhaupt disziplinär eigenständig genug, um mit seriöser Abgrenzungslogik einen separierbaren Entwicklungsstand ausmachen zu können?

Solche Zweifel sind grundsätzlich nachvollziehbar, wenngleich unseres Erachtens unberechtigt. Denn erstens liegt bereits ein Fundus von Arbeiten vor und zweitens lassen diese Arbeiten wenig Zweifel an dem Potenzial, Supply Chain Controlling als ein separates Objekt für das Controlling zu erschließen. Deutlich wird auch, dass die Ausführungen dieses Beitrags alles andere als einen Schlussstrich unter die konzeptionelle Debatte ziehen wollen. Vielmehr gilt es dazu beizutragen, die noch ausstehenden Diskussionen zum Supply Chain Controlling zu erleichtern und anzustoßen.

Die Inhalte werden in Form von Thesen aufbereitet, um komprimiert und übersichtlich argumentieren zu können. Eine Bewertung einzelner Beiträge in der Literatur ist mit den Thesen nicht verbunden. Insofern nehmen die Autoren ontologisch-methodologisch eine beobachtende Position ein. Die Thesen spiegeln also keine Meinungen, sondern Beobachtungen wider. Es geht nicht um die Beschreibung eines „richtigen Controlling". Eine Auflistung unserer „persönlichen" Präferenzen für ein wirksames Supply Chain Controlling haben wir an andere Stelle angeboten (*Otto* (2002a); *Stölzle* (2002)).

Der Beitrag hat drei Kapitel. Zunächst wird das Supply Chain Controlling als wissenschaftliches Konzept analysiert. Dabei werden die wesentlichen Konsens- und Dissensfelder herausgearbeitet. Da ein betriebswirtschaftliches Konzeptverständnis neben einem theoretischen Anspruch auch Aussagen zur praktischen Gestaltungskraft enthält, beschäftigt sich der nachfolgende Thesenblock mit dem Transferpotenzial für die Unternehmenspraxis. Hier kommen explizit Argumentationsmuster zum Einsatz, welche die praxisbezogene Auseinandersetzung mit dem Supply Chain Controlling prägen. Das dritte Kapitel schildert offene Fragen des Supply Chain Controlling. Dabei sollen auch solche Aspekte thematisiert werden, die zukünftig in der wissenschaftlichen Diskussion Beachtung finden sollten.

2. Konzept des Supply Chain Controlling aus wissenschaftlicher Sicht

2.1. Die Aufgaben des Supply Chain Controlling lassen kein eindeutiges Profil erkennen

Zu Beginn der Auseinandersetzung mit einer noch jungen Disziplin ist es hilfreich, sich mit den ihr zugeschriebenen Aufgaben zu befassen; mithin also zu fragen, was Supply Chain Controlling leisten soll.

Die Literatur nennt eine Vielzahl von Aufgaben. Zur leichteren Orientierung werden diese in einen Phasenzusammenhang gestellt, der folgende Argumentation vor Augen hat: Die Hinwendung zum Supply Chain Management als Leitlinie der Gestaltung des Unternehmens sowie seiner Umsysteme bedeutet für ein Unternehmen in der Regel Innovation und organisatorischen Wandel. In einer sehr weiten Auslegung hat das Supply Chain Controlling die Aufgabe, diesen Wandel zu unterstützen. Daraus ergeben sich zwei Phasen, in denen Unterstützung erforderlich ist (*Otto* (2002a), S. 2ff):

- Supply Chain Management initiieren und durchsetzen

Ein Supply Chain Management - Projekt zu beginnen, setzt eine Kalkulation des zu erwartenden Nettonutzens voraus. Dies ist eine wichtige Aufgabe des Supply Chain Controlling (*Otto* (2002), S. 4; *Gleißner* (2003), in diesem Band). Unterstellt man, dass informatorisch gut unterstützte Projekte mit höherer Wahrscheinlichkeit Beachtung erfahren und führt man sich zusätzlich vor Augen, dass die vergleichsweise risikohöheren unternehmensübergreifenden Supply Chain Management - Projekte mit den risikoärmeren unternehmensweiten Projekten um knappe Investitionsmittel konkurrieren, wird der Controllingbedarf offensichtlich. Ähnlich argumentiert auch *Möller*, jedoch aus einer explizit wertorientierten Perspektive (*Möller* (2002a), S. 315): Aufgabe des wertorientierten Controlling ist die Dokumentation und Sicherstellung der langfristigen Wertgenerierung. Nachdem ein Großteil des Handelns im Supply Chain Management aber darauf ausgerichtet ist, die unternehmensübergreifende Koordination zu optimieren, verschiebt sich die Dokumentationsaufgabe auf die unternehmensübergreifende Sphäre. Das „grenzenlose" Unternehmen (*Picot/Reichwald/ Wigand* (2001)) – im Sinne des Netzwerkverständnisses des Supply Chain Management – definiert sich über seine Beziehungen zu anderen Unternehmen. In diese Beziehungen wird „hineininvestiert". Inwieweit solche Beziehungen erfolgsrelevant sind, steht häufig nicht mehr im Mittelpunkt der Diskussion, denn damit sind massive Bewertungsprobleme verbunden (*Möller* (2002a), S. 315). Beispielhaft sei auf die Frage verwiesen, wie wertvoll es für ein Unternehmen ist, in ein Netzwerk eingebunden zu sein. Die Problematik wird verschärft durch die situative Nutzenstiftung einer Netzwerkintegration. Während ein vorhandener materieller Wert immer einen finanziellen Gegenwert hat, gilt dies für die Netzwerkintegration nicht unmittelbar. Es ist demnach zu fragen, mit welchem Maßstab und – gestützt auf welche Theorie – im Netzwerkkontext geschaffene Werte gemessen werden sollen.

Um Supply Chain Management durchzusetzen, sind Verhaltensänderungen im Zuge modifizierter Entscheidungsfindungsprozesse erforderlich. Nachdem sich organisationales Verhalten und Entscheiden an Anreizsystemen orientiert (*Simon* (1976)), gilt es, solche Anreizsysteme anzupassen, wenn Verhalten nachhaltig verändert werden soll. Dies ist ebenfalls Aufgabe des Supply Chain Controlling (*Otto* (2002a), S. 5). Controlling kann dies leisten, da sich die Anreizsysteme in den vom Controlling gesteuerten Planungs-, Kontroll- und Informationssystemen manifestieren. Letztlich geht es darum, die Supply Chain zwingend auch in der operativen Entscheidungsfindung zu verankern.

- Die laufende interorganisationale Entscheidungsfindung im Supply Chain Management unterstützen

Informationsbasis aufbauen und pflegen: Die vordringlichste Aufgabe des Supply Chain Controlling besteht darin, Performance zu definieren, zu messen und so in der Informationsbasis abzulegen, dass Entscheidungsträger darauf zugreifen können. *Simon u.a.* haben dies treffend als "Scorecard Keeping" bezeichnet (*Simon u.a.* (1954), S. 3). Der Begriff der Performance wird dabei umfassend und mehrdimensional verstanden, nämlich als Bewertung all derjenigen Phänomene, die auf die Erreichung der Ziele des Unternehmens Einfluss haben. Die besondere Bedeutung des „Scorecard Keeping" und der Informationsbasis wird auch in der Praxis bestätigt. *Hasselberg* und *Wagner* sehen dies als Basisaufgabe: Supply Chain Controlling überwacht kontinuierlich die strategischen Erfolgsdimensionen (*Hasselberg/Wagner* (2003), in diesem Band, S. 175). *Gleißner* gibt ein Beispiel aus Sicht eines Versandhandelsunternehmens: Supply Chain Controlling sorgt für die verursachungsgerechte Abbildung der Kosten- und Leistungskomponenten in der Endkundendistribution (*Gleißner* (2003), in diesem Band). *Schneider* und *Draeger* identifizieren als Aufgabe des Supply Chain Controlling, für die notwendigen Informationen zu sorgen, um die Supply Chain steuern zu können (*Schneider/Draeger* (2003), in diesem Band, S. 229f).

Gemeinsames Verständnis finden: Dem Supply Chain Controlling obliegt die Aufgabe, eine einheitliche Fachsprache und ein gemeinsames Prozessverständnis über alle Akteure in der Supply Chain zu entwickeln. Dazu gehört beispielsweise die wechselseitige Akzeptanz von Kennzahlen (*Weber* (2002b), S.186). Dies ist eine unerlässliche Voraussetzung, um gemeinsam Entscheidungsprozesse gestalten und durchführen zu können.

Lernen ermöglichen: Supply Chain Management als Handlungsprogramm empfiehlt eine Vielzahl von Maßnahmen. Allen ist gemein, dass sie erstens bisher noch keine umfangreiche theoretische oder praktische Absicherung erfahren haben und zweitens in ein komplexes, interorganisationales und interdependentes Handlungsgefüge eingreifen. Daraus erwächst die Notwendigkeit, Supply Chain Controlling als ein Instrument der Dokumentation von Konsequenzen aufzufassen und über ein unmittelbares operatives Feedback der Wirkungen an die Entscheidungsträger Lernprozesse im Sinne eines klareren Zusammenhangs von Ursache und Wirkung in Gang zu setzen (*Otto* (2002a), S. 5).

Kooperation aufbauen: Supply Chain Controlling sollte weiterhin die Kooperation der institutionellen Akteure fördern, was *Weber* in erster Linie als das Einigen auf eine gemeinsame Strategie und auf gemeinsame Ziele versteht (*Weber* (2002b), S. 185).

Vertrauen fördern: Zwischenbetriebliches Vertrauen ist ein Erfolgsfaktor des Supply Chain Management. Dieses Vertrauen hat neben strukturellen immer auch verhaltensgetriebene Ursachen (*Etgar* (1979). Wer Vertrauen erhöhen will, muss daher Verhalten beobachten und zum Managementobjekt machen. *Möller* fordert das Controlling dementsprechend auf, die hinlänglich bekannte aktivitätsorientierte Prozessanalyse durch eine rollenbasierte Analyse zu ergänzen (*Möller* (2002a), S. 316). Die Literatur zeigt, dass es dazu eine Reihe von Gründen gibt. Nach *Watzlawick u.a.* neigen Akteure dazu, Interaktionen unterschiedlich zu interpretieren, so dass Konflikte häufig dadurch gekennzeichnet sind, dass sich beide Seiten als Opfer sehen, die lediglich auf Provokationen des Anderen reagieren *(Watzlawick u.a.* (1967), S. 56 ff). *Pondy* nennt „Control" und „Coordination" als typische Gründe für Konflikte (*Pondy* (1967)). „Control" bedeutet, dass ein Akteur versucht, Kontrolle bzw. Dominanz über den Anderen auszuüben. „Coordination" repräsentiert Konflikte, die aus der Notwendigkeit entstehen, dass sich Akteure auf gemeinsame Handlungen zu verständigen haben. Wird dem Supply Chain Controlling eine Führungsunterstützungsfunktion für das Supply Chain Management zugeschrieben, muss es an beiden Konfliktquellen ansetzen, um Vertrauen in den Beziehungen zwischen den beteiligten Unternehmen aufzubauen. Dazu gehört nicht nur das Vertrauen in die fachliche Kompetenz eines (potenziellen) Partners (Competency Trust), sondern auch ein wechselseitiges Vertrauen in das Verhalten eines (potenziellen) Partners (Reciprocal Goodwill Trust), etwaige bestehende Opportunismusspielräume nicht auszunutzen (*Stuart/McCutcheon* (2000), S. 36).

Erfolgsteilung unterstützen: Während die oben genannten Aufgaben der Unterstützung des täglichen interorganisationalen Entscheidungsprozesses dienen und damit letztlich darauf abzielen, den verteilbaren Nettonutzen des Supply Chain Management für die Akteure zu maximieren („Increase the Pie"), hat das Supply Chain Controlling aber auch die Aufgabe, sich der Verteilung dieses Nutzens zu widmen („Divide the Pie"). Supply Chain Management will das Handeln rechtlich und in gewissem Maße auch wirtschaftlich voneinander unabhängiger Akteure harmonisieren, um beispielsweise über die Realisierung von sog. Economies of Scope ein Nutzenniveau zu erreichen, welches ohne den für das Supply Chain Management typischen Netzwerkansatz unerreichbar bliebe. Im Verlauf der Umsetzung der entsprechenden Maßnahmen entstehen Kosten für die beteiligten Akteure. Es kann nicht angenommen werden, dass an den entstehenden Nutzenkomponenten alle Akteure in gleicher Weise partizipieren. Wenn Supply Chain Management auf Dauer erfolgreich sein will, muss demnach dafür Sorge getragen werden, dass die Nutzen-Kosten-Gegenüberstellungen aus Sicht der einzelnen Akteure im Sinne der Anreiz-Beitrags-Theorie als gerecht empfunden werden. Dies ist ebenfalls eine Aufgabe des Supply Chain Controlling (*Möller* (2002a), S. 316; *Otto* (2002a), S. 7).

2.2. Logistik-Controlling und Supply Chain Controlling können über Aufgaben und Inhalte unterschieden werden

Ebenso wie die Abgrenzung von Logistik und Supply Chain Management umstritten ist, bleibt auch eine klare Unterscheidung des Logistik-Controlling vom Supply Chain Controlling offen (*Stölzle* (2002), S. 289f; *Weber* (2002b), S. 188). Eine eigenständige und nachhaltige Existenzberechtigung des Supply Chain Controlling bedingt die klare Herausstellung seiner Besonderheiten. Die Literatur schenkt dieser Problematik wenig Beachtung, allenfalls einen Hinweis auf dessen noch unreifen Zustand ganz am Beginn seiner Entwicklung. Hier sollen dennoch der Status quo aufgriffen und eine Systematisierung vorgeschlagen werden. Eine Trennlinie zwischen Logistik- und Supply Chain Controlling lässt sich demnach mit Hilfe der folgenden vier Kriterien zeichnen:

- Begründung/Motivation

Hier bieten Logistik- und Supply Chain Controlling keine Unterschiede. In beiden Bereichen werden die gleichen Argumentationen zu dessen Rechtfertigung vorgetragen. *Weber* argumentiert noch zwingender: Zwischen Logistik- und Supply Chain Controlling gibt es eine zentrale Übereinstimmung, in beiden Konzepten Controlling rationalitätsorientiert zu begründen (*Weber* (2002b), S. 189).

- Aufgaben

Wie die obigen Ausführungen zeigen, wird das Supply Chain Controlling mit Aufgaben betraut, die durchaus anders und im Vergleich zum Logistik-Controlling neu sind. Während einige bekannte Aufgaben im Supply Chain Controlling eine graduelle Veränderung – meist im Sinne einer Komplikation – erfahren (z.B. Leistung messen), haben bestimmte andere Aufgaben einen prinzipiell neuen Charakter, so etwa die interorganisationale Normierung von Prozessen und Kennzahlen oder das „gerechte" Verteilen von Nettonutzen. Kurz gesagt: An den Aufgaben kann man das Supply Chain Controlling also durchaus erkennen.

- Instrumente

Das bei den Aufgaben herausgearbeitete Identifikationsmerkmal gilt für die Instrumente nicht. Aus instrumenteller Sicht greift das Supply Chain Controlling ebenso wie das Logistik-Controlling etablierte Methoden auf und nimmt allenfalls graduelle

Änderungen an diesen vor. In Bezug auf die Instrumente erscheint es also – im Vorgriff auf die nächste These – nicht zielführend, eine scharfe Trennlinie ziehen zu wollen.

- **Inhalte**

Unseres Erachtens bietet lediglich die inhaltlich Analyse der Controllingkonzepte eine zwingende Rechtfertigung, tatsächlich von einem Supply Chain Controlling sui generis zu sprechen. Die Frage, was es im Supply Chain Controlling zu „controllen" gilt, wird man stärker erweitert beantworten als in Bezug auf das Logistik-Controlling. Theoretisch-konzeptionelle Arbeiten haben gezeigt, dass der Katalog der zu beherrschenden Phänomene groß und im Vergleich zum Logistik-Controlling auch über weite Teile neuartig ist (*Otto* (2002a)). Das heißt, auch wenn das Supply Chain Controlling seine Existenz und Aufgabe mit den bekannten (im Sinne von nicht neuen) Argumenten begründet und dazu traditionelle Instrumente vorsieht, wird das Besondere des Supply Chain Controlling an den Inhalten erkennbar sein.

2.3. Das Supply Chain Controlling wird im Wesentlichen methodisch-instrumentell gespeist

Verfolgt man die ersten Veröffentlichungen, die sich substanziell mit dem Supply Chain Controlling beschäftigen, so fällt eine starke Schwerpunktlegung im methodisch-instrumentellen Bereich auf. Dies zeigt für die anglo-amerikanische Literatur der Beitrag des von *LaLonde* und *Pohlen*, der die Kosten der Supply Chain in den Mittelpunkt stellt und hierzu einzelne Instrumente wie die Direkte Produkt-Profitabilität, die Prozesskostenrechnung respektive das Activity-Based Costing oder den Ansatz der Total Cost of Ownership thematisiert (*LaLonde/Pohlen* (1996), S. 2ff). Im deutschsprachigen Bereich hat sich *Kummer* früh zum Supply Chain Controlling geäußert und richtet dabei den Blick auf etablierte Controlling-Instrumente wie Kennzahlensysteme, das Benchmarking oder das Target Costing, die es an die Anforderungen des Supply Chain Controlling anzupassen gilt (*Kummer* (2001), S. 82ff). Insbesondere die Konzentration auf die Kostenbetrachtung und darauf aufbauend auf Kennzahlen ebenso wie auf das Benchmarking lässt erkennen, dass das Supply Chain Controlling in seinen Ursprüngen methodisch-instrumentell als Weiterentwicklung des Logistik-Controlling interpretiert wird (*Stölzle* (2002), S. 294).

Ohne expliziten Rückgriff auf das Logistik-Controlling stehen Publikationen, die sich mit der Anpassung der Balanced Scorecard an die Spezifika des Supply Chain Management befassen (z. B. *Brewer/Speh* (2001); *Stölzle/Heusler/Karrer* (2001); *Weber* (2002), S. 222ff). Dies ist zweifelsohne auch auf die große Popularität der Balanced Scorecard als Ansatz zur Strategieentwicklung und -umsetzung – mithin zur strategischen Steuerung – zurückzuführen. Darüber hinaus eignet sich die Balanced Scorecard in besonderer Weise, die Zielsetzungen anderer Akteure einer Supply Chain abzubilden und messbar zu machen (*Brewer/Speh* (2001), S. 52f). Als weiteres Beispiel für eine methodisch-instrumentelle Fortentwicklung hin zum Supply Chain Controlling, die ihre Wurzeln nicht im Logistik-Controlling hat, gilt ein Target Costing - Ansatz, in dem systematisch Lieferanten einbezogen werden (*Ellram* (2001)). Hier bleibt indessen die Übertragbarkeit auf den Netzwerkkontext des Supply Chain Management offen. Dass auch die Geschäftsbeziehungen zwischen den Akteuren einer Supply Chain im Controlling Berücksichtigung finden sollen, demonstriert *Weber* mit seiner Forderung nach einem Beziehungscontrolling, in dessen Zentrum das Konstrukt des institutionellen Vertrauens steht (*Weber* (2002b), S. 204ff).

Eine große Aufmerksamkeit erfahren bei Vorschlägen zur methodisch-instrumentellen Ausgestaltung des Supply Chain Controlling die operativen Zielgrößen der Logistik. Damit verbunden ist eine Konzentration auf die Leistungsparameter einer Supply Chain wie beispielsweise Lieferzuverlässigkeiten, Durchlaufzeiten, Reaktionszeiten oder Bestandsniveaus, jeweils aus unternehmensübergreifender Sicht beleuchtet (*Hieber/Nienhaus* (2002), S. 28). Eine Weiterentwicklung erfährt diese Betrachtung im Performance Measurement der Supply Chain (*Keebler* (2001b)). Inwieweit hierbei auch die übergeordneten Zielgrößen des Supply Chain Management Berücksichtigung finden, ist derzeit noch offen. Positiv formuliert liegt es mit Blick auf den umfassenden Anspruch des Supply Chain Management nahe, den Bedarf an einer methodisch-instrumentellen Weiterentwicklung an der theoretischen Substanz des Supply Chain Controlling auszurichten.

2.4. Die „Nicht-Controller" dominieren das Supply Chain Controlling

Mit Blick auf die theoriegeleitete Fundierung des Supply Chain Controlling fällt auf, dass diese bisher nahezu ausschließlich von „Nicht-Controllern" geleistet wurde. Als „Nicht-Controller" sollen hier Autoren bezeichnet werden, die sich mehrheitlich mit Themen außerhalb des Controllings befassen.[1] *Weber* ist einer der wenigen Autoren, die sich mit einer ausgeprägten Vergangenheit im Rechnungswesen und Controlling zum Supply Chain Controlling äußern. Für die Zukunft ist angesichts der mittlerweile intensiven Diskussion im Bereich von Logistik und Supply Chain Management zu erwarten, dass sich auch die etablierten Controllingforscher dem Supply Chain Controlling widmen werden.

Die bisherige Abstinenz der etablierten Controllingforschung im Supply Chain Controlling ist zu kommentieren: Zunächst hat dies offensichtlich Folgen für die Inhalte des Supply Chain Controlling. So wurden spezifische Themen zur Kostenrechnung im Supply Chain Management bisher kaum behandelt. Demnach stehen maßgebliche Beiträge jenseits der noch nicht sehr tief gehenden Einsicht, dass etwa die Kostenrechnungsbegriffe zu harmonisieren sind oder dass ein unternehmensübergreifendes Kostenmanagement benötigt wird, bislang aus. Zweitens speist sich daraus die Vermutung, dass der Logistik der Zugang zum Forschungsfeld Supply Chain Controlling vergleichsweise näher liegt. Gleichwohl wurde bereits erkannt, dass sich im Supply Chain Controlling ein Forschungs- und Anwendungsvakuum entwickelt hat, an dessen Schließung sich auch die generische Controllingforschung beteiligen sollte: „Diese Aufgabe kann natürlich auch von den inhaltlich ebenfalls betroffenen Disziplinen wie Beschaffungslehre, Logistik oder Marketing wahrgenommen werden. ... Hier sei mit Nachdruck dafür plädiert, dass das Controlling dieses ‚Forschungs- und Anwendungsvakuum' nutzt, um seinen Anspruch einer Führungsunterstützungsfunktion zu unterstreichen und nicht als Teilgebiet anderer Fachdisziplinen der Betriebswirtschaftslehre substituiert zu werden" (*Möller* (2002a), S. 314).

2.5. Die Controllingtheorie wird beim Supply Chain Controlling unzureichend berücksichtigt

Die Neuentwicklung einer betriebswirtschaftlichen Teildisziplin lässt in guter wissenschaftlicher Tradition die aktive Berücksichtigung des theoretischen „State of the Art" erwarten. Ein umfassender Rückgriff auf die konzeptionellen Grundlagen etablierter Nachbargebiete findet sich jedoch beim Supply Chain Controlling kaum. Besonders die anglo-amerikanischen Beiträge begründen ihren Forschungsbedarf aus einzelnen methodisch-instrumentellen Defiziten des Supply Chain Management, ohne auf die theoriegeleiteten Gedankengebäude der Controllingforschung einzugehen (z.B. *Keebler* (2001b), S. 415; *LaLonde/Pohlen* (1996), S. 1f). Dies mag daran liegen, dass die im deutschsprachigen Raum verbreitete Ausdifferenzierung der Controllingforschung im anglo-amerikanischen Raum keinen vergleichbar großen Stellenwert einnimmt und somit die hiesigen Forschungsbemühungen um das Controlling als „deutscher Sonderweg" erscheinen (*Schwarz* (2002), S. 10ff).

Ohne hier eine Würdigung der jüngst wieder neu entfachten Diskussion über den Stand der Controllingtheorie vornehmen zu wollen, bleibt zu konstatieren, dass diejenigen Beiträge, denen ein normativer Anspruch zum Supply Chain Controlling inne wohnt, auch einer theoriegeleiteten Verankerung im Controllingbereich bedürfen. Ob dieses theoretisch begründete Selbstverständnis des Supply Chain Controlling in der für das Controlling typischen Diskussion zu suchen ist, wird bisher nicht ausreichend beleuchtet. In der Konsequenz steht deshalb die Frage ungeklärt im Raum, welchem spezifischen Zweck das Supply Chain Controlling dienen sollte.[2]

2.6. Die rationalitätsorientierte Sicht dominiert das Supply Chain Controlling

Wer die akademische Auseinandersetzung zum Verständnis des Controlling über die letzten Jahre verfolgt hat, den wird es nicht verwundern, dass es auch das Supply Chain Controlling bisher nicht vermocht hat, sich zu dieser Diskussion für sich genommen abschließend zu äußern. Unabhängig davon, wie man Supply Chain Controlling auslegt, bleibt es in seinem Kern doch „Controlling", knüpft damit zwingend an die generische Controllingdiskussion an und erbt damit ebenso zwingend dessen ungeklärte Fragen.

Eine dieser Fragen, vielleicht sogar die wichtigste, knüpft am Controllingverständnis an: Welchen Zweck verfolgt Controlling, bzw. normativ formuliert, welchen Zweck sollte Controlling verfolgen? Die konzeptionellen Optionen zur Beantwortung dieser Frage (informationsorientiertes Controlling, koordinationsorientiertes Controlling, rationalitätsorientiertes Controlling) sind auch im Hinblick auf ihre Bedeutung im Supply Chain Controlling zu diskutieren.

Kaufmann und *Germer* beschränken das Supply Chain Controlling auf die Bereitstellung der notwendigen Informationen für das Supply Chain Management (*Kaufmann/Germer* (2002), S. 179ff). Diese Sicht ist informationsorientiert. Demgegenüber dominiert die rationalitätsorientierte Sicht als historisch jüngste konzeptionelle Ausrichtung des Controlling die aktuelle Diskussion. Hierbei soll durch das Supply Chain Controlling eine Verbesserung der Effektivität und Effizienz des Supply Chain Management erreicht werden.[3] Ohne in den entsprechenden Argumentationen explizit Bezug zur Rationalitätsorientierung zu nehmen, lassen sich weitere Beiträge in diese Richtung einordnen. Dazu gehören etwa *Göpfert/Neher* (2002) sowie *Kotzab/Teller* (2002).

Erstaunlich ist, dass der koordinationsorientierte Ansatz, wie er maßgeblich von *Horváth* (1996) formuliert wurde, in der Fundierung des Supply Chain Controlling bisher noch keine maßgebliche Rolle gespielt hat. Lediglich von *Möller* liegt eine normative Stellungnahme vor. Demnach sollte das Supply Chain Controlling einen Gestaltungsrahmen bereitstellen, der die zielorientierte Planung, Steuerung und Kontrolle zwischenbetrieblicher Koordination in der Wertkette unterstützt (*Möller* (2002a), S. 314ff). Aus Sicht der Praxis argumentieren *Hasselberg* und *Wagner* ebenfalls koordinationsorientiert, wenn sie definieren, dass Supply Chain Controlling alle internen und übergreifenden Logistikprozesse mit Hilfe von Kennzahlen steuern und koordinieren soll (*Hasselberg/Wagner* (2003), in diesem Band, S. 184f).

2.7. Einige Aspekte des Supply Chain Management finden im Supply Chain Controlling zu wenig Berücksichtigung

Neben den oben angesprochenen Unschärfen des Supply Chain Management selbst und den daraus entstehenden Unzulänglichkeiten des Supply Chain Controlling werden in der Literatur zum Supply Chain Management einzelne Themenkomplexe mit hoher Controlling-Affinität diskutiert. Dazu gehören beispielsweise Überlegungen zu Kosteneinflussgrößen in Zulieferer-Abnehmer-Beziehungen (*Cannon/Homburg* (2001), S. 31), die Auseinandersetzung mit der Profitabilität von Endverbrauchern in einer Supply Chain (*Niraj/Gupta/Narasimhan* (2001)) oder auch die Modellierung der Effekte von Supply Chain Management auf den Wertbeitrag für den Endverbraucher (*Nix* (2001), S. 64).

Die damit angesprochenen Zielgrößen des Supply Chain Management fließen zumindest als indirekte Ziele in das Supply Chain Controlling ein. In dessen Gegenstandsbereich fällt auch die Operationalisierung der Zielgrößen des Supply Chain Management einschließlich der Aufdeckung der entsprechenden Ursache-Wirkungs-Zusammenhänge. Demnach steht die Forderung im Raum, Untersuchungen über die Beeinflussung von ausgewählten Kostenkategorien in der Supply Chain, über den Wertbeitrag von Supply Chain Leistungen bis über Vorschläge zur Aufteilung von Erfolgsbeiträgen des Supply Chain Management (*Norek/Pohlen* (2001), S. 38) konzeptionell dem Supply Chain Controlling zuzuordnen. Dies erscheint umso wichtiger, als gerade die Leistungsdimensionen des Supply Chain Management aus Sicht der verschiedenen betriebswirtschaftlichen Teildisziplinen jeweils unterschiedlich wahrgenommen werden (*Otto/Kotzab* (2002)). Insofern gilt es, dem Zusammenspiel von Supply Chain Management und Supply Chain Controlling eine besondere Aufmerksamkeit zu schenken.

2.8. Die Unvollkommenheit des Supply Chain Management - Konzepts behindert die Ausformulierung eines Supply Chain Controlling - Konzepts

Die Forschung zum Supply Chain Controlling ist noch in einem sehr unreifen Zustand. Bisher kann weder von einem umfassenden Analyse- und Gestaltungsrahmen noch von einer ausgeprägten theoretischen Fundierung gesprochen werden. Dieser These von *Möller* schließen wir uns zunächst an und fragen nach den Gründen (*Möller* (2002a), S. 314).

Die Unvollkommenheit des Supply Chain Management - Konzepts, so unsere Beobachtung, behindert die Ausformulierung eines Supply Chain Controlling - Konzepts. Zur Verdeutlichung ist es hilfreich, zwischen Controllingtheorie und Supply Chain Management - Theorie zu unterscheiden. Die Controllingtheorie bildet denjenigen Fundus von Argumenten, die beschreiben, warum und wie man „controllt". Die Supply Chain Management - Theorie umfasst den Fundus von Argumenten, die beschreiben, warum und wie man eine Supply Chain gestaltet. Zweifelsohne wird die konzeptionelle Fundierung des Supply Chain Controlling erschwert, wenn es keinen Konsens über die Supply Chain Management - Theorie gibt. Dieser Konsens liegt jedoch noch in weiter Ferne. Denn erstens ist das Feld jung, zweitens hat es erst in den letzten Jahren die Qualität „anekdotischer" Einzelfallforschung mit fragwürdigem Generalisierungspotenzial verlassen und drittens bearbeitet es einen sehr breiten Kanon an Fragestellungen zum Management zum Supply Chains (*Otto* (2002), S. 175ff). Wenn Controlling nicht im Formalen verbleiben (siehe dazu mehr in der nächsten These), sondern materiell verankerte und explizit auf das Objekt Supply Chain Management referenzierende Empfehlungen aufbauen will, muss es sich auch intensiv mit der Supply Chain Management - Theorie auseinander setzen.

2.9. Supply Chain Controlling ist eine Chance für ein „materielles" Controllingverständnis

Kappler hat den Begriff der „ästhetischen Theorie des Controlling" eingeführt (*Kappler* (2002)). Ohne diesen Gedankengang hier im Einzelnen nachzuzeichnen, bietet er eine Brücke zu dem hier als „materiell" zu bezeichnenden Ansatz des Supply Chain Controlling. „Materiell" bedeutet, dass es dem Supply Chain Controlling obliegt, die oft komplexen Kausalketten zwischen Ursachen und Wirkungen in der Gestaltung von Supply Chains, für deren Aufstellung primär das Supply Chain Management zuständig ist, aufzudecken und kritisch zu hinterfragen. Ein Beispiel sei zur Klärung angefügt: Wenn das Supply Chain Management die Aufgabe hat, Bestände zu senken, welche Phänomene sind dann zu messen? Wenn geeignete Indikatoren (Kennzahlen) zur Dokumentation der Bestandssituation gefunden sind, mit welchen Indikatoren kann dann die hinter der finalen Bestandskennzahl liegende Kausalkette aufgedeckt und dokumentiert werden? Materielles Controlling befasst sich also mit dem Aufdecken der „Theory in Use" (*Argyris/Schön* (1996), S. 13)) in Organisationen. Es trägt dazu bei, Ursache-Wirkungs-Zusammenhänge zu identifizieren, zu hinterfragen, anhand der übergeordneten SCM-Zielgrößen zu bewerten und Veränderungsoptionen aufzuzeigen. Letztlich greift es damit das gleiche Problem auf, das *Kaplan/Norton* dazu bewogen hat, die kausalen Verknüpfungen zwischen den strategischen Handlungsfeldern des Unternehmens in Scorecards zu dokumentieren (*Kaplan/Norton* (1997)).

Nachdem für das Supply Chain Management noch keine hinlänglich akzeptierten Kausalketten existieren und somit zielgerichtete Entscheidungen – z.B. bei der Konfiguration von Supply Chains oder deren Steuerung – nur mit Risiko zu treffen sind, bietet sich dem Supply Chain Controlling hier in besonderer Weise eine Herausforderung (und Chance), materielles Controlling zu initiieren. Die Mehrheit der Beiträge zum Supply Chain Controlling fokussiert auf instrumentelle Fragen und wartet mit meist argumentativ gewonnenen Erkenntnis auf, bestimmte Instrumente (z.B. Balanced Scorecard, Target Costing, Prozesskostenrechnung) auch für das Supply Chain Controlling nutzen zu können. Wenn es aber nicht gelingt, die Qualität der Forschung zum Supply Chain Controlling über solche Transferaussagen hinauszubringen, wird dem Supply Chain Controlling keine lange akademische Zukunft bevorstehen.

3. Bezüge des Supply Chain Controlling zur Unternehmenspraxis

Das betriebswirtschaftliche Konzeptverständnis umfasst neben einer theoretischen Fundierung auch Aussagen zur Anwendungsnähe (*Stölzle* (1999), S. 16). Die folgenden beiden Thesen greifen diesen Aspekt auf, indem sie prüfen, inwieweit die wissenschaftliche Literatur auf diesen Praxisbezug eingeht.

3.1. Einige der dem Supply Chain Controlling zugeschriebenen Methoden und Instrumente entstammen aus bekannten Controlling-Anwendungen

Die methodisch-instrumentelle Ausrichtung des Supply Chain Controlling reflektiert nicht nur die Wurzeln des Konzepts, die im Logistik-Controlling liegen, sondern auch dessen unmittelbare praxisbezogene Relevanz. Wie bereits oben im Zusammenhang mit den Ursprüngen des Konzepts erläutert, weisen die meisten Methoden und Instrumente des Supply Chain Controlling eine Verankerung in bestehenden Controlling-Anwendungen auf. Stellvertretend seien die Prozesskostenrechnung bzw. das Activity-based Costing (*LaLonde/Pohlen* (1996), S. 3; *Weber* (2002b), S. 212ff), das Target Costing (*Ellram* (2001), *Möller* (2002b)), der Ansatz der Total Cost of Ownership (*LaLonde/Pohlen* (1996), S. 3f; *Ellram* (2002)), selektive Kennzahlen (*Weber* (2002b), S. 218ff) oder auch die Balanced Scorecard (*Brewer/Speh* (2001); *Stölzle/Heusler/Karrer* (2001); *Weber* (2002b), S. 222ff) genannt. Erste empirische Ergebnisse einer explorativen Untersuchung aus dem Jahr 2002 in Deutschland bestätigen die Dominanz der Methoden und Instrumente, die das Supply Chain Controlling aus dem traditionellen Controlling adaptiert haben (*Göpfert/Neher* (2002)). Zumindest kann nicht sichergestellt werden, ob die Unternehmenspraxis generell und speziell die Teilnehmer der Erhebung mit dem wissenschaftlichen Verständnis von Supply Chain Controlling konform gehen oder eher eine starke Nähe zwischen dem Supply Chain Controlling und dem Logistik-Controlling sehen.

Vereinzelt werden auch neue Methoden und Instrumente unter der Kategorie des Supply Chain Controlling vorgestellt. Zur Unterstützung von Konfigurationsentscheidungen der Supply Chain schlagen beispielsweise *Kaufmann* und *Germer* so genannte Supply Chain Maps vor, mit deren Hilfe sich ein Akteur einen Überblick über die vor- und nachgelagerten Wertschöpfungsstufen verschaffen kann (*Kaufmann/Germer* (2001), S. 182ff). Dieselben Autoren skizzieren zur Steuerung von Supply Chains ein Beanspruchungs- und Belastbarkeitsportfolio, um zu überprüfen, in welchem Maß eine Supply Chain bzw. ein Supply Chain - Abschnitt mit seinem Leistungsprofil den spezifischen Anforderungen gewachsen ist und in welchem Umfang ggf. Anpassungsentscheidungen notwendig sind (*Kaufmann/Germer* (2001), S. 184ff).

Weitgehend vermisst werden demgegenüber spezifische Methoden und Instrumente, die auf die oben diskutierte Rationalitätsorientierung im Supply Chain Management abzielen. Hier sind Ansätze gefragt, welche den Wirkungsdefekten von Informationsasymmetrien, nicht ausbalancierten Machtstrukturen oder auch schlicht den Opportunismusneigungen der Akteure begegnen. Zusammenfassend findet die aus theoretischer Sicht anerkannte Rationalitätsorientierung bislang keinen adäquaten Niederschlag im methodisch-instrumentellen Teil des Supply Chain Controlling.

3.2. Um die Anwendungsnähe des Supply Chain Controlling zu verstärken, ist eine differenzierte institutionelle Betrachtung notwendig

Supply Chain Controlling erstreckt sich über mehrere Unternehmen, verarbeitet Informationen aus mehreren Unternehmen und berichtet über mehrere Unternehmen. Dies erfordert u.a. eine interorganisationale Institutionalisierung des Supply Chain Controlling. Dies betrifft etwa folgende Fragen (*Otto* (2002c), S. 58): Wer in den Unternehmen ist verantwortlich für das Supply Chain Controlling? Wie interagieren diese Unternehmensvertreter untereinander? Gibt es einen Primus inter pares? Gibt es ein offizielles Berichtswesen? Wer entscheidet, wenn es unterschiedliche Auffassungen über die Richtigkeit von Berichten oder Kennzahlen gibt? Wer darf welche Informationen einsehen? Gibt es eine zentrale Ablage von Daten und wer hat darauf Zugriff?

Diese institutionellen Fragen erfahren bislang weder beim Supply Chain Management noch beim Supply Chain Controlling eine zufriedenstellende Antwort. *Göpfert* und *Neher* platzieren in ihrer empirischen Untersuchung zwar die vier Alternativen dezentrale Lösung, einfache zentrale Lösung, teambasierte Lösung und auf Fremdvergabe basierte Lösung (*Göpfert/Neher* (2002), S. 42). Offen bleibt dabei jedoch, wer Träger welcher Aufgaben des Supply Chain Controlling sein sollte. Dieses in der wissenschaftlichen Literatur bisher vorhandene Defizit ist maßgeblich mit verantwortlich für Akzeptanzdefizite des Supply Chain Controlling in der Unternehmenspraxis.

Liegt der Schwerpunkt einer Betrachtung des Supply Chain Controlling auf der Unternehmensebene, kann auf die bestehenden Vorschläge zur institutionellen Einbettung des Logistik-Controlling zurückgegriffen werden (*Weber* (2002b), S. 293ff). Im Falle einer Einordnung des Supply Chain Controlling auf der Kooperationsebene – mithin der dyadischen Beziehung zwischen zwei Akteuren in der Supply Chain – bietet sich die Suche nach Parallelen zum Kooperationscontrolling (*Stölzle* (2002), S. 290-292) an. Auch hier finden sich jedoch nur vereinzelte Hinweise auf adäquat erscheinende Organisationslösungen.[4] Sofern dem Supply Chain Controlling ein Netzwerkverständnis (*Otto* (2002b), S. 23) anhaftet, können Anleihen beim Netzwerk-Controlling (*Stölzle* (2002), S. 292f; *Otto* (2002a), S. 271ff) gesucht werden. Dabei stellt sich die Frage, welche organisatorische Ausgestaltung das Supply Chain Controlling bei unterschiedlichen Netzwerktypen erfährt. Die Notwendigkeit für ein auf die Netzwerkebene ausgelegtes Supply Chain Controlling ergibt sich schon aus den vielfältigen Koordinationsbedarfen, etwa im Hinblick auf ein abgestimmtes Bestands- und Kapazitätsmanagement oder eine Bewertung von Netzwerkleistungen[5]. Konkrete organisatorische Gestaltungsempfehlungen enthält das Konzept des Supply Chain Controlling dazu jedoch bislang nicht. Insofern gehört die Auseinandersetzung mit der institutionellen Verankerung des Supply Chain Controlling zu dessen zukünftigen Herausforderungen.

4. Zukünftige Herausforderungen an das Supply Chain Controlling

4.1. Status quo und Fortschritt messen

Gleichgültig, welchen Weg das Supply Chain Controlling konzeptionell einschlägt (z.B. informationsorientiert, rationalitätsorientiert, koordinationsorientiert), wird es sich in der Praxis zunächst einigen ungelösten Problemen widmen müssen. Dazu gehört vordringlich, Kosten entlang der Wertschöpfungskette nachvollziehbar und verursachungsgerecht zu erheben. Wie wenig befriedigend dies bisher gelöst ist, zeigt ein Blick insbesondere in die US-amerikanische Literatur. Hier dominiert eine Annäherung an das Logistik- und Supply Chain Controlling auf einem sehr operativen Niveau. So wird konstatiert, dass die Basisvoraussetzungen, deren Existenz innerhalb eines Unternehmens in der Regel als gegeben angenommen werden kann, im Logistik- und Supply Chain Controlling nicht vorhanden sind. *LaLonde* und *Pohlen* beobachten etwa, dass die Kosten des Bewegens von Produkten vom Erzeuger durch die Supply Chain bis zum Endkunden in der Regel nicht bekannt sind (*LaLonde/Pohlen* (1996), S. 1). Dementsprechend schwierig ist es auch, leistungsbezogene Verbesserungspotentiale zu lokalisieren und durchgeführte Verbesserungsmaßnahmen zu beurteilen.

4.2. Begriffe, Methoden und IT-Systeme interorganisational standardisieren

Innerhalb eines Unternehmens vermag Controlling üblicherweise auf einen Fundus definierter, akzeptierter, erprobter und durchsetzbarer Definitionen und Konzepte zurückzugreifen. Supply Chain Controlling kann dies nicht. Unternehmensbezogen definierte Begriffe verlieren in einem interorganisationalen Kontext ihre Eindeutigkeit und erfordern Abstimmung sowie Harmonisierung (Was sind die Logistikkosten? Wie werden Bestandskosten erfasst? Wie wird ein Servicelevel gemessen?).

Ein weiterer Standardisierungsbedarf bezieht sich auf die Methoden und Instrumente des Supply Chain Controlling sowie auf die Prozeduren, die bei ihrer Anwendung einzuhalten sind. Dazu gehört auch die Überwindung von Implementierungsbarrieren. Diese Problematik wird in der Literatur bereits diskutiert; so etwa von *Brewer* und *Speh* für die interorganisationale Implementierung einer „Balanced Scorecard" (*Brewer/Speh* (2001), S. 53ff) oder von *Kummer* sowie *Norek* und *Pohlen* für das „Cost Management" (*Kummer* (2001), S. 83; *Norek/Pohlen* (2001), S. 48).

Die Standardisierung wird aber auch zu einem Implementierungsproblem. Sobald das Supply Chain Controlling in der Praxis das Versuchsstadium verlassen hat, führt die erforderliche Standardisierung zu Konsequenzen für die Datenerhebung, -aufbereitung und -verarbeitung durch IT-Systeme. Wenn Bestände, Kosten und Servicelevel modifiziert, mitunter sogar mit parallel zu führenden, von einander abweichenden Definitionen gemessen werden, sind die entsprechenden Programme anzupassen. Das Supply Chain Controlling wird im Bereich der Harmonisierung der IT-Systeme sowie der Anpassung und Automatisierung der Schnittstellen zur Erzeugung von Berichten mit einem herausfordernden Aufgabenfeld konfrontiert werden. So ist *Gleißner* zuzustimmen: „Die Integration des Berichtswesens und der Datenlandschaft ist ein schwieriger Prozess, dem viel Zeit eingeräumt werden sollte" (*Gleißner* (2003), in diesem Band, S. 213).

4.3. Interorganisationale Transparenz durch Entscheidungsspielregeln ermöglichen

Supply Chain Controlling kann auf die Sicherung von Rationalität ausgerichtet sein. Unter anderem wird es mit Blick auf die Beschränkung von Opportunismusspielräumen dafür sorgen, die Transparenz[6] in Entscheidungssituationen zu verbessern. Diese Transparenzerhöhung kann bei bestimmten Netzwerktypen jedoch gerade opportunistische Verhaltensmuster fördern. Beispielsweise vermag Transparenz über Bestände in der Supply Chain dazu führen, dass bestimmte Akteure opportunistisch mit Beständen umgehen. So zeigt die Bestandstransparenz, welche Akteure derart viel oder derart wenig Bestände besitzen, dass sie für sie nachteilig wirkende Entscheidungen akzeptieren müssen. Transparenz gepaart mit nicht ausbalancierten Machtgefällen in der Supply Chain sowie mit hoher Opportunismusneigung der Akteure kann demzufolge auch kontraproduktiv wirken.

In Kenntnis der potenziell nachteiligen und damit letztlich Akzeptanz senkenden Effekte weitreichender Transparenz in der Supply Chain wird deutlich, dass sich das Supply Chain Controlling auch die Etablierung, Durchsetzung und Überwachung von Spielregeln zur Entscheidungsfindung im interorganisationalen Kontext („Codes of Conduct") unterstützen muss, wenn langfristig rationales Verhalten induziert werden soll. Solche Regeln können etwa verhindern, dass Akteure die Bestandstransparenz ihrer Kunden und Lieferanten zu ihrem eigenen Vorteil einseitig ausnutzen. Notwendig ist es deshalb auch, ein Supply Chain Controlling - Konzept zu erarbeiten, das nach verschiedenartigen Netzwerktypen, in denen sich z.B. die Macht- und Stabilitätsverhältnisse jeweils unterschiedlich darstellen und damit Opportunismusneigungen anders ausfallen, differenziert und jeweils spezifisch auf die oben angesprochenen Bedarfe der Informationsversorgung, der Koordination und der Rationalitätssicherung eingeht.

4.4. Theorien zur Bewertung interorganisationaler Potenziale aufbauen

Supply Chain Management hat zum Ziel, gezielt die Beziehungen zwischen Unternehmen zu gestalten, weil solche Beziehungen auch für den einzelnen Akteur erfolgsrelevant sind. Der Aufbau und die Aufrechterhaltung dieser Beziehungen verursacht in der Regel Kosten. Versucht man im betriebswirtschaftlichen Sinne, nicht nur die verzehrten Kosten, sondern auch die damit erzeugten Nutzenkomponenten in eine formale Bewertung zu überführen, ergeben sich Mess- und Bewertungsprobleme. Dazu gehört etwa die Frage: Wie hoch ist der Wert einer „guten" Beziehung? (*Helm/Günter* (2001)). Das Beispiel verdeutlicht, dass es einer Theorie bedarf, um den Erfolg des Supply Chain Managements, also dessen Nutzen und Kosten zu ermitteln. Einen solchen theoriegeleiteten Erklärungsansatz gilt es auch auf einem operationalen Niveau zu etablieren.

4.5. Den Nutzen eines Supply Chain Controlling in Verbindung mit dem Nutzen des Supply Chain Management sehen

Weniger populär erscheint in der wissenschaftlichen Diskussion bisher die Frage nach spezifischen Investitionen und Zusatzkosten, die für die Akteure mit der Einführung eines Supply Chain Controlling, etwa infolge einer Anpassung von Controlling-Instrumenten oder nötigen Adaptionen von Controlling-Hard- und/ oder Software, anfallen. In der Konsequenz wird damit die Effizienz des Supply Chain Controlling angesprochen. So bleibt zu untersuchen, ob das Supply Chain Controlling innerhalb der Supply Chain mit einer einheitlich starken Intensität betrieben oder differenziert angewandt werden soll. Demnach ist vorstellbar, das Supply Chain Controlling nicht in der ganzen Supply Chain, sondern nur bei bestimmten Akteuren einer Supply Chain zu realisieren[7]. Insofern würde das Supply Chain Controlling gezielt und differenziert zur Unterstützung des Supply Chain Management eingesetzt. Diese Überlegungen beeinflussen unmittelbar die Akzeptanz des Supply Chain Controlling bei den Akteuren. Im Ergebnis trägt die Absicherung von Supply Chain Controlling - Anwendungen über Effizienzkalküle dazu bei, das Konzept des Supply Chain Controlling vor einer grundsätzlichen Infragestellung in der Unternehmenspraxis zu schützen.

4.6. Antizipativ mit dem Supply Chain Controlling auseinandersetzen und den „Return on Research" steigern

Resümierend ist festzuhalten, dass das Supply Chain Controlling über einen eigenständigen Kern verfügt und zudem für die Einführung sowie die Akzeptanz des Supply Chain Management einen eigenen Beitrag zu leisten vermag. Allerdings wurde in mehreren Passagen dieses Thesenpapiers herausgestellt, dass die Integrationskraft des

Supply Chain Controlling insofern zu schwach ausgeprägt ist, als einzelne, controllingaffine Elemente des Supply Chain Management bisher eher isoliert diskutiert werden und somit keinen Eingang in das Konzept des Supply Chain Controlling gefunden haben. Sofern es der Forschung gelingt, den Integrationsanspruch des Supply Chain Controlling etwa auf den Gebieten Finanzfluss in der Supply Chain (*Ceccarello* (2002), S. 45ff); *Ellram/Liu* (2002); *Keebler* (2001a)), Kostenmanagement (*Cooper/Slagmulder* (1999), S. 150; *Kajüter* (2002), S. 37f) oder auch Performance Management (*Stölzle/Karrer* (2002)) zu befriedigen, diese Gebiete methodisch-instrumentell auszugestalten und in die Implementierungsaufgabe des Supply Chain Controlling einzubeziehen, vermag die wissenschaftliche Auseinandersetzung der Unternehmenspraxis eine brauchbare Steilvorlage zu liefern. Bei deren Annahme darf die Forschungslandschaft hoffen, aus den zu gewinnenden Umsetzungserfahrungen neuen empirischen Nährwert zu ziehen.

Anmerkungen

[1] Dazu zählen etwa *Stölzle* (2002), *Kaufmann/Gerner* (2002), *Göpfert* (2001), *Göpfert/Neher* (2002), *Otto* (2002a), *Otto* (2002b).

[2] Natürlich kann diese Beobachtung nicht verwundern, denn wenn es selbst den reinen Controllingforschern nicht gelingt, sich begründet und für alle nachvollziehbar auf einen solchen Zweck zu einigen, wie soll es dann den wenigen Beiträgen zum Supply Chain Controlling gelingen?

[3] Zu nennen sind die Beiträge von *Weber* (2002a), *Otto* (2002a), *Pietsch/Scherm* (2002), *Stölzle* (2002), *Neher* (2003), in diesem Band, sowie *Schneider/Draeger* (2003), in diesem Band.

[4] *Jehle* und *Stüllenberg* schlagen beispielsweise ein Entwicklungskomitee vor, das von den Kooperationsträgern gebildet wird und selbst ein Controlling-Team beruft (*Jehle/Stüllenberg* (2001), S. 217-219). *Ellram* empfiehlt für die Organisation des Target Costing in Kooperationen zwischen Abnehmern und ihren Zulieferern die Einrichtung funktions- und unternehmensübergreifender Teams (*Ellram* (2002), S. 94).

[5] *Cooper* und *Slagmulder* begründen dies speziell für das „inter-organizational cost management", ohne dabei organisatorische Lösungen vorzustellen (*Cooper/Slagmulder* (1999), S. 145-161).

[6] Transparenz soll hier in Anlehnung an *Otto* als Eigenschaft einer Entscheidungssituation verstanden werden: „Eine Entscheidungssituation ist transparent, wenn erstens der Entscheider den Zusammenhang von Input und Output erklären und damit bei Kenntnis einer Inputkonstellation den Output prognostizieren kann und wenn zweitens die Ausprägungen aller für relevant erachteten Inputvariablen bekannt sind.

Transparenz hat damit eine kognitive Komponente und eine Datenkomponente." (*Otto* (2002a), S. 329).

[7] So spricht sich *Göpfert* für einheitliche Netzwerkgrenzen aus, die sowohl für das Supply Chain Management insgesamt als auch das Supply Chain Controlling Gültigkeit besitzen (*Göpfert* (2003), S. 23). *Kotzab* und *Teller* beschäftigen sich mit Maßgrößen für die Beurteilung einer Effizienz der Supply Chain insgesamt (*Kotzab/Teller* (2002), S. 242-246).

Literaturverzeichnis

Argyris, C./Schön, D. (1996): Organizational Learning – Theory, Method, and Practice. Reading, Ma. 1996.

Brewer, P.C. (2002): Aligning Supply Chain Incentives Using the Balanced Scorecard. In: Supply Chain Forum – An International Journal 3(2002)1, S. 12-19.

Brewer, P.C./Speh, T.W. (2001): Adapting the Balanced Scorecard to Supply Chain Management. In: Supply Chain Management Review 5(2001)2, S. 48-56.

Cannon, J.P./Homburg, C. (2001): Buyer-Supplier Relationships and Customer Firm Costs. In: Journal of Marketing 65(2001)1, S. 29-43.

Ceccarello, C. u.a. (2002): Financial Indicators and Supply Chain Integration. A European Study. In: Supply Chain Forum – An International Journal 3(2002)1, S. 44-52.

Cooper, R/Slagmulder, R. (1999): Supply Chain Development for the Lean Enterprise. Portland et al. 1999.

Corbett, C.J./DeCroix, G.A. (2001): Shared Savings Contracts for Indirect Materials in Supply Chains. Channel Profits and Environmental Impacts. In: Management Science 47(2001)7, S. 881-893.

Dekker, H.C./Goor, A.R.v. (2000): Supply Chain Management and Management Accounting. A Case Study of Activity-Based Costing. In: International Journal of Logistics 3(2000)1, S. 41-52.

Ellram, L.M. (2001): Purchasing and Supply Managements Participation in the Target Costing Process. In: *Belz, C./Mühlmeyer, J.* (Hrsg.): Key Supplier Management. St. Gallen 2001, S. 78-101.

Ellram, L.M. (2002): Total Cost of Ownership. In: *Hah, D./Kaufmann, L.* (Hrsg.): Handbuch Industrielles Beschaffungsmanagement. 2., überarb. u. erw. Aufl. Wiesbaden 2002, S. 659-671.

Ellram, L.M./Liu, B. (2002): The Financial Impact of Supply Management. In: Supply Chain Management Review 6(2002) Nov./Dez., S. 30-37.

Etgar, M. (1979): Sources and Types of Intrachannel Conflict. In: Journal of Retailing 55(1979)1, S. 61-78.

Gleißner H. (2003): Supply Chain Controlling für die europaweite Endkundendistribution von Großgütern und Möbeln im Versandhandel. In: *Stölzle W./Otto A.* (Hrsg.): Supply Chain Controlling in Theorie und Praxis. Wiesbaden 2003, S.197-214.

Göpfert, I. (2003): Zukunftsperspektiven des Supply Chain Controlling. Erkenntnisse aus einer aktuellen Praxisstudie. In: *Hossner, R.* (Hrsg.): Logistik Jahrbuch 2003. Düsseldorf 2003, S. 22-26.

Göpfert, I./Neher, A. (2002): Supply Chain Controlling. Wissenschaftliche Konzeptionen und praktische Umsetzungen. In: Logistik Management 4(2002)3, S. 34-44.

Hasselberg F./Wagner M. (2003): Siemens Medical Solutions: High Speed Logistik und Supply Chain Controlling. In: *Stölzle W./Otto A.* (Hrsg.): Supply Chain Controlling in Theorie und Praxis. Wiesbaden 2003, S.171-195.

Helm, S./Günter, B. (2001): Kundenwert – Eine Einführung in die theoretischen und praktischen Herausforderungen der Bewertung von Kundenbeziehungen. In: *Günter, B.; Helm, S.* (Hrsg.): Kundenwert. Grundlagen, innovative Konzepte praktische Umsetzungen. Wiesbaden 2001, S. 3-35.

Hieber, R./Nienhaus, J. (2002): Supply Chain Controlling – Logistiksteuerung der Zukunft? In: Supply Chain Management 2(2002)4, S. 27-33.

Horváth, P. (1996): Controlling. 6. Auflage. München 1996.

Jehle, E./Stüllenberg, F. (2001): Kooperationscontrolling am Beispiel eines Logistikdienstleisters. In: *Bellmann, K.* (Hrsg.): Kooperations- und Netzwerkmanagement. Berlin 2001, S. 209-230.

Jehle, E./Stüllenberg, F./Schulze im Hove, A. (2002): Netzwerk - Balanced Scorecard als Instrumente des Supply Chain Controlling. In: Supply Chain Management 2(2002)4, S. 19-25.

Kajüter, P. (2002): Proactive Cost Management in Supply Chains. In: *Seuring, S./Goldbach, M.* (Hrsg.): Cost Management in Supply Chains. Heidelberg, New York 2002, S. 31-51.

Kaminski, A. (2002): Logistik-Controlling. Entwicklungsstand und Weiterentwicklung für marktorientierte Logistikbereiche. Wiesbaden 2002.

Kaplan, R./Norton, D. (1997): Balanced Scorecard. Strategien erfolgreich umsetzen. Stuttgart 1997.

Kappler, E. (2002): Controlling enthält keinen Kern – aber eine Theorie. In: *Weber, J./Hirsch, B.* (Hrsg.): Controlling als akademische Disziplin. Eine Bestandsaufnahme. Wiesbaden 2002, S. 161-189.

Kaufmann, L./Germer, T. (2001): Controlling internationaler Supply Chains. Positionierung, Instrumente, Perspektiven. In: *Arnold, U./Mayer, R./Urban, G.* (Hrsg.): Supply Chain Management. Unternehmensübergreifende Prozesse, Collaboration, IT-Standards. Bonn 2001, S. 177-192.

Keebler, J.S. (2001a): Financial Issues in Supply Chain Management. In: *Mentzer, J.T.* (Hrsg.): Supply Chain Management. Thousand Oaks 2001, S. 321-345.

Keebler, J.S. (2001b): Measuring Performance in the Supply Chain. In: *Mentzer, J.T.* (Hrsg.): Supply Chain Management. Thousand Oaks 2001, S. 411-435.

Kotzab, H./Teller, C. (2002): Cost Efficiency in Supply Chains – A Conceptual Discrepancy? Logistics Cost Management between Desire and Reality. In: *Seuring, S./Goldbach, M.* (Hrsg.): Cost Management in Supply Chains. Heidelberg, New York 2002, S. 233-250.

Krystek, U. (2002): Verstärkte Netzwerk- und Verhaltensorientierung – zwei Wünsche an die Controllingforschung mit "synergetischem Potenzial". In: *Weber, J./Hirsch, B.* (Hrsg.): Controlling als akademische Disziplin. Wiesbaden 2002, S. 415-425.

Kummer, S. (2001): Supply Chain Controlling. In: krp 45(2001)2, S. 81-87.

LaLonde, B.J./Pohlen, T.L. (1996): Issues in Supply Chain Costing. In: The International Journal of Logistics Management 7(1996)1, S. 1-12.

Möller, K. (2002a): Wertorientiertes Supply Chain Controlling. Gestaltung von Wertbeiträgen, Wertaufteilung und immateriellen Werten. In: *Weber, J./Hirsch, B.* (Hrsg.): Controlling als akademische Disziplin. Wiesbaden 2002, S. 311-327.

Möller, K. (2002b): Zuliefererintegration in das Target Costing auf Basis der Transaktionskostentheorie. München 2002.

Neher, A.: Wertorientierung im Supply Chain Controlling. In: *Stölzle W./Otto A.* (Hrsg.): Supply Chain Controlling in Theorie und Praxis. Wiesbaden 2003, S.27-47.

Niraj, R./Gupta, M./Narasimhan, C. (2001): Customer Profitability in a Supply Chain. In: Journal of Marketing 65(2001)1, S. 1-16.

Nix, N.W. (2001): The Consequences of Supply Chain Management. Creating Value, Satisfaction, and Differential Advantage. In: Supply Chain Management. Thousand Oaks 2001, S. 61-76.

Norek, C.D./Pohlen, T.L. (2001): Cost Knowledge. A Foundation for Improving Supply Chain Relationships In: The International Journal of Logistics Management 12(2001)1, S. 37-51.

Otto, A. (2002a): Management und Controlling von Supply Chains. Ein Modell auf der Basis der Netzwerktheorie. Wiesbaden 2002.

Otto, A. (2002b): Kein Thema für die Supply Chain? Das Management und Controlling institutionaler Vernetzung. In: Logistik Management 4 (2002)3, S. 22-33.

Otto, A. (2002c): Supply Chain Controlling – Conditio sine qua non des SCM? In: Supply Chain Management, 2(2002)4, S. 57-62.

Otto, A./Kotzab, H. (2002): Ziel erreicht? Sechs Perspektiven zur Ermittlung des Erfolgsbeitrags des Supply Chain Management. In: *Hahn, D./Kaufmann, L.* (Hrsg.): Handbuch Industrielles Beschaffungsmanagement. 2., überarb. u. erw. Aufl. Wiesbaden 2002, S. 125-150.

Picot, A./Reichwald, R./Wigand, R..T. (2001): Die grenzenlose Unternehmung. Information, Organisation und Management. 4., vollständig überarbeitete und erweiterte Auflage. Wiesbaden 2001.

Pondy, L. (1967): Organizational Conflict: Concepts and Models. In: Administrative Science Quarterly. 12(1967) September, S. 296-320.

Pietsch, G./Scherm, E. (2002): Gemeinsamkeiten und Forschungsperspektiven in der konzeptionell orientierten Controllingforschung – Acht Thesen. In: *Weber, J./Hirsch, B.* (Hrsg.): Controlling als akademische Disziplin. Wiesbaden 2002, S. 191-204.

Rutner, S.M./Langley, C.M. (2000): Logistics Value. Definition, Process and Measurement. In: The International Journal of Logistics Management 11(2000)2, S. 73-81.

Schneider C./Draeger W.: Stand des Supply Chain Controlling am Beispiel eines integrierten Logistikdienstleisters. In: *Stölzle W./Otto A.* (Hrsg.): Supply Chain Controlling in Theorie und Praxis. Wiesbaden 2003, S.227-248.

Schwarz, R. (2002): Entwicklungslinien der Controllingforschung. In: *Weber, J./Hirsch, B.* (Hrsg.): Controlling als akademische Disziplin. Wiesbaden 2002, S. 3-19.

Simon, H. u.a. (1954): Centralisation vs. Decentralisation the Controllers Department. New York Controllership Foundation. Pittsburgh 1954.

Simon, H. (1976): Administrative Behavior. A Study of Decision Making Processes in Administrative Organizations. New York 1976.

Stölzle, W. (1999): Industrial Relationships. München, Wien 1999.

Stölzle, W. (2002): Supply Chain Controlling. Eine Plattform für die Controlling- und die Logistikforschung? In: *Weber, J./Hirsch, B.* (Hrsg.): Controlling als akademische Disziplin. Eine Bestandsaufnahme. Wiesbaden 2002, S. 283-309.

Stölzle, W./Heusler, K.F./Karrer, M. (2001): Die Integration der Balanced Scorecard in das Supply Chain Management - Konzept (BSCM). In: Logistik Management 3(2001)2-3, S. 73-85.

Stölzle, W./Karrer, M. (2002): Performance Management in der Supply Chain – Potenziale durch die Balanced Scorecard. In: Bundesvereinigung Logistik (Hrsg.): Wissenschaftssymposium Logistik der BVL 2002. München 2002, S. 57-81.

Stuart, F.I./McCutcheon, D.M. (2000): The Manager's Guide to Supply Chain Management. In: Business Horizons 43(2000)2, S. 35-44.

Watzlawick P. u.a. (1967): Pragmatics of Human Communication. New York 1967.

Weber, J. (2002a): Logistikkostenrechnung. Kosten-, Leistungs- und Erlösinformationen zur erfolgsorientierten Steuerung der Logistik. 2., gänzlich überarbeitete und erweiterte Auflage. Berlin u.a. 2002.

Weber, J. (2002b): Logistik- und Supply Chain Controlling. 5., aktualisierte und völlig überarbeitete Auflage. Stuttgart 2002.

Supply Chain Controlling aus wissenschaftlicher Sicht

Axel Neher

Wertorientierung im Supply Chain Controlling

1. Supply Chain Controlling – Controlling interorganisatorischer Wertschöpfungsketten
2. Der „Wert"-Begriff (Value)
3. Supply Chain Value
4. Ansätze zur Wertorientierung in Supply Chains
5. Werttreiber des Supply Chain Value
6. Fazit

Anmerkungen

Literaturverzeichnis

Dr. Axel Neher ist Wissenschaftlicher Assistent und Habilitand am Lehrstuhl für Allgemeine Betriebswirtschaftslehre und Logistik an der Philipps-Universität Marburg.

1. Supply Chain Controlling – Controlling interorganisatorischer Wertschöpfungsketten

Mit der zunehmenden Umsetzung von Supply Chain Management - Konzepten[1] im Sinne einer unternehmensübergreifenden Optimierung logistischer Ketten und Netzwerke, steigt auch die Relevanz, das Management durch geeignete Controllingsysteme zu unterstützen. Für das Supply Chain Management ist dies das Supply Chain Controlling. Wie eine Analyse verschiedener (Supply Chain) Controlling - Konzeptionen deutlich macht, soll das Supply Chain Controlling dazu beitragen, die Effektivität und Effizienz sowie die Anpassungs- und Entwicklungsfähigkeit der Supply Chain Führung zu erhöhen bzw. allgemein betrachtet eine angemessene Rationalität der Supply Chain Führung zu gewährleisten.[2]

Die kooperative Zusammenarbeit in einer Supply Chain ist dabei kein Selbstzweck, sondern soll dazu dienen, Leistungen besser zu erstellen als dies ohne ein Supply Chain Management möglich wäre.[3] Letztlich geht es also darum, Werte zu schaffen, die höher sind als ohne Supply Chain Management. SCM ist dabei als „... coordination of ... business functions within a particular company and across businesses within the supply chain, for the purpose of improving the long-term performance of the individual companies and the supply chain as a whole" zu verstehen (*Mentzer et al.* (2001), S. 18). Im Fokus dieser Koordination der Supply Chain stehen dabei die unternehmensübergreifenden Güter-, Informations- und Geldflüsse (*Göpfert* (2002), S. 30).

Ein wertorientiertes Supply Chain Management stellt den Wertaspekt dieser Koordinationsleistung in den Mittelpunkt der Betrachtung und hat sich im wesentlichen mit drei Aufgabenstellungen zu befassen:
- Schaffung von Wertpotentialen
- Optimierung der Nutzung vorhandener Werte
- Wertausgleich innerhalb der Supply Chain.

Das wertorientierte Supply Chain Controlling unterstützt das Management bei dieser Aufgabenstellung. Zentraler Aspekt einer solchen Controllingarbeit stellt im derzeit noch in den Anfängen befindlichen Entwicklungsstadium von Supply Chain Controlling - Lösungen zunächst die Festlegung des Wertbegriffs dar, der als zentraler Steuerungsfaktor für das Supply Chain Management und Supply Chain Controlling herangezogen werden kann. Er bildet auch die Grundlage dafür, wie bspw. die Wertbeiträge der einzelnen Akteure in der Supply Chain erfasst, bewertet und gesteuert oder wie ein angemessener und anreizkompatibler Wertausgleich innerhalb der Supply Chain geschaffen werden kann (*Möller* (2002), S. 316).

Ausgehend von Wertbegriffsansätzen auf Unternehmensebene liegt der Schwerpunkt dieses Beitrags darauf, zu untersuchen, wie eine Konkretisierung des Wertbegriffs auf der Supply Chain Ebene erfolgen kann.

2. Der „Wert"-Begriff (Value)

Allgemein betrachtet wird der Begriff Wert meist als Differenz zwischen Erträgen und Aufwendungen (benefits and sacrifices) beschrieben. Dieser Wert kann dabei einerseits monetär dargestellt werden, andererseits aber auch nicht-monetäre Aspekte beinhalten wie Kompetenz, Marktposition oder Beziehungen (*Walter/Ritter/Gemünden* (2001); *Möller/Törrönen* (2003)).

In der finanzorientierten Wert-Diskussion hat sich in den letzten Jahren immer mehr der Begriff des „Shareholder Value" (Unternehmenswert) als dominierender Wertbegriff in Wissenschaft und Praxis herausgebildet. Gemäß des Shareholder Value - Konzepts sollen sämtliche Aktivitäten des Unternehmens zur Wertsteigerung eines Unternehmens beitragen, wobei der Wert bzw. die Wertsteigerung mit verschiedenen Größen wie economic value added (EVA), net present value (NPV), market value added (MVA), return on investment (ROI), cash flow return on investment (CFROI), Return on Assets (RONA), cash value added (CVA) oder weiteren Größen gemessen werden kann (*Ballwieser* (2000); *Hahn* (2002)).

Der Shareholder Value - Orientierung wird in der Literatur der Stakeholder Value - Ansatz entgegengesetzt. Es wird argumentiert, dass die reine oder übermäßige Orientierung an den Interessen der Eigenkapitalgeber (Shareholder) die Ansprüche und Zielsetzungen anderer Bezugsgruppen („Stakeholder", z.B. Mitarbeiter, Kunden, Lieferanten, öffentliche Institutionen) vernachlässigen würde. Ohne auf die Diskussion der beiden Ansätze näher eingehen zu wollen[4], ist davon auszugehen, dass der Unternehmenswert (Shareholder Value) langfristig nur maximiert werden kann, wenn auch die, meist in schriftlicher Form als Kauf-, Liefer-, oder Arbeitsvertrag, existierenden Ansprüche der Stakeholder erfüllt werden. Die langfristige Orientierung an der Steigerung des Unternehmenswerts ist somit auch im Interesse der Stakeholder.

Die nicht-monetären Wertaspekte, in der aktuellen Diskussion auch unter Begriffen wie Intellektuelles Kapital, Intellectual capital oder Intangibles behandelt, haben in letzter Zeit zunehmend Eingang in die Wertdiskussion gefunden und werden als wichtige Faktoren insbesondere für die langfristige Wertgenerierung gesehen. Basierend auf dem Scandia Intellectual Capital Navigator Modell (*Edvinsson/Brünig* (2000)) gibt Abbildung 1 einen Überblick über die verschiedenen Aspekte dieses intellektuellen Kapitals.

Diese intraorganisatorische Betrachtungsperspektive des Supply Chain Controlling ist nun durch eine Supply Chain Perspektive zu erweitern. Der Kernansatz des Supply Chain Management - Konzepts liegt ja gerade darin, dass erst durch die Koordination der Akteure einer Supply Chain aus einer Netzwerksicht eine Verbesserung der Leistungen und somit eine höherer Wert zu erreichen ist. Überträgt man die intraorganisatorische wertorientierte Sichtweise auf die Netzwerkebene, so wäre im Sinne einer Wertorientierung des Supply Chain Managements und Controlling als Zielwert für die Steuerung einer Supply Chain der „Supply Chain Wert" (Supply Chain Value) heranzuziehen.

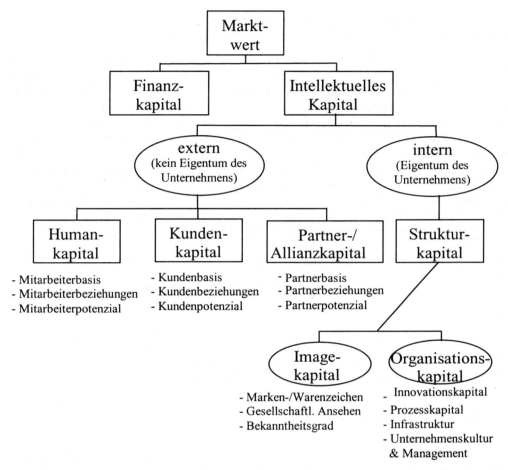

Abbildung 1: Differenzierung des intellektuellen Kapitals (Quelle: *Stoi* (2003), S. 176)

3. Supply Chain Value

Da die wirtschaftlichen Akteure im Sinne der Anreiz-Beitrags-Theorie sich nur dann aktiv an einem Supply Chain Management beteiligen, wenn (langfristig) der Nutzen (Anreiz) des Supply Chain Managements über den dafür erforderlichen Beiträgen liegt, lässt sich für das wertorientierte Supply Chain Controlling folgende Zielfunktion ableiten:
- (Langfristige) Maximierung des individuellen Unternehmenswertes unter Berücksichtigung der Zielsetzungen auf der Supply Chain Ebene!

Wie weiter oben bereits angesprochen, sind die wesentlichen aus der Supply Chain Strategie abgeleiteten Zielwerte dabei Zeit, Qualität, Kosten und Flexibilität.

Eine wesentliche Aufgabe des wertorientierten Supply Chain Controlling wäre somit in der Erfassung und Abstimmung der unternehmensindividuellen Werte bzw. Wertsteigerungen (z.B. EVA) und des Supply Chain Value (vgl. Abbildung 2) zu sehen. So kann es beispielsweise aus Supply Chain Perspektive sinnvoll sein, verschiedene Lagerstufen in der Supply Chain abzubauen und durch ein Lager bei Unternehmen 1 zu ersetzen. Dies führt dazu, dass aus Supply Chain Sicht z.B. die Kapitalkosten reduziert und dadurch der Supply Chain Value erhöht werden kann, aus einzelwirtschaftlicher Perspektive des Unternehmens 1 sich jedoch die Kapitalkosten erhöhen und sein EVA sich (zunächst) verschlechtert. Hier ist zu klären, wie sich die Wertverbesserung auf Supply Chain Ebene in längerer Sicht auf den Wert(-zuwachs) des einzelnen Unternehmens auswirkt bzw. wie ein Wertausgleich innerhalb der Supply Chain ausgestaltet sein sollte.

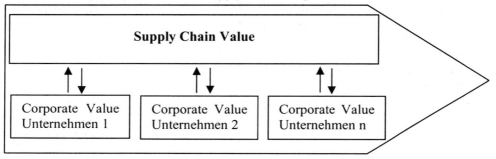

Abbildung 2: Ebenen der Wertorientierung im Supply Chain Controlling

Das (wertorientierte) Supply Chain Controlling hat somit ständig zwei Betrachtungsperspektiven einzunehmen: Die einzelwirtschaftliche Betrachtungsperspektive und die Supply Chain Betrachtungsperspektive. Aus der einzelwirtschaftlichen Betrachtungsperspektive resultiert die Frage, welchen Wert die Teilnahme des einzelnen Unternehmens an einer Supply Chain hat bzw. welcher Wertzuwachs dadurch realisiert werden kann. Die Supply Chain Perspektive befasst sich hingegen mit der Frage, wie durch Koordination der einzelnen Akteure der Supply Chain ein Wert erreicht werden kann, der mehr ist als die Summe der unkoordinierten Einzelwerte.

Da sich der Vorteil des Supply Chain Managements im Unterschied zur einzelwirtschaftlichen Optimierung gerade auf der Supply Chain Ebene zeigt, würde es nahe liegen, einen zentralen Steuerungswert auf dieser Ebene anzusiedeln. Vergleichbar den Shareholder Value Ansätzen würde der Supply Chain Value als zentraler Wert für das wertorientierte Supply Chain Management und Controlling fungieren.

Während bei Konzernen aufgrund rechtlicher Verbindungen eine Ermittlung des finanziellen Konzernwertes noch einigermaßen gut durchzuführen ist und dafür verschiedene

Bewertungsverfahren existieren, stellt sich dies bei Supply Chains, die sich aus rechtlich unabhängigen (wenn auch oftmals wirtschaftlich abhängigen) Unternehmen zusammensetzen, erheblich schwieriger dar.[5]

Bereits die Frage, wer alles zur Supply Chain zu zählen ist und noch effizient in eine Bewertung mit aufgenommen werden kann, ist nicht eindeutig geklärt. Einige Unternehmen sehen die gesamte Supply Chain, vom Rohstofflieferanten bis zum Konsumenten als relevante Supply Chain Definition an, andere begrenzen sich in ihrer Systemabgrenzung der management- und controllingrelevanten Supply Chain auf die in der Supply Chain direkt vor- und nachgelagerten Wertschöpfungsstufen oder nehmen eine selektive Abgrenzung der relevanten Supply Chain vor.[6]

Die Definition der Supply Chain, auf die sich die Verwendung des Supply Chain Values als Orientierungswert für die Steuerung der Supply Chain bezieht, ist somit unter den beteiligten Akteuren bzw. von der das Supply Chain Controlling durchführenden Stelle festzulegen. Ist eine Definition der zu bewertenden Supply Chain vorgenommen, so tritt das Problem auf, die für die Erbringung der Supply Chain Leistung eingesetzten Ressourcenpotentiale sowie die bei der Leistungserstellung entstehenden Kosten genau zuzurechnen.[7] Dieses Problem verstärkt sich noch, wenn die Akteure der Supply Chain in mehreren Supply Chains tätig sind.

Aus den genannten Gründen ist somit ein reine Übertragung der gängigen Modelle der finanzorientierten Wertmessung auf Unternehmensebene auf die Netzwerkebene nur bedingt möglich. Aber auf welchen Wert bzw. Werte soll sich das Supply Chain Controlling nun hin orientieren? Wie kann das theoretische Konstrukt ‚Supply Chain Value' für ein wertorientiertes Supply Chain Controlling operationalisiert werden? Diesen Fragen soll im folgenden nachgegangen werden.

4. Ansätze zur Wertorientierung in Supply Chains

Als ein zentraler Aspekt des Supply Chain Managements wird die konsequente Orientierung an der Nachfrage des Endkunden genannt (*Nenninger/Hillek* (2000), S. 3). Der Kunde steht im Fokus des Interesses und alle Aktivitäten sind darauf hin auszurichten, den vom Kunden wahrgenommenen Wert der angebotenen Leistung, den „Customer Perceived Value", zu erhöhen. Dieser Customer Perceived Value ergibt sich aus der Gegenüberstellung der Leistung, d.h. dem Produkt und der damit in Zusammenhang stehenden logistischen Dienstleistung (gemessen mit den klassischen Lieferservicekriterien[8] Lieferzeit, -zuverlässigkeit, -beschaffenheit, -flexibilität) und den dafür anfallenden Kosten. *Brewer/Speh* (2000), S. 87 sprechen hierbei von „customer value ratio (CVR)" als Quotient aus Leistung zu Kosten.

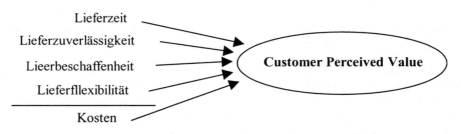

Abbildung 3: Customer Perceived Value

Im Hinblick auf die Steigerung dieses Wertes hat sich in den letzten Jahren die Erkenntnis durchgesetzt, dass dies nur zu erreichen ist, wenn die Abstimmung in der Wertschöpfungskette bzw. in der Supply Chain verbessert wird, was insbesondere die Einbeziehung der Lieferanten in das wertorientierte Management anbetrifft. Neben der Endkundenorientierung wurden zunehmend die industriellen Kunden-Lieferanten-Beziehungen (industrial customer-buyer relationships)[9] und die optimale Gestaltung und Steuerung der damit verbundenen Objektflüsse als Potenzial für Wertsteigerungen und somit zur Verbesserung des Customer Perceived Value gesehen. Eine Supply Chain lässt sich letztendlich als eine Aneinanderreihung von Kunden-Lieferanten-Beziehungen darstellen, die einerseits durch Aktivitäten des Customer Relationship Managements (CRM), andererseits durch Aktivitäten des Supplier Relationship Managements (SRM) gestaltet und gesteuert werden (vgl. Abbildung 4).

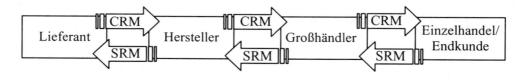

Abbildung 4: Supply Chain als Kette von Kunden-Lieferanten-Beziehungen (Quelle: In Anlehnung an *Lambert/Pohlen* (2001), S. 14)

Welche Funktionen die Kunden-Lieferanten-Beziehungen[10] aus Sicht des Lieferanten haben und wie diese zur Erhöhung des Supplier Perceived Value beitragen können, zeigen *Walter, Ritter* und *Gemünden* auf (*Walter/Ritter/Gemünden* (2001)). Sie unterscheiden in direkte und indirekte Funktionen (vgl. Abbildung 5).

Während die direkten Funktionen direkten Einfluss auf die Partnerfirmen haben, kommen die Wirkungen der indirekten Funktionen erst in der Zukunft bzw. erst im Zusammenhang mit anderen Beziehungen im Netzwerk zum Ausdruck. Als direkte Funktionen werden die ‚profit function', ‚volume function' und ‚safeguard function' genannt. Unter ‚profit function' ist dabei die Funktion einer Kundenbeziehung zu verstehen, profitable Kunden zu haben, mit denen Geld zu verdienen ist. Mit der ‚volume function' ist die

Funktion der Kundenbeziehung gemeint, die auf das Volumen der abgenommenen Produkte abzielt, was bspw. zu einer höheren Auslastung der Kapazitäten und damit zu economies of scale führen kann. Die ‚safeguard function' beschreibt den Sachverhalt, dass bestimmte Kundenbeziehungen auch dann aufrechterhalten werden, wenn Krisenzeiten herrschen oder Probleme mit anderen Kunden auftreten und somit eine Art Versicherung darstellen.

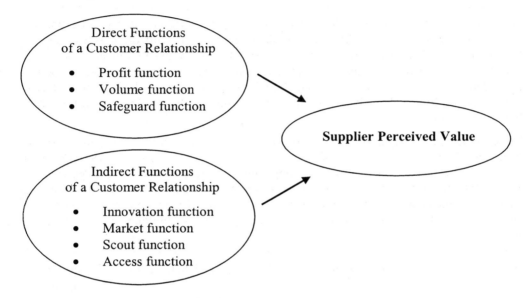

Abbildung 5: Funktionen einer industriellen Kundenbeziehung (Quelle: *Walter/Ritter/ Gemünden* (2001), S. 369)

Die indirekten Funktionen sind die ‚innovative function', ‚market function', ‚scout function' und ‚access function'. Die ‚innovative function' stellt die Möglichkeit dar, gemeinsam Produkt- oder Prozessinnovationen zu entwickeln. Mit der ‚market function' ist die Möglichkeit gemeint, dass die Referenzen durch den aktuellen Kunden den Eintritt in neue Märkte und die Zusammenarbeit mit neuen Kunden ermöglichen kann. Die ‚scout function' beinhaltet den Aspekt, dass der Kunde bessere und schnellere Informationen über den Markt hat als der Lieferant. Mit ‚access function' ist gemeint, dass der Kunde aufgrund seiner Erfahrungen und zum Teil größeren Marktmacht dem Lieferanten den Zugang zu öffentlichen Institutionen, Banken oder Verbänden erleichtern kann.

Wird die Profitabilität aller Kunden-Lieferanten-Beziehungen in einer Supply Chain erhöht, so argumentieren *Lambert/Pohlen*, führt dies zu einer Performance-Verbesserung der ganzen Supply Chain. „By maximizing profitability at each link, supply chain performance migrates toward management's objectives and maximizes perfomance for the whole" (*Lambert/Pohlen* (2001), S. 15). *Möller* und *Törrönen* weisen in diesem Zusammenhang aber darauf hin, dass die Bewertung des Wertgenerierungspotentials der aufgezeigten Funktionen nicht für alle Funktionen gleich einfach ist (*Möller/Törrönen* (2003)). Dazu teilen sie die Funktionen in drei Kategorien ein, die auf einem Kontinuum von „Low Complexity/Current Time Orientation" bis „High Relational Complexity/Future Orientation" liegen. Während für sog. Core Values, also Funktionen, für die keine Anpassungsmaßnahmen der Akteure in der Beziehung notwendig sind und das Ziel die Maximierung der Effizienz bei gegebenen Ressourcen und Prozesstechnologien darstellt, eine Bewertung des Wertsteigerungspotenzials aufgrund der Vergleichbarkeit der Leistungen auf dem Markt relativ einfach möglich ist, wird diese Bewertung bei Funktionen, die Anpassungsmaßnahmen bei den Akteuren notwendig machen oder radikale Innovationen für die Zukunft darstellen, zunehmend schwieriger. Dieses „Bewertungs-Dilemma" ist aus der Investitions- und Finanzierungstheorie bzw. dem wertorientierten Controlling wohl bekannt, wenn es bspw. um die Bewertung zukünftiger Zahlungsströme geht.[11]

Einige Autoren schlagen zur Bewertung des Kooperationserfolgs den „Nutzwert" als geeignete Messvariable vor (*Wohlgemuth/Hess* (1999), S. 41ff; *Hess/Wohlgemuth/Schlembach* (2001)). Dabei wird der Kooperationserfolg über die Summe gewichteter Zielerreichungsgrade definiert (*Hess/Wohlgemuth/Schlembach* (2001), S. 70). Es erfolgt eine mehrdimensionale Erfolgsbewertung anhand einer Reihe von Zielvariablen, die partnerspezifisch zu ermitteln und zu gewichten sind, wie in Abbildung 6 dargestellt.

Kennzahlen	Rel. Bedeutung (G_i)	Zielwert	Erreichungsgrad (E_i) gering hoch	Erfolgsbeitrag ($G_i \cdot E_i$)
A	G_A		0 ⟶ 100	$G_A \cdot E_A$
B	G_B		0 ⟶ 100	$G_B \cdot E_B$
C	G_C		0 ⟶ 100	$G_C \cdot E_C$
...	...		0 ⟶ 100	...
	Summe = 100%			Summe ($G_i \cdot E_i$)

Abbildung 6: Berechnung des Nutzwerts (Quelle: In Anlehnung an *Hess/Wohlgemuth/Schlembach* (2001), S. 70)

Um eine bessere Vergleichbarkeit und Konsolidierung zu gewährleisten, wird die gemeinsame Herausarbeitung eines teilstandardisierten Zielkatalogs und die Festlegung von Kennzahlen empfohlen (*Hess/Wohlgemuth/Schlembach* (2001), S. 71). Der Nutzwert der Kooperation bzw. der Erfolgsbeitrag ergibt sich dann dadurch, dass „die Erreichungsgrade je Ziel zu bewerten und durch Multiplikation mit den Gewichtungsfaktoren in Erfolgsbeiträge zu überführen [sind]. Die durch Addition der Einzelbeiträge gewonnene Gesamtgröße kann anschließend dem erwarteten Wert gegenübergestellt werden.

Der Soll-Ist-Vergleich zeigt dann je Partner – bei Zusammenfassung für das Netzwerk – den Kooperationserfolg" (*Hess/Wohlgemuth/Schlembach* (2001), S. 72).

Der so ermittelte Nutzwert kann als ein allgemeiner Bewertungsmaßstab für die Effektivität der Kooperationsteilnahme eines Unternehmens an der Supply Chain gesehen werden. Der Nutzwert des einzelnen Unternehmens ist umso höher, je besser die formulierten Ziele erreicht werden. Um den Nutzwert als zentrale Steuerungsvariable auf Netzwerk- bzw. Supply Chain Ebene einsetzen zu können, an dem sich das Supply Chain Management und Controlling zu orientieren hat, ist jedoch die Perspektive zu wechseln. Da der Vorteil des Supply Chain Managements in der Optimierung der Supply Chain aus der Gesamtperspektive liegt, wäre eine gemeinschaftliche Festlegung eines Zielkatalogs auf Supply Chain Ebene mit entsprechender Gewichtung notwendig. Analog dem Target Costing - Ansatz aus der Kostenrechnung könnten die auf dieser Ebene formulierten Ziele als koordinierende Vorgaben für die einzelnen Akteure der Supply Chain dienen. Dabei lässt sich der Grundgedanke des Zielkostenmanagements (Target Costing) auch auf andere Schlüsselfaktoren im Sinne von „Target Timing" oder „Target Quality" übertragen (*Kraege* (1997), S. 229).

Erste Ansätze zur Formulierung eines gemeinschaftlichen Zielkatalogs können in den CPFR-Ansätzen (Collaborative Planning Forecasting and Replenishment) gesehen werden. Dieses Konzept stellt die kooperative Planung, Prognose und Warenbereitstellung der in einer Supply Chain agierenden Unternehmen (derzeit meist noch auf die Relation zwischen Hersteller und Handelsunternehmen begrenzt) in den Mittelpunkt der Betrachtung und sieht in einem mehrstufigen CPFR-Prozessmodell explizit die gemeinsame Ziel- und Aufgabenplanung vor.[12]

Einen umfassenderen Ansatz zur Gestaltung von Supply Chains, der auch zur Ableitung von Zielen i.S.v. Nutzwerten ausgebaut werden könnte, stellt der Ansatz von *Otto* dar (*Otto* (2002), S. 246ff). Er betrachtet Supply Chains aus einer netzwerktheoretischen Perspektive und unterscheidet vier Partialnetze, nämlich das Güternetz, das Datennetz, das soziale Netz und das institutionale Netz. Zur Nutzwertbestimmung wären für jedes Partialnetz geeignete Zielfaktoren zu definieren.

Einen mehr finanzwirtschaftlich orientierten Ansatz zur Steuerung und Messung von Supply Chains geben *Lambert* und *Pohlen*. Sie greifen in ihrem Ansatz auf den Economic Value Added (EVA) als wesentliche Wertkennzahl zurück. Basierend auf dem EVA-Grundmodell[13] zeigen sie Ansatzpunkte für das Logistik- bzw. Supply Chain Management zur Wertsteigerung auf, die sowohl die Beziehung zum Lieferanten (Supplier Relationship Management) als auch die Beziehung zum Kunden (Customer Relationship Management) in die Betrachtung aufnehmen (*Lambert/Pohlen* (2001), S. 10-13). Abbildung 7 gibt dazu einen Überblick.

Der Ansatz von *Lambert* und *Pohlen* stellt eine einzelwirtschaftliche Betrachtungsperspektive dar und zeigt allgemein logistik- bzw. SCM-orientierte Wert- und Kostentreiber in bezug auf das EVA-Konzept auf. Um dieses Konzept auf der Supply Chain Ebene verwenden zu können, wären die einzelnen Faktoren des EVA-Konzepts auf die Akteure der Supply Chain herunter zu brechen. Dies setzt eine genaue und einheitliche Erfassung der Kosten für erstellte Leistungen und das eingesetzte Vermögen voraus (*Hess/Wohlgemuth/Schlembach* (2001), S. 71), mithin also eine Supply Chain Kostenrechnung.[14] Abgesehen von dem grundsätzlichen Vertrauensproblem bei Supply Chain Management Lösungen und der Bereitschaft, relevante Informationen in der Supply Chain weiterzugeben, stellt der Entwicklungsstand der unterschiedlichen Kostenrechnungs- und Controllingsysteme bei den verschiedenen Akteuren der Supply Chain oftmals noch ein Hindernis für die Etablierung eines Supply Chain Kostenrechungs- und Controllingsystems dar (*Göpfert/Neher* (2002), S. 43).

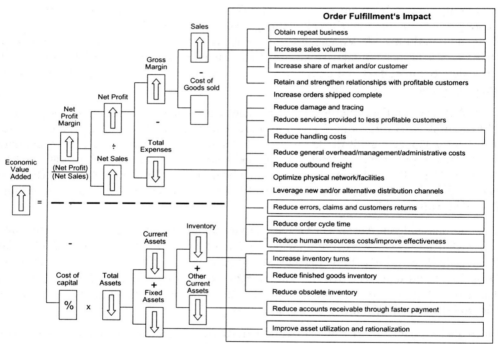

Abbildung 7: How Order Fulfillment Affects Economic Value Added (EVA) (Quelle: *Lambert/Pohlen* (2001), S. 13).

Nach Auswahl oder Kombination dieser verschiedenen Ansätzen der Wertorientierung ist auch auf die Frage nach der organisatorischen Umsetzung des Supply Chain Controlling einzugehen. Grundlegend sind hier drei Möglichkeiten zu nennen: Eine einfache zentrale Lösung, eine teambasierte Lösung oder eine auf Fremdvergabe basierte Lösung (*Göpfert/Neher* (2002, S. 42). Geht man davon aus, dass ein strategisches Netzwerk, und als solches ist eine Supply Chain zu verstehen, meist von einem (oder mehreren) Unternehmen strategisch geführt wird, so besteht die einfache zentrale Lösung darin, dass dieses fokale Unternehmen das Supply Chain Controlling wahrnimmt. So hat beispielsweise DaimlerChrysler ein Supply Chain Management und Controlling Tool entwickelt und im Einsatz, das zur zentralen Durchführung des Supply Chain Controlling genutzt wird (*Neher* (2002), S. 9). Bei einer teambasierten Lösung sind alle Supply Chain Partner in ein Supply Chain Team eingebunden, das gemeinsam Konzepte und Lösungen entwickelt, während bei einer auf Fremdvergabe basierten Lösung die Aufgabe des Supply Chain Controllings an einen Spezialisten outgesourct wird. Hier wäre beispielsweise an kompetente Logistikdienstleister zu denken, die bereits heute als 3PL oder 4PL umfangreiche Supply Chain Management Aufgaben wahrnehmen. Erste Umfrageergebnisse zu diesem Themenbereich zeigen auf, dass ca. 45 % der Befragten die teambasierte Lösung favorisieren, gefolgt von der einfachen zentralen Lösung (30 %). Ein Outsourcing an Dritte, z.B. an Logistikdienstleister, wurde nur von wenigen in Betracht gezogen (9 %).[15]

5. Werttreiber des Supply Chain Value

Wie deutlich gemacht werden konnte, hat das wertorientierte Supply Chain Controlling sowohl monetäre als auch nicht-monetäre Werte zu berücksichtigen. Die monetären und nicht-monetären Werte innerhalb der Supply Chain werden dabei durch vielfältige Faktoren in ihrem Wertsteigerungspotential beeinflusst (vgl. Abbildung 1 und 4). Gemäß dem EVA-Modell liegen die wesentlichen Wert- und Kostentreiber dabei zum einen im Bereich der Einnahmen (Umsatz und die damit direkt verbundenen Kosten) und zum anderen im Bereich der eingesetzten Ressourcen bzw. getätigten Investitionen (assets).

Auf der anderen Seite wurde aber auch deutlich, dass gerade die nicht-monetären Werte bzw. das intellektuelle Kapital zunehmend eine höhere Bedeutung innerhalb einzelner Unternehmen und verstärkt in unternehmensübergreifenden Beziehungen einnehmen. Hierbei ist beispielsweise im Bereich des Humankapitals an die Fähigkeiten der Mitarbeiter zu denken, Supply Chain Management und Controlling Aspekte erkennen und handhaben zu können oder im Bereich des Strukturkapitals an das Imagekapital, welches mit der Teilnahme an einer Supply Chain verbunden ist. Ausgehend von der Annahme, dass zukünftig der Wettbewerb nicht mehr zwischen einzelnen Unternehmen, sondern zunehmend zwischen Supply Chains stattfindet, kann der Imagewert, der sich aus dem „membership of supply chain xy" ergibt, ein nicht zu unterschätzender Wert- und Wettbewerbsfaktor für das einzelne Unternehmen sein.[16] Ein Unternehmen mit Erfahrungen in der Teilnahme an einem erfolgreichen Supply Chain Management baut sich damit ein Image auf, das es auch für die Teilnahme an anderen Supply Chains qualifiziert, woraus sich zusätzliche Wertsteigerungspotentiale eröffnen können.

Ohne auf einzelne Aspekte aus diesem großen Bereich des Intellektuellen Kapitals weiter eingehen zu wollen, sei insbesondere ein Werttreiber angesprochen, der für das Supply Chain Management und Controlling von großer Relevanz ist: nämlich ein die gesamte Supply Chain umspannendes Informations- und Kommunikationssystem. Hierin kann ein Basis-Werttreiber von Supply Chains gesehen werden, setzt er doch direkt an einem wichtigen Faktor der ganzen Supply Chain Management - Diskussion an: dem Bullwhip-Effekt.

Eine wesentliche Aufgabe des wertorientierten Supply Chain Controlling ist es, Werttreiber des Supply Chain Value zu identifizieren und geeignete Methoden und Instrumente für das wertorientierte Supply Chain Management zur Verfügung zu stellen. Vor dem Hintergrund der wertorientierten Steuerung von Supply Chains sind diese Werttreiber mit entsprechenden Performance-Werten zu verbinden.

Ein in den letzten Jahren zunehmend an Relevanz gewinnendes Instrument, das sowohl monetäre als auch nicht-monetäre Ziele in die Steuerung mit einbezieht und mit Performancewerten, Maßnahmen und Kennzahlen verbindet, stellt das Balanced Scorecard Modell dar (*Kaplan/Norton* (1992) (2000)). Hierbei wird in die Perspektiven Finanzen, Kunden, Lernen und Entwicklung sowie interne Prozesse differenziert. Neuere Ansätze adaptieren dieses Modell auf das Anwendungsobjekt Supply Chain Management (*Brewer/Speh* (2000) (2001); *Jehle/Stüllenberg/Schulze im Hove* (2002); *Stölzle/Heusler/Karrer* (2001); *Weber/Bacher/Groll* (2002)).

Dem Ansatz von *Stölzle*, *Heusler* und *Karrer* (vgl. Abbildung 7) folgend (*Stölzle/Heusler/Karrer* (2001), S. 80ff) und wie in den bisherigen Ausführungen schon angesprochen wurde, lassen sich Werttreiber demnach in den Bereichen
- Finanzen,
- Kunden,
- Prozesse,
- Lernen und Entwicklung sowie
- Lieferanten

ausmachen.

Werttreiber im Bereich Finanzen stellen z.B. die Vermögenswerte des Anlage- und Umlaufvermögens dar. In der Kundenperspektive können die Rentabilität der Kunden oder die Dynamik und Komplexität von Kundenbeziehungen als Werttreiber betrachtet werden. Mit der Prozessperspektive sind solche Werttreiber angesprochen, die sich einerseits auf die Lieferservicekomponenten und -kosten (vgl. Abbildung 3), andererseits aber auch z.B. auf die Zeit oder Qualität von Koordinationsprozessen beziehen. Werttreiber in der Lern- und Entwicklungsperspektive lassen sich im wesentlichen mit den genannten Aspekten des intellektuellen Kapitals in Verbindung bringen (vgl. Abbildung 1), also z.B. die Fähigkeit der Mitarbeiter in Supply Chain Zusammenhängen zu denken und zu handeln. Die Lieferantenperspektive stellt das Pendant zur Kundenperspektive dar, so dass hier einerseits der Kundenperspektive vergleichbare Werttreiber (Lieferantenrentabilität, Dynamik und Komplexität der Beziehung) formuliert werden können, andererseits die in Abbildung 5 genannten Aspekte zu berücksichtigen sind.

Wertorientierung im Supply Chain Controlling 41

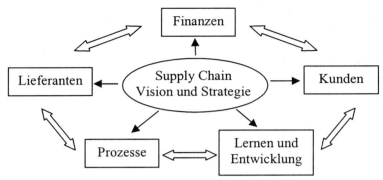

Abbildung 8: Supply Chain Balanced Scorecard auf Unternehmensebene (Quelle: In Anlehnung an *Stölzle/Heusler/Karrer* (2001), S. 81)

Wie in Kapitel drei (vgl. Abbildung 2) bereits aufgezeigt wurde und hier noch einmal verdeutlicht werden soll, sind bei dem Thema Supply Chain Controlling unterschiedliche Ebenen zu unterscheiden, nämlich die unternehmensindividuelle Ebene und die Supply Chain (Netzwerk) Ebene. Dies spiegelt sich auch bei der Entwicklung und dem Einsatz von Instrumenten wie z.B. der Balanced Scorecard wider.

So differenzieren *Weber, Bacher* und *Groll* im Sinne einer „Kaskade von Balanced Scorecards" in die Balanced Scorecard auf Unternehmensebene und in die Balanced Scorecard auf Supply Chain Ebene (*Weber/Bacher/Groll* (2002), S. 137). Sie weisen dabei darauf hin, dass die Balanced Scorecards auf Unternehmensebene und Supply Chain Ebene unterschiedlich ausgestaltet sein können, aber miteinander in einer logischen, jedoch nicht zwingend mathematischen Beziehung stehen sollten. In ihrer Adaption der Balanced Scorecard fokussieren sie die unternehmensübergreifende Supply Chain Ebene und heben stärker den Kooperationsaspekt hervor. Dabei unterscheiden sie die vier Perspektiven Finanzen, Prozesse, Kooperationsintensität und Kooperationsqualität (vgl. Abbildung 8).

Mit der finanziellen Perspektive soll untersucht werden, ob die Implementierung einer Supply Chain Strategie zur Ergebnisverbesserung beiträgt, während die Prozessperspektive auf die Realisierung der zur Erreichung der finanziellen Ziele notwendigen Prozesse und eine unternehmensübergreifende Flussorientierung abstellt. Die Kooperationsqualität soll abbilden, wie gut die Zusammenarbeit zwischen den Partnern funktioniert und die Kooperationsintensität zielt auf die Art und Weise sowie die Entwicklung der Zusammenarbeit ab.

Das Weglassen der Kunden- und Lieferantenperspektive begründen sie damit, dass die mit Kunden- und Lieferantenbeziehungen verbundenen Aspekte unternehmensübergreifend mit der Prozessperspektive abgebildet werden. Kunden- und lieferantenbezogene Aspekte sind deshalb in die Balanced Scorecard auf Unternehmensebene aufzunehmen.

Auch die Lern- und Entwicklungsperspektive sehen sie hier verankert, ist doch die damit verbundene Verantwortung, Defizite zu beheben, die innerhalb der einzelnen Unternehmen liegen, eine unternehmensindividuelle Aufgabe. Aspekte wie die ‚Qualifizierung von Mitarbeitern für das Supply Chain Management und Supply Chain Controlling' oder die ‚Leistungsfähigkeit des Informationssystems' lassen sich jedoch den unternehmensübergreifenden Perspektiven Prozess, Kooperationsintensität und Kooperationsqualität zuordnen (*Weber/Bacher/Groll* (2002), S. 139).

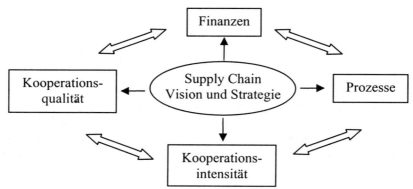

Abbildung 9: Supply Chain Balanced Scorecard auf Supply Chain Ebene (Quelle: In Anlehnung an *Weber/Bacher/Groll* (2002), S. 138)

Der Ansatz von *Weber*, *Bacher* und *Groll* macht noch einmal deutlich, dass neben den „harten" Werttreibern aus den Perspektiven Finanzen und Prozesse, auf der Netzwerkebene insbesondere „weiche" Werttreiber aus dem Bereich des intellektuellen Kapitals (hier mit Kooperationsqualität und -quantität erfasst) für den Erfolg des Supply Chain Managements hohe Relevanz besitzen.

Bei steigender Dynamik und Komplexität nehmen dabei die Werttreiber eine zunehmend wichtige Rolle ein, die neben der Optimierung der „normalen" Abläufe in der Supply Chain insbesondere die Flexibilität von Supply Chains in den Fokus der Betrachtung stellen. Zur Evaluierung solcher Flexibilitätspotentiale kann bspw. an den Einsatz von Real Options Modellen (vgl. Endnote 7) oder Supply Chain Event Management - Modellen gedacht werden (*Alvarenga/Schoenthaler* (2003)).

6. Fazit

Gemäß *Edvinsson* und *Kivikas* soll die Hauptaufgabe des wertorientierten Supply Chain Managements und Controlling darin gesehen werden, die Rolle eines „Value Creation Mixer" einzunehmen (*Edvinsson/Kivikas* (2003), S. 166.). Dies beinhaltet bereits vorhandene Tangible und Intangible Goods und Intangible Competencies mit zukünftig werttreibenden Latent Capabilities zu kombinieren, um so insgesamt zur langfristigen Wertsteigerung der Supply Chain und der einzelnen Unternehmen beizutragen.

Die Ausführungen haben jedoch gezeigt, dass es derzeit noch keinen umfassenden Ansatz gibt, der für ein wertorientiertes Supply Chain Management und Controlling herangezogen werden kann. Dies trifft sowohl auf die Ansätze zu, die sich konkret mit dem Material- und Warenfluss in der Supply Chain zusammenhängenden Aspekte der Wertorientierung befassen (*Lambert/Pohlen* (2001) und Abbildung 4 weiter oben) und im wesentlichen die Werttreiber Bestände und Kapazitäten der Supply Chain sowie die dazugehörigen Informationen in den Fokus der Betrachtung stellen, als auch auf die auf die Erfassung der Intangibles bzw. nicht-monetären Werte fokussierten Ansätze.

Dem Grundgedanken des Supply Chain Managements folgend, lassen sich Wertsteigerungspotentiale nur dadurch erkennen, dass eine System- bzw. Netzwerkperspektive eingenommen wird, während die konkrete Realisierung der Wertsteigerungspotentiale auf Unternehmensebene erfolgen muss.

Ein wesentliches Problem stellt derzeit noch die Integration dieser beiden Perspektiven bzw. Ebenen des Supply Chain Managements und Controlling dar (vgl. Abbildung 2), d.h. die Frage, wie ein Supply Chain Value als Maßstab auf Supply Chain Ebene mit den Corporate Values auf Unternehmensebene verbunden werden kann. Neben der Definition des Supply Chain Values ist dazu die Erfassung und Zurechnung der unternehmensindividuellen Werte bzw. Kosten und Leistungen innerhalb der Supply Chain, und hier insbesondere die Erfassung und Bewertung des Partner- bzw. Allianzkapitals notwendig[17] (vgl. Abbildung 1), ohne jedoch die anderen Faktoren außer Acht zu lassen.[18]

Anmerkungen

[1] Zum Gegenstand des Supply Chain Management vgl. *Mentzer* et al. (2001); *Otto/Kotzab* (2001).

[2] Vgl. die Übersicht über verschiedene Supply Chain Controlling - Konzeptionen bei *Göpfert/Neher* (2002). Zur theoretischen Fundierung des Supply Chain Controlling vgl. auch *Stölzle* (2002a), (2002b).

[3] Besser in bezug auf die wesentlichen Zielfaktoren Zeit, Qualität, Kosten (vgl. *Weber/Dehler/Wertz* (2000), S. 266) sowie Flexibilität.

[4] Vgl. dazu die Ausführungen bei *Riedl* (2000), S. 139ff und die dort angegebene Literatur.

[5] Zur Problematik der Bewertung von Unternehmensnetzwerken vgl. bspw. *Krag/Mölls* (2003); *Hess/Wohlgemuth/Schlembach* (2001).

[6] Vgl. die Ergebnisse einer empirischen Untersuchung bei *Göpfert/Neher* (2002), S. 38f.

[7] Zur Kostenrechnung in Unternehmensnetzwerken vgl. *Veil/Hess* (2000a); (2000b).

[8] Vgl. *Pfohl* (2000), S. 12.

[9] Für einen breiten Überblick zum Themengebiet Industrial Relationships vgl. *Stölzle* (1999).

[10] In dem Supply Chain Controlling - Ansatz von *Weber* (2002), S. 221, mit den Ebenen 1. Supply Chain Ebene, 2. Relationale Ebene und 3. Unternehmensebene entspricht diese Sichtweise der 2. Ebene.

[11] Einen Überblick über ein- und mehrperiodige wertorientierte Führungsgrößen gibt *Hahn* (2002), S. 130ff. Ein neuerer Ansatz zur Bewertung zukünftiger Ereignisse und speziell zur Bewertung von Handlungsspielräumen (Flexibilität) stellt der Real Options Ansatz dar, auf den hier nicht näher eingegangen werden kann: vgl. grundlegend dazu *Trigeorgis/Mason* (1987); *Trigeorgis* (1988).

[12] Siehe dazu auch den Beitrag *Kotzab/Teller* in diesem Sammelband. Ein allgemeiner Überblick über das Konzept des CPFR ist auf der Internetseite www.cpfr.org zu finden. Vgl. auch *Seifert* (2002).

[13] Grundlegend zum EVA-Konzept vgl. *Ballwieser* (2000); *Böcking/Nowak* (1999).

[14] Zur Kostenrechnung für Unternehmensnetzwerke vgl. *Veil/Hess* (2000b).

[15] In der Umfrage wurde noch eine vierte Alternative zur Auswahl gestellt, nämlich eine dezentrale Organisationslösung, bei der das Supply Chain Controlling auf die einzelnen Netzwerkpartner dezentral verteilt wird. Ca. 17 % sprachen sich für diese Lösung aus (*Göpfert/Neher* (2002), S. 42). Diese Variante stellt letztlich die operative Umsetzung für alle o.g. Supply Chain Controlling Lösungen dar, können doch die Verbesserungspotentiale nur in den jeweiligen Unternehmen realisiert werden. Zur Feststellung unternehmensübergreifender Verbesserungspotentiale ist jedoch eine Abstimmung mit den anderen Partnern und eine Festlegung der zu ergreifenden Aktivitäten notwendig, entweder im Team oder durch Vorgabe des fokalen Unternehmens oder des beauftragten Dritten.

[16] Für die Zukunft wäre zu überlegen, ob ein solches Imagekapital auch auf der Supply Chain Ebene generiert werden kann, beispielsweise im Sinne von „diese Leistung wurde erstellt von Supply Chain XY" oder „powered by Supply Chain YX".

[17] Ein Ansatz zur Bewertung des Partner- bzw. Allianzkapitals kann in dem Beanspruchungs- und Belastbarkeitsportfolio von *Kaufmann/Germer* (2001) gesehen werden. Sie bewerten Supply Chains hinsichtlich ihrer Beanspruchung mittel der Faktoren Dynamik, Komplexität, Macht und Distanzen und hinsichtlich der Belastbarkeit mittels der Faktoren Materialfluss, Informationsfluss, wirtschaftliche Stabilität und Vertrauensniveau. Die ermittelten Punktwerte für beide Dimensionen ermöglichen dann die

Einordnung der betrachteten Supply Chain in ein sog. Beanspruchungs- und Belastbarkeitsportfolio und die Ableitung von Normstrategien.

[18] Einen umfassenden Ansatz zur Bewertung von Unternehmensnetzwerken stellt *Voß* (2002) vor. Vergleichbar dem Balanced Scorecard Konzept und verschiedenen sog. Excellence-Ansätzen (bspw. European Quality Award) fügt er in seinem „Network-Excellence-Modell" (S. 471ff) verschiedene Aspekte aus den Bereichen ‚strategische Ausrichtung', ‚Strukturen' und ‚Ergebnisse' zu einen Bewertungskatalog zusammen. Das Ziel von *Voß* besteht jedoch nicht darin, einen Wert des Netzwerks zu ermitteln, sondern Dimensionen zur Analyse (Bewertung) von Netzwerken aufzuzeigen.

Literaturverzeichnis

Alvarenga, C.A./Schoenthaler, R.C. (2003): A New Take on Supply Chain Event Management. In: Supply Chain Management Review (2003) March/April, S. 29-35.

Ballwieser, W. (2000): Wertorientierte Unternehmensführung – Grundlagen. In: Zfbf 52(2000), S. 160-166.

Böcking, H.-J./Nowak, C. (1999): Das Konzept des Economic Value Added. In: Finanzbetrieb (1999), S. 281-288.

Brewer, P.C./Speh, T.W. (2000): Using the Balanced Scorecard to Measure Supply Chain Performance. In: Journal of Business Logistics 21(2000)1, S. 75-93.

Brewer, P.C./Speh, T.W. (2001): Adapting the Balanced Scorecard to Supply Chain Management. In: Supply Chain Management Review (2001)2, S. 48-56.

Edvisson, L./Brünig, G. (2000): Aktivposten Wissenskapital. Wiesbaden 2000.

Edvisson, L./Kivikas, M. (2003): The New Longitude Perspective for Value Creation. In: Controlling (2003)3-4, S. 163-168.

Göpfert, I. (2002): Einführung, Abgrenzung und Weiterentwicklung des Supply Chain Managements. In: *Busch, A./Dangelmaier, W.* (Hrsg.): Integriertes Supply Chain Management – Theorie und Praxis effektiver unternehmensübergreifender Geschäftsprozesse. Wiesbaden 2002, S. 25-44.

Göpfert, I./Neher, A. (2002): Supply Chain Controlling. Wissenschaftliche Konzeptionen und praktische Umsetzungen. In: Logistik Management 4(2002)3, S. 34-44.

Hahn, D. (2002): Kardinale Führungsgrößen des wertorientierten Controlling in Industrieunternehmen. In: Controlling (2002)3, S. 129-141.

Hess, T./Wohlgemuth, O./Schlembach, H.-G. (2001): Bewertung von Unternehmensnetzwerken. In: ZFO 70(2001)2, S. 68-74.

Jehle, E./Stüllenberg, F./Schulze im Hove, A. (2002): Netzwerk-Balanced Scorecard als Instrument des Supply Chain Controlling. In: Supply Chain Management (2002)4, S. 19-25.

Kaplan, R.S./Norton, D.P. (1992): The Balanced Scorecard – Measures that Drives Performance. In: Harvard Business Review 70(1992)1, S. 71-79.

Kaplan, R.S./Norton, D.P. (2000): The Strategy-focused Organization – How Balanced Scorecard Companies Thrive in the New Business Environment. Boston 2000.

Kaufmann, L./Germer, T. (2001): Controlling internationaler Supply Chains. In: *Arnold, H./Mayer, R./Urban, G.* (Hrsg.): Supply Chain Management. Unternehmensübergreifende Prozesse – Kollaboration – IT Standards. Bonn 2001, S. 177-192.

Kraege, R. (1997): Controlling strategischer Unternehmenskooperationen. Aufgaben, Instrumente und Gestaltungsempfehlungen. München 1997.

Krag, J./Mölls, S. (2003): Berücksichtigung von Netzwerkeffekten in der Unternehmensbewertung. Betriebswirtschaftliche Studien Nr. 24. Philipps-Universität Marburg 2003.

Lambert, D.M./Pohlen, T.L. (2001): Supply Chain Metrics. In: International Journal of Logistics Management 12(2001)1, S. 1-19.

Mentzer, J.T. et al. (2001): Defining Supply Chain Management. In: Journal of Business Logistics 22(2001)2, S. 1-25.

Möller, K. (2002): Wertorientiertes Supply Chain Controlling. Gestaltung von Wertbeiträgen, Wertaufteilung und immateriellen Werten. In: *Weber, J./Hirsch, B.* (Hrsg.): Controlling als akademische Disziplin – Eine Bestandsaufnahme. Wiesbaden 2002, S. 311-327.

Möller, K.E.K./Törrönen, P. (2003): Business Suppliers' Value Creation Potential. A Capability-based Analysis. In: Industrial Marketing Management 32(2003), S. 109-118.

Neher, A. (2002): Axel Neher interviewt Ralf Landwehr, Teamleiter Supply Model Support, DaimlerChrysler AG, Untertürkheim. In: Logistik Management 4(2002)3, S. 8-9.

Nenninger, M./Hillek, Th. (2000): Von der traditionellen Wertschöpfungskette zum Management von virtuellen, internet-basierten Netzwerken. In: *Lawrenz, O./Hildebrand, K./Nenninger, M.* (Hrsg.): Supply Chain Management. Wiesbaden 2000, S. 1-14.

Otto, A. (2002): Management und Controlling von Supply Chains. Ein Modell auf der Basis der Netzwerktheorie. Wiesbaden 2002.

Otto, A./Kotzab, H. (2001): Der Beitrag des Supply Chain Management zum Management von Supply Chains – Überlegungen zu einer unpopulären Frage. In: Zfbf (2001)3, S. 157-176.

Pfohl, H.-Chr. (2000): Logistiksysteme. 6. Aufl. Berlin u.a. 2000.

Riedl, J.B. (2000): Unternehmungswertorientiertes Performance Measurement. Wiesbaden 2000.

Seifert, D. (2002): Collaborative Planning, Forecasting and Replenishment. How to Create a Supply Chain Advantage. Bonn 2002.

Stoi, R. (2003): Controlling von Intangibles. In: Controlling (2003)3-4, S. 175-184.

Stölzle, W. (1999): Industrial Relationsships. München, Wien 1999.

Stölzle, W. (2002a): Supply Chain Controlling – eine Plattform für die Controlling- und Logistikforschung? In: *Weber, J./Hirsch, B.* (Hrsg.): Controlling als akademische Disziplin – Eine Bestandsaufnahme. Wiesbaden 2002, S. 283-309.

Stölzle, W. (2002b): Supply Chain Controlling und Performance Management – Konzeptionelle Herausforderungen für das Supply Chain Management. In: Logistik Management 4(2002)3, S. 10-21.

Stölzle, W./Heusler, K.F./Karrer, M. (2001): Die Integration der Balanced Scorecard in das Supply Chain Management - Konzept (BSCM). In: Logistik Management 3(2001)2/3, S. 73-85.

Trigeorgis, L./Mason, S.P. (1987): Valuing Managerial Flexibility. In: Midland Corporate Finance Journal (1987)5, S. 14-21.

Trigeorgis, L. (1988): A Conceptual Framework for Capital Budgeting. In: Advances in Futures and Options Research. 3(1988), S. 145-167.

Veil, T./Hess, Th. (2000a): Kostenrechnung für Unternehmensnetzwerke? Arbeitsberichte der Abteilung Wirtschaftsinformatik II (Nr. 2/2000). Universität Göttingen 2000.

Veil, T./Hess, Th. (2000b): Kalkulation in Unternehmensnetzwerken. Arbeitsberichte der Abteilung Wirtschaftsinformatik II (Nr. 3/2000). Universität Göttingen 2000.

Voß, W. (2002): Ganzheitliche Bewertung von Unternehmensnetzwerken. Konzeption eines Bewertungsmodells. Frankfurt a. M. 2002.

Walter, A./Ritter, Th./Gemünden, H.G. (2001): Value Creation in Buyer-Seller-Relationsships. Theoretical Considerations and Empirical Results from a Supplier's Perspective. In: Industrial Marketing Management 30(2001)4, S. 365-377.

Weber, J. (2002): Logistik- und Supply Chain Controlling. 5. Auflage. Stuttgart 2002.

Weber, J./Bacher, A./Groll, M. (2002): Konzeption einer Balanced Scorecard für das Controlling von unternehmensübergreifenden Supply Chains. In: krp-kostenrechnungspraxis 46(2002)3, S. 133-141.

Weber, J./Dehler, M./Wertz, B. (2000): Supply Chain Management und Logistik. In: WiSt (2000)5, S. 264-269.

Wohlgemuth, O./Hess, Th. (1999): Erfolgsbestimmung in Kooperationen: Entwicklungsstand und Perspektiven. Arbeitsberichte der Abteilung Wirtschaftsinformatik II (Nr. 6/1999). Universität Göttingen 1999.

Klaus Möller

Supply Chain Valuation – Wertschöpfung in und durch Supply Chain Networks

1. Einführung

2. Controlling von Supply Chain Networks

3. Wertschöpfungserzielung in Supply Chain Networks – Erklärungsansätze der Strategieforschung

4. Wertschöpfungskonzepte

5. Modellentwicklung zur Ermittlung der Wertschöpfung in Supply Chain Networks

6. Fazit

Anmerkungen

Literaturverzeichnis

Dr. Klaus Möller ist Wissenschaftlicher Assistent und Habilitand am Lehrstuhl für Allgemeine Betriebswirtschaftslehre und Controlling an der Universität Stuttgart.

1. Einführung

Markt- und Technologieänderungen haben im Wirtschaftsgeschehen zu einer steigenden Bedeutung verketteter unternehmensübergreifender Beschaffungs-, Produktions- und Absatzstrukturen geführt, die sich in hochkomplexen, dynamischen Unternehmensnetzwerken widerspiegeln. Das Supply Chain Management hat sich zum Ziel gesetzt, diese Strukturen im Rahmen einer unternehmensübergreifend prozessorientierten Betrachtungsweise gewinnmaximal zu gestalten. Dabei wird immanent von einer „Supply Chain-Hypothese" ausgegangen: Supply Chain Management verbessert den Profit.[1] Diese Annahme ist sowohl hinsichtlich ihrer Ursachen wie auch ihrer Wirkungen unklar: Welche Wertschöpfungspotenziale können durch das Supply Chain Management überhaupt erschlossen werden und wie ist dies zu bewerkstelligen? Beides sind Kernfragen für ein Supply Chain Controlling. Im Folgenden sollen Ansatzpunkte zu ihrer Beantwortung gegeben werden.

Nach einer begrifflichen Aufbereitung der Grundlagen (Supply Chain Management, Netzwerke, Controlling) ist dazu der Begriff der Wertschöpfung zu hinterfragen. Das Konstrukt der Wertschöpfung eröffnet einen wesentlich weiteren Analysehorizont als die verengte Sicht auf einen rein monetär gefassten Gewinnbegriff. Allerdings erscheint eine kritische Auseinandersetzung mit dem Begriffsinhalt angezeigt. Grundlegend für eine solche Diskussion ist das Verständnis, durch welche Faktoren Wertschöpfung überhaupt generiert werden kann. Die Strategieforschung hat hier verschiedene Ansätze entwickelt, die zum Teil konfligierende, zum Teil aber auch kohärente Erklärungsmuster anbieten. Eine integrative Verbindung dieser Ansätze erscheint in Verbindung mit dem umfassenden Wertschöpfungskonzept vielversprechend. Gerade vor dem Hintergrund der hohen Verbreitung wertorientierter Steuerungskonzepte in der Unternehmenspraxis ist eine klare Fassung des zugrundegelegten „Werteverständnis" von großer Bedeutung.

Darauf aufbauend wird ein Analyseraster abgeleitet, mit dem Wertschöpfung in bzw. durch Supply Chains differenziert ausgewiesen und gemessen werden kann. Als Ergebnis werden Wertschöpfungskategorien (Cluster) identifiziert sowie deren Beeinflussbarkeit skizziert. Diese werden in einem Modellansatz zusammengeführt, der einen Netzwert (Supply Chain Network Value Added) ausweist.

Eine solche Operationalisierungsform der Wertschöpfung für ein Supply Chain Network in einem rechnerisch verknüpften Modell wird als notwendig erachtet,
- um eine Steuerung des Netzwerks mit dem Ziel der Wertschöpfung zu ermöglichen,
- für alle Beteiligten die Strategie des Supply Chain Network klar formulieren zu können,
- den (Mehr-)Nutzen eines Supply Chain Network transparent machen zu können und
- die durch das Supply Chain Network generierte zusätzliche Wertschöpfung für eine nachfolgende Verteilung auf die Beteiligten nachvollziehbar ermitteln zu können.

2. Controlling von Supply Chain Networks

2.1. Supply Chain Management – Grundlagen und Begrifflichkeiten

Das Supply Chain Management stellt ein relativ neues,[2] wesentlich von praktischen Anwendern und Anwendungen bestimmtes Konglomerat von Zielen, Aufgaben, Instrumenten und Abläufen dar. Es hat inzwischen eine erhebliche Verbreitung in der Unternehmenspraxis und Beachtung in der Wissenschaft gefunden (*Otto* (2002), S. 160).[3] Allerdings konnte sich noch keine allgemein akzeptierte Definition zu dem Begriff des Supply Chain Management durchsetzen.[4] Grundsätzlich stellt es keinen völlig neuen Ansatz dar, sondern greift eine Reihe bereits bekannter Konzepte auf, weitet sie aus und stellt sie in einen übergeordneten Zusammenhang.[5] Das Gesamtkonzept wird durch die konsequente Ausrichtung an den Bedürfnissen des Endverbrauchers und den unternehmensübergreifenden Integrationsansatz charakterisiert.[6] Supply Chain Management umfasst damit die wertkettenbezogene Planung, Steuerung und Kontrolle des gesamten Material-, Informations-, Geld- und Dienstleistungsflusses innerhalb eines Netzwerks von Unternehmen und Unternehmensbereichen, die im Rahmen von aufeinanderfolgenden Stufen der Wertschöpfungskette an der Entwicklung, Erstellung und Verwertung von Sachgütern und/oder Dienstleistungen partnerschaftlich zusammenarbeiten, um Effektivitäts- und Effizienzsteigerungen zu erreichen.[7] Insbesondere in der anglo-amerikanischen Literatur spielen Aspekte eines Netzwerks eine große Rolle, um die vielfältigen Interdependenzen zwischen den einzelnen Gliedern einer unternehmensübergreifenden Wertschöpfungskette zu berücksichtigen: „A supply chain is a network of organizations that are involved, through upstream and downstream linkages, in the different processes and activities that produce value in the form of products and services in the hands of the ultimate customer." [8]

Im vorliegenden Beitrag wird eine Supply Chain daher als eine Gruppe von Unternehmen – genauer: als ein Netzwerk vertikal alliierter Unternehmen – verstanden, welche durch einen kundenorientierten Wertschöpfungsprozess miteinander verbunden sind.

2.2. Charakteristika eines Supply Chain Network

In vielen Supply Chain Management Konzepten findet sich im Grundverständnis bereits eine starke Netzwerkorientierung. Dennoch impliziert bereits die Begrifflichkeit eine wertschöpfungskettenbezogene Betrachtung. In einer teilnehmer- bzw. einzelunternehmensbezogenen Analyse mag dies ausreichend sein, für die Entwicklung eines Gesamtkonzeptes greift eine solche Perspektive aber zu kurz. In der Konsequenz einer umfassenden Anwendung von Supply Chain Management entstehen hierarchisch pyramidal vom OEM (Original Equipment Manufacturer) abwärts gestufte Lieferstrukturen (*Möller*

(2002a), S. 78). Da zwischen diesen auch Querverbindungen existieren und die auf der obersten Ebene stehenden Systemzulieferer auch andere OEM bedienen, ergibt sich bei einer unternehmensübergreifenden Sichtweise die Topologie eines Netzwerks von Liefer- und Leistungsbeziehungen. Aus Sicht des Endkunden betrachtet handelt es sich um kettenartige Strukturen. Bei Zugrundelegung einer dynamischen, mehrperspektivischen Sicht ergibt sich durch die Aggregation der momentaft betrachteten Ketten eine netzwerkartige Topologie.[9]

Dieses Supply Chain Network sowie die Integration der beteiligten Kooperationspartner gilt es genauer zu untersuchen. Unternehmensverbindungen entstehen durch vertragliche Regelungen, personell-organisatorische Maßnahmen, die Einführung speziell technischorganisatorisch angepasster Strukturen (bspw. die Vernetzung von EDV-Systemen) und/oder möglicherweise sogar die Entwicklung einer gemeinsamen Strategie.[10] Unternehmensnetzwerke, die als „intermediäre Organisationsform ökonomischer Aktivitäten zwischen Markt und Hierarchie" (*Sydow* (1995), S. 630) interpretiert werden können, lassen sich folgendermaßen charakterisieren (*Walther* (2001), S. 15):

- Ein Unternehmensnetzwerk besteht aus mindestens drei, in der Regel aber mehr rechtlich und meist auch wirtschaftlich selbständigen, räumlich verteilten, dezentral geführten Unternehmen. Diese agieren durch Bereitstellung unternehmensspezifischen Kernkompetenzen als Lieferant, Produzent, Händler oder Service- und Logistikdienstleister entlang der Wertschöpfungskette.
- Zwischen den Kooperationspartnern besteht dahingehend eine gemeinsame Zielsetzung, dass sie gemeinsam materielle und/oder immaterielle Güter für den Absatzmarkt herstellen.
- Die Zusammenarbeit in einer Netzwerkorganisation ist durch grundsätzliche Vereinbarungen langfristig ausgelegt. Jedoch können innerhalb dieses Netzwerkes auch Organisationsformen entstehen, welche nur von kurzer Dauer sind. Dies ist z.B. bei einem spezifischen unternehmensübergreifenden Projekt der Fall.
- Bezüglich der Machtverteilung lassen sich Netzwerke in polyzentrische Netzwerke, in welchen Gleichberechtigung zwischen den Partner herrscht, und fokale Netzwerke, in welchen ein Partner die leitende Position übernimmt, unterscheiden. In fokalen Netzwerken wird hauptsächlich das Endprodukt (beziehungsweise das Leistungsbündel aus Produkt und Dienstleistung) vermarktet.

Die Zusammenarbeit innerhalb eines Netzwerks und an den Netzwerkaußengrenzen mit Kunden und Lieferanten erfordert einen hohen Koordinationsbedarf. Um ein Netzwerk als Ganzes und die beteiligten Partner zielorientiert steuern zu können, ist ein entsprechendes Controlling notwendig.

2.3. Zugrundeliegendes Controllingverständnis

In der jüngeren Zeit ist die Diskussion um das Controllingverständnis – u.a. durch die Neueinführung einer rationalitätssichernden Auffassung – wieder aufgelebt. Trotz des z.T. divergierenden Begriffs- und Aufgabenverständnisses lässt sich konstatieren, dass sich der koordinationsorientierte Controllingansatz als Basisauffassung in Theorie und Praxis durchgesetzt hat. Controlling wird dabei als eine Koordinationsfunktion im Führungssystem angesehen, die Planung und Kontrolle sowie Informationsversorgung verbindet. Die verschiedenen Ansätze tragen allerdings dazu bei, die unterschiedlichen Facetten des Controllings deutlicher herauszuarbeiten. Gerade im Kontext einer stark integrationsorientierten Perspektive, wie sie für Supply Chain Networks entwickelt wurde, können darüber zusätzliche Informationen und Anwendungen erschlossen werden.[11] Im Folgenden soll daher ein kurzer paradigmatischer Überblick zu den verschiedenen Controllingkonzepten gegeben werden.[12]

Beim koordinationsorientierten Ansatz steht die Koordinationsaufgabe des Controllings im Mittelpunkt, wobei sich das Ausmaß der Koordination in den einzelnen Konzeptionen unterscheidet. Während sich bei *Küpper* und *Weber* die Koordination auf alle Führungssysteme erstreckt, konzentrieren sich z.B. *Hahn/Hungenberg*, *Horváth* oder *Reichmann* auf die Koordination der Planung, Kontrolle und Informationsversorgung. *Horváth* sieht das Controlling funktional als ein Subsystem der Führung an, das systembildend und systemkoppelnd koordiniert und auf diese Weise die Adaption und Koordination des Gesamtsystems fördert. Controlling stellt damit eine Unterstützung der Führung dar und ermöglicht dieser, das Gesamtsystem zielorientiert an Umweltänderungen anzupassen und die Koordinationsaufgaben hinsichtlich des operativen Systems wahrzunehmen (*Horváth*, (2001), S. 153). Bei einer Netzwerkorganisation stellt sich (sowohl für das Management wie auch das Controlling) das Problem der Verteilung von zentralen und dezentralen Aufgaben. Reichen für das dezentrale Controlling die derzeitigen Instrumente weitgehend aus, so sind insbesondere für ein übergreifendes Netzwerkcontrolling entsprechende Instrumente anzupassen bzw. zu entwickeln.[13] Auch ein angepasstes Controllingsystem erscheint hier notwendig.

Weber und *Schäffer* sehen die Sicherstellung der Rationalität der Führung als Kern des Controlling an (*Weber/Schäffer* (2001)). Rationalität wird dabei als Zweckrationalität verstanden, die auf die Effizienz und Effektivität des Handelns der Akteure zielt. Die mit den Führungsaufgaben betrauten Instanzen handeln mit kognitiven Begrenzungen bzw. mit opportunistischen Zielsetzungen. Deren Könnens- und Wollensdefizite führen zu Rationalitätsdefiziten, denen das Controlling entgegenzuwirken hat. Die Rationalitätssicherung der Führung soll durch Entlastung, Ergänzung und Begrenzung des Managements erreicht werden. Ziel der Unterstützung durch den Controller ist es, die (zeitlich und physisch begrenzte) Aufmerksamkeit des Managements auf die für die Unternehmenssteuerung entscheidungsrelevanten Aspekte zu lenken. Kritisiert wird hier meist die implizite Annahme, dass der Controller rationaler und weniger opportunistisch handelt als alle anderen Akteure des Unternehmens. Der Ansatz verspricht im Zusammenhang mit Supply Chain Networks weiterführende Erkenntnisse insbesondere bzgl. der Problematik Gesamtoptimalität im Netzwerk vs. Teiloptima bei den Partnern. Da jeder Partner grundsätzlich bemüht sein wird, ein für sich optimales Ergebnis zu erreichen, kommt dem Supply Chain Network Controlling die Aufgabe zu, über eine schlüssige und netzwerkweit akzeptierte Methodik der Netzwerksteuerung (z.B. im Rahmen der Ermittlung eines Network Value Added) der begrenzten Rationalität und dem Opportunismus der Partner zu begegnen.

Auf Seiten der theoretischen Forschung finden insbesondere Impulse der Neuen Institutionenökonomik Eingang in die Controllingforschung und -gestaltung (*Möller* (2002c), S. 104ff). Ein eigenständiger informationsökonomischer Ansatz des Controllings existiert allerdings nicht. Der theoretische Rahmen der Spiel- und Agency-Theorie bietet jedoch Analysemuster für Fragestellungen, wie sie typischerweise im Rahmen des Controllings behandelt werden. Die Informationsökonomie stellt die „Koordination der ökonomischen Aktivitäten mehrer Akteure unter besonderer Berücksichtigung von Informationsproblemen" (*Ewert* (1992), S. 279) in den Mittelpunkt. Im Sinne eines mikroökonomisch orientierten Ansatzes wird ein Unternehmen als eine Organisation bzw. ein Gebilde angesehen, dessen Mitglieder durch ein Netzwerk von Verträgen miteinander verbunden sind. Ziel ist eine optimale Vertragsgestaltung zweier Einheiten auf unterschiedlichen Hierarchiestufen (Prinzipal und Agent), der maximalen (Arbeits-)Einsatz mit optimaler Entlohnung verbindet. Ein solches Netzwerk von Verträgen existiert natürlich auch auf Ebene der Netzwerkpartner. Das Controlling muss daraus abgeleitet Methoden zu einer optimalen Entlohnung – und damit der Verteilung der im Netzwerk generierten Wertschöpfung – entwickeln. Als Voraussetzung ist allerdings diese Wertschöpfung erst einmal zu bestimmen.

3. Wertschöpfungserzielung in Supply Chain Networks – Erklärungsansätze der Strategieforschung

Im Mittelpunkt dieses Beitrags steht die Frage der Wertschöpfung unternehmerischer Einheiten. Was ist unter Wertschöpfung zu verstehen, und wodurch kann diese geschaffen werden?[14] Bevor diesen Fragen nachgegangen wird, sollen zunächst die für das Verständnis der Wertschöpfung grundlegenden, theoretischen Ansätze der Strategieforschung vorgestellt werden. Der Schwerpunkt liegt hierbei auf der Argumentationslogik der jeweiligen Ansätze, über die sich die unterschiedlichen Sichtweisen zur Erzielung von Wertschöpfung ableiten lassen. Bevor im nächsten Abschnitt eine differenzierte Analyse des Wertschöpfungsbegriffs erfolgt, soll unter Wertschöpfung die „Differenz zwischen dem Wert der vom Betrieb übernommenen Güter und dem Wert der vom Betrieb abgegebenen Güter" (*Weber* (1993), Sp. 4660), d.h. der Wertzuwachs einer Wirtschaftseinheit, verstanden werden.

3.1. Market-based View

Das Konzept der fünf Kräfte des Branchenwettbewerbs von *Porter*, welches auf dem Structure-Conduct-Performance-Paradigma der Industrieökonomik basiert,[15] besagt, dass der Erfolg eines Unternehmens von seiner Position am Markt abhängt. Unternehmen müssen sich dabei folgenden Herausforderungen stellen:

- Identifizierung von Zielmärkten,
- Einnahme einer verteidigungsfähigen Position
- und anschließende Errichtung von Eintrittsbarrieren.

Die erzielte ökonomische Rente wird dabei als Monopolrente betrachtet, da sie durch eine überragende Stellung in einem wettbewerbsarmen Markt gewonnen wird (*Zahn/Foschiani* (2000), S. 94).

Übertragen auf das Supply Chain Network lässt sich hier das Ziel des Erreichens einer profitablen, verteidigungsfähigen Marktstellung durch ein marktorientiertes Supply Chain Management ableiten. Durch erfolgreiche Kooperationen mit entsprechenden Partnern können Lock-in- bzw. Lock-out-Effekte geschaffen werden.[16] Werden diese Effekte von dem Supply Chain Network ausgenutzt, ergeben sich Eintrittsbarrieren für potentielle Konkurrenten. Dies führt zu einer Nicht-Teilnahme der Wettbewerber am Markt und somit einer gesicherten ökonomischen Rente für das Supply Chain Network. Im Mittelpunkt des Market-based View steht entsprechend die Betrachtung der Umweltbedingungen von Unternehmen. Wertschöpfung basiert also primär auf einem erfolgreichen Agieren auf dem Markt.

3.2. Resource-based View

Der Resource-based View[17] ist der Ansatz des strategischen Managements, der den Ursprung von Wettbewerbsvorteilen aus der „Inside-Out"-Perspektive erklärt und sich dabei zunächst auf die Ebene des Unternehmens bezieht. Er sieht das Unternehmen als ein Portfolio von Ressourcen und geht davon aus, dass diese Ressourcen zwischen den Unternehmen ungleich verteilt und immobil, also nicht frei handelbar sind. Ressourcen, durch die nachhaltige Wettbewerbsvorteile generiert werden können, sind folgendermaßen charakterisiert: Sie sind knapp, wertvoll und lassen sich schwer transferieren, imitieren und substituieren (*Zahn/Foschiani* (2000), S. 96). Dabei können folgende Ressourcen unterschieden werden (*Karlshaus* (2000), S. 64):

- Physische Ressourcen (z.B. Fertigungsmaterial, Anlagen, Gebäude),
- Finanzielle Ressourcen (z.B. Liquidität, Kapital) und
- Intangible Ressourcen (z.B. Wissen, Fähigkeiten von Mitarbeitern).

Kritisch zu beachten ist beim Ansatz des Resource-based View, dass es keine Hinweise darauf gibt, wie sich wertvolle von nicht-wertvollen Ressourcen unterscheiden lassen. Außerdem ist es schwierig, den Wert von Ressourcen isoliert zu betrachten. Schließlich resultiert der Wert einer Ressource oft erst aus der Kombination mit anderen Ressourcen, welche in einem Komplementaritätsverhältnis zueinander stehen (*Müller-Stewens/Lechner* (2001), S. 278). Supply Chains als vertikal verbundene Unternehmensnetzwerke kombinieren komplementäre Ressourcen (*Zahn* (2000), S. 2ff). Nach der Argumentation des Resource-based View entstehen sie durch zielgerichtete Vereinbarungen, um somit den Zugang zu den wertvollen Ressourcen der Partner zu ermöglichen.

Auf Basis des Resource-based View entwickelten sich die dynamischen Strategieansätze (Capability-based View und Knowledge-based View) weiter. Beide sollen hier kurz erläutert und in Verbindung zum Supply Chain Management gebracht werden.

Der Capability-based View[18] konzentriert sich bei seinen Analysen weniger auf die Ressourcen, sondern auf die Fähigkeiten – im Sinne von Kompetenzen – des Unternehmens. Der Resource-based View und der Capability-based View unterscheiden sich in zwei Punkten: Zum einen in der Betrachtung des Zeitpunktes und zum anderen im Prozess zur Wertgenerierung. Im Resource-based View steht zeitlich die Bildung oder der Erwerb von Ressourcen im Vordergrund, der Capability-based View konzentriert sich hingegen auf die Zeit danach, wenn das Unternehmen die Ressource schon besitzt. Der zweite Unterschied liegt in der Art und Weise zur Erreichung von Wettbewerbsvorteilen. Im Resource-based View geht es um die Frage, wie Ressourcen aufgebaut und gehalten werden können, beim Capability-based View jedoch um den koordinierten Einsatz von Ressourcen im Unternehmen, also deren Fähigkeiten. Diese dienen dazu, vorhandene Ressourcen geschickt zu nutzen und werden in diesem Zusammenhang oft als komplexe Interaktions-, Koordinations- und Problemlösungsmuster eines Unternehmens verstanden (*Müller-Stewens/Lechner* (2001), S. 278). Organisationsmuster, welche in einem langwierigen Entwicklungsprozess aufgebaut wurden, lassen sich weder transferieren noch käuflich erwerben, da diese immer mit spezifischen Gruppen und deren Wissensbasis verbunden sind. Im Mittelpunkt des Capability-based View liegen weniger die Eigenschaften der Ressourcen. Er konzentriert sich vielmehr darauf, wie diese Ressourcen innovativ gestaltet, kombiniert und gemanagt werden müssen, um somit Wert schaffen zu können. Genau hier befindet sich der Schwerpunkt des Supply Chain Management. Ein wesentliches Ziel des Supply Chain Management besteht darin, durch eine gemeinsame Planung, Steuerung und Kontrolle, ggf. auch Reorganisation, das im Supply Chain Network vorhandene breite Spektrum von Ressourcen wertschöpfend zu verknüpfen. Das Zusammenspiel der Netzwerkpartner funktioniert jedoch nur dann, wenn die zur Kooperation benötigten Fähigkeiten der Partner vorhanden sind. Diese spezielle Netzwerkkompetenz wird auch als Sozial- oder Beziehungskapital bezeichnet (*Gulati et al.* (2000), S. 220f). Hierzu gehören bspw. die fachliche und soziale Kompetenz der Mitarbeiter, das Vertrauenskapital, die Kooperationserfahrung, Routinen zur Wissensintegration und die Beziehungspflege. Diese Netzwerkkompetenzen gilt es für eine Zusammenarbeit innerhalb des Supply Chain Networks auf- und auszubauen bzw. bei der Partnerwahl sehr bewusst bei der Selektion und Bewertung zu berücksichtigen.

Der Knowledge-based View[19] konzentriert sich auf eine bestimmte, im Resource-based View als immateriellen Vermögensgegenstand betrachtete Ressource: das „Wissen". Wissen wird als die im Unternehmen wichtigste Ressource angesehen. Damit wird ein Unternehmen hier nicht mehr als Portfolio von Ressourcen oder Fähigkeiten betrachtet, sondern als (verteiltes) Wissenssystem[20] oder auch als „ (...) body of knowledge about the organisation´s circumstances, resources, causal mechanisms, objectives, policies, and so forth" (*Spender* (1989), S. 185). Einzigartiges Wissen schafft Wettbewerbsvorteile durch eine starke Positionierung am Markt und/oder die Entwicklung innovativer Lösungen und Produkte. Hierbei kann die Wissensintensität in zwei Dimensionen unterteilt werden: In die Leistung (also dem Produkt selbst als Ergebnis der Leistungserstellung) und die Wertschöpfungskette (*North* (2002), S. 26 f). Das Supply Chain Management konzentriert sich vor allem auf die Wissensintensität in der Wertschöpfungskette, speziell also auf die Problematik der Organisationsstruktur, welche sich in der Prozessintelligenz niederschlägt. Wettbewerbsvorteile werden hier vor allem durch grundlegende Restrukturierungen der zwischenbetrieblichen Arbeitsteilung, i.d.R. über mehrere Produktionsstufen, erreicht. Innerhalb des Supply Chain Network entstehen „vertikale Wissensallianzen" (*North* (2002), S. 115). Partner behalten dabei das Wissen zur Gestaltung ihres Wertkettenabschnittes. Wissen, das gemeinsam aufgebaut wurde, ist allgemeines Prozesswissen im Sinne von Standardisierung und Dokumentation. Einen wichtigen Baustein sowohl im Knowledge-based View als auch im Supply Chain Management stellt die IuK-Technologie dar, da die Verbindung aller Netzwerkteilnehmer durch elektronische Medien einen intensiven Wissenstransfer ermöglicht.

3.3. Value-based View

Die Verbreitung des unternehmenswertorientierten Managements fand ausgehend und schwerpunktmäßig in den 80er Jahren in den USA statt. Ein wichtiger Grund hierfür liegt darin, dass amerikanische Unternehmen permanent durch feindliche Übernahmen bedroht wurden und deshalb versuchten, sich durch wertorientiertes Management gegen diese zu schützen.[21] Das Unternehmen und die Geschäftsbereiche sollten so geführt werden, dass potentielle Käufer durch entsprechende Restrukturierungsmaßnahmen keinen „Mehrwert" erzielen konnten.

Auch in Europa stehen seit Beginn der 90er Jahre das Modell und die praktische Realisierung einer wertorientierten Unternehmenssteuerung im Mittelpunkt betriebswirtschaftlicher Diskussionen. Bereits im Jahr 2000 war in 89% der umsatzgrößten Unternehmen in Deutschland eines der strategischen Kernziele die Steigerung des Eigentümerwertes.[22] Das System des Wertsteigerungsmanagements hat sich also sowohl in Deutschland, wie auch weltweit inzwischen durchgesetzt. Ein Günd hierfür liegt sicherlich in der Veränderung und Liberalisierung der Kapitalmärkte. Dies bringt wiederum eine Internationalisierung der Aktionärsstruktur sowie einen zunehmenden Druck durch ausländische institutionelle Anleger mit sich. Nicht nur für Aktiengesellschaften, sondern auch für Unternehmen mit anderen Rechtsformen spielt die wertorientierte Unternehmensführung zunehmend eine bedeutende Rolle, da auch hier die Zukunftssicherung und die Steigerung des Vermögens als wichtige Themen angesehen werden. Es muss von Seiten der Führungskräfte eine Erweiterung des Strategieverständnisses hin zum aktiven Wertmanagement stattfinden. Hierbei wird ein Wechsel von der Manager- zur Aktionärs- bzw. Eigentümerorientierung gefordert.

Zur Messung der Wertsteigerung stehen verschiedene Methoden zur Verfügung, die jedoch alle auf der Grundidee des Shareholder Value Ansatzes basieren:[23]
- Shareholder Value Ansatz (*Rappaport* (1986))
- Discounted Cash-flow Methode (*Copeland/Koller/Murrin* (1998))

- CFROI-Methode (*Lewis* et al. (1995))
- EVA-Verfahren (*Stewart* (1991))

Die in einem Supply Chain Network miteinander verbundenen Unternehmen werden in aller Regel als ein Teilziel demnach die Steigerung des Unternehmenswertes haben. Das Supply Chain Management muss dies entsprechend berücksichtigen. Nur wenn potenziellen Partnern (die zu einer Steigerung der Marktorientierung des Netzwerks oder einer Abrundung der Ressourcenbasis beitragen) entsprechend kommuniziert werden kann, dass eine Teilnahme für sie wertsteigernd wirkt, kann von einer effizienten und effektiven Zusammenarbeit ausgegangen werden.[24] Dazu sind Systeme zur Messung der Wertsteigerung in und durch Supply Chain Networks zu entwickeln.

3.4. Zwischenfazit: Integrative strategische Führung eines Supply Chain Network

Der Stand der derzeitigen Strategieforschung und -anwendung ist durch eine triadisch miteinander verbundene Ausdifferenzierung von Ansätzen gekennzeichnet: der Wettbewerbsstrategie, der Ressourcenstrategie und der Wertstrategie (vgl. Abbildung 1). Diese strategischen Entwicklungen erfolgten nacheinander innerhalb von drei Dekaden (*Coenenberg* (2003), S. 11):
- In den 70er Jahren stand der Market-based View mit seinen Produktmarktstrategien im Mittelpunkt.
- In den 80er Jahren wurde er durch den Ressourced-based View ergänzt, der auf die Kernkompetenzen der Unternehmen fokussierte.
- In den 90er Jahren folgte der Value-based View, mit Fokus auf die Wertstrategie.

Das Ziel einer substantiellen Wertsteigerung ist demnach nur durch einen integrativen Ansatz zu erreichen, der die drei Sichtweisen miteinander verbindet. Neben den Anforderungen der Produktmärkte und den Möglichkeiten der verfügbaren Kernkompetenzen des Unternehmens müssen auch die Anforderungen der Stakeholder und dabei besonders der Kapitalmärkte berücksichtigt werden. Im Vorgriff auf die folgenden Ausführungen lässt sich bereits an dieser Stelle ein mehrdimensionaler Handlungsraum für das Supply Chain Management formulieren (*Möller* (2002b), S. 313). Dieser stellt gleichfalls einen Anforderungskatalog für die Entwicklung einer Bewertungsmöglichkeit in und von Netzwerken und damit die folgenden Ausführungen dar:
- Die Supply Chain ist an den Marktanforderungen auszurichten. Um hier eine optimale – im Sinne von definierter – Schnittstelle zu den Kunden herzustellen, erscheint die Herausbildung eines fokalen Supply Chain Network oftmals adäquat.
- Das Design des Supply Chain Networks muss die spezifischen Fähigkeiten und Fertigkeiten der beteiligten Unternehmen in sinnvoller Weise miteinander verbinden. Dazu sind geeignete Partner miteinander zu kombinieren. Besondere Berücksichtigung müssen hier immaterielle Ressourcen wie beispielsweise Wissen u.ä. erfahren.
- Die Steuerung eines Supply Chain Network muss sich an wertorientierten Prinzipien orientieren. Damit ist eine objektivierbare gemeinsame Zielgröße und daraus abgelei-

tete entsprechende Strategien und Handlungen für das Supply Chain Network als ganzes und die Partner ableitbar. Dabei hat ein umfassender Ansatz Berücksichtigung zu finden, der neben den materiellen auch immaterielle Werte integriert (s.o.). Dies stellt ferner eine Voraussetzung für eine Wert- und Gewinnaufteilung auf die Partner dar.

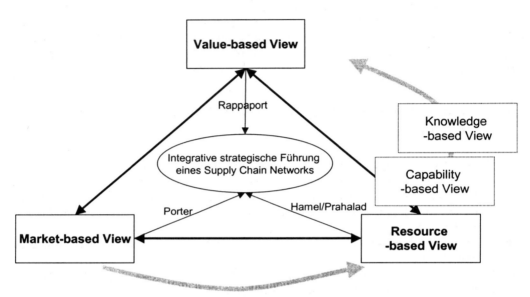

Abbildung 1: Grundrichtungen strategischer Unternehmensführung

4. Wertschöpfungskonzepte

Die Wertschöpfungslehre geht auf die volkswirtschaftliche Kreislauftheorie zurück. Dort gilt die Definition, dass die Summe der Werteströme, die einer Wirtschaftseinheit zufließen, gleich der Summe der aus ihr abfließenden Werteströme ist, d.h. der Saldo aller Werteströme für eine einzelne Wirtschaftseinheit Null ist. Der einzelwirtschaftliche, unternehmensbezogene Wertschöpfungsbegriff entwickelte sich hieraus, da der innerbetriebliche Werteumlauf als Teil des volkswirtschaftlichen Wertekreislaufs aufgefasst werden kann.[25] Wertschöpfung ist somit eine ökonomische Größe, die eine rationale Verbindung zwischen betriebswirtschaftlicher und volkswirtschaftlicher Theorie bzw. Praxis schafft. Eine Übertragung auf den Kontext von Netzwerken als intermediäre Koordinationsform zwischen Markt und Hierarchie erscheint daher vielversprechend. Dazu ist eine Begriffsexplikation notwendig. Schon ab den 30er Jahren beschäftigte sich die deutsche Betriebswirtschaftslehre mit dem Thema der Wertschöpfung als unternehmerisches Erfolgsmaß (*Weber* (1993), Sp. 4667). Im Folgenden sollen kurz die wichtigsten

Vertreter und deren Konzepte zur Wertschöpfungslehre sowie eine Abgrenzung zur volkswirtschaftlichen Begriffsauffassung vorgestellt werden. Daran anschließend können Analyseebenen und Operationalisierungsmöglichkeiten differenziert werden.

4.1. Entwicklung der Wertschöpfungslehre

4.1.1. Die Wertschöpfung als zentrale Größe der Volkswirtschaftlichen Gesamtrechnung

Die Volkswirtschaftliche Gesamtrechnung befasst sich mit der Ermittlung, Quantifizierung, Bewertung, Aggregation und Abbildung der gesamtwirtschaftlichen Abläufe für einen bestimmten vergangenen Zeitraum (meist bezüglich eines Kalenderjahres) in einem räumlich abgegrenzten Wirtschaftsgebiet (*Frenkel/John* (1991), S. 4). Sie bildet eine wesentliche Grundlage für gesamtwirtschaftliche Analysen, Prognosen und Projektionen und wird oft bei Orientierungs- und Steuerungsfragen in der Konjunktur- und Wachstumspolitik, Einkommens-, Sozial- und Finanzpolitik, und insbesondere auch bei wissenschaftlichen Untersuchungen und Modellbildungen als Hilfe herangezogen.[26] Ziel der Volkswirtschaftlichen Gesamtrechnung ist es, wirtschaftliche Aktivitäten und die Produktivkraft zu beschreiben, d.h. die wirtschaftliche Leistungsfähigkeit eines Landes zu ermitteln und darzustellen. Zentraler Leistungsindikator ist hierbei die nationale Wertschöpfung einer Volkswirtschaft, auch als Inlandsprodukt bzw. Sozialprodukt[27] bezeichnet. „Wertschöpfung" als interpretierte Erfolgsgröße wird als Instrument zur Messung des Wohlstands einer Volkswirtschaft betrachtet.

4.1.2. Betriebswirtschaftliche Wertschöpfungskonzepte

Wertschöpfungskonzepte blicken insbesondere in der deutschsprachigen Betriebswirtschaftslehre auf eine lange Tradition zurück. Im Folgenden sollen die drei wichtigsten Protagonisten und ihre Konzepte vorgestellt werden, um die Grundgedanken der Wertschöpfung herauszuarbeiten. Das relativ offene und weit gefasste Konzept stellt für die Bewertung von und in Netzwerken – gerade unter dem Aspekt einer vermehrten Berücksichtigung weiterer Stakeholder und immaterieller Werte – einen vielversprechenden Ansatz dar. Die späteren Ansätze stellen Verfeinerungen der Ausgangskonzepte und Anpassungen auf spezifische Verwendungen dar. Internationale Konzepte versuchen, den speziellen nationalen Anforderungen Rechnung zu tragen.

Der „Betriebsertrag" nach *Nicklisch:* Durch den sog. „Betriebsertrag" brachte *Nicklisch* als erster in der deutschen Betriebswirtschaftslehre ein im Vergleich zum Gewinn breiteres, der Wertschöpfungsidee entsprechendes Erfolgskonzept ein. Dabei wird der „Betriebsertrag" als Gegenwert der Betriebsleistung definiert, die von der Betriebsgemeinschaft (nach *Nicklisch* bestehend aus Arbeitnehmern und Eigenkapitalgeber) erbracht wird (*Niklisch* (1932), S. 527). Für ihn ist neben den Löhnen und Gehältern der Gewinn lediglich ein Teil des Betriebsertrages (Betriebsertrag = Löhne + Gehälter + Gewinne), nämlich der Unternehmerertrag. „Kosten" stellen für ihn die Ausgaben für alles „von draußen" Beschaffte dar. Dies sind Ausgaben für Anlagennutzung, Roh-, Hilfs- und Betriebsstoffe, Fremdkapitalnutzung und Leistungen für Außenstehende. Werden diese Kosten von den Produktionserlösen abgezogen, ergibt sich der „Betriebsertrag". Das Konzept stellt den Startpunkt der betriebswirtschaftlichen Wertschöpfungsdiskussion dar.

Das Wertschöpfungskonzept der „Nürnberger Schule": Häufig wird *Lehmann* als Begründer der betriebswirtschaftlichen Wertschöpfungslehre bezeichnet, da er als Erster den Wertschöpfungsgedanken aus dem volkswirtschaftlichem in den betriebswirtschaftlichen Bereich, nämlich das betriebswirtschaftliche Rechnungswesen, brachte.[28] Bis in die 60er Jahre prägten viele seiner Veröffentlichungen die wissenschaftliche „Wertschöpfungsdiskussion". Ziel seines Konzeptes ist es, eine „möglichst hochwertige Leistungs- und Wirtschaftlichkeitsrechnung" (*Lehmann* (1938), S. 100) zu entwickeln, um somit mit deren Ergebnis die volkswirtschaftliche Effizienz eines Betriebes aufzuzeigen. Hier wird die Wertschöpfung als eine Maßgröße für die Betriebsleistung aufgefasst, sowohl auf volkswirtschaftlicher, als auch betriebswirtschaftlicher Ebene. Bei *Lehmann* gilt folgende Gleichung (*Lehmann* (1954), S. 11):
- Wertschöpfung = erzeugtes Gütereinkommen = erzeugtes Geldeinkommen.

Dabei wird hier das Gütereinkommen als Roherträge minus Vorleistungskosten definiert und das erzeugte Geldeinkommen als Summe aus „Arbeitserträgen", „Gemeinerträgen" und „Kapitalerträgen" (*Lehmann* (1954), S. 13). Im Gegensatz zu *Nicklisch* ist die Wertschöpfungsdefinition von *Lehmann* umfassender.

Das Wertschöpfungskonzept der „Tübinger Schule": Die Wurzeln dieses Wertschöpfungskonzeptes liegen in der Nationalökonomik. Dies liegt darin begründet, dass es sich bei seinen Vertretern um Volkswirte (Hauptvertreter ist *Pohmer*) handelt und die Wertschöpfung als die zentrale mikro-ökonomische Größe zur Konzentrationsmessung in Märkten und ganzen Nationalökonomien gesehen wird. Im Mittelpunkt des Konzeptes steht die Verwendbarkeit zur Messung von vertikalen und horizontalen Konzentrationsvorgängen und damit zusammenhängend die Bestimmung der Unternehmensgröße. Zur Ermittlung der Wertschöpfung soll nach *Pohmer* ausschließlich die GuV-Rechnung herangezogen werden, wobei hier in eine direkte und indirekte Wertschöpfungsermittlung unterschieden werden kann (*Pohmer/Kroenlein* (1970), Sp. 1917).

Andere Wertschöpfungskonzepte: Das Wertschöpfungskonzept nach *Kroeber-Riel* (*Kroeber-Riel* (1963), nach *Beier* (*Beier* (1978), und das des *Arbeitskreises „Das Unternehmen in der Gesellschaft"* (1975) stellen weitere Ansätze zur Messung der Wertschöpfung. Im wesentlichen beziehen sie sich auf die eben vorgestellten Arbeiten von *Lehmann* und *Pohmer*. Die Wertschöpfung als „betriebliches Ertragskonzept" (*Haller* (1997), S. 152) kann als interner und externer Erfolgs- und Beurteilungsmaßstab gesehen werden. Im Vordergrund steht bei fast allen betriebswirtschaftlichen Wertschöpfungsschulen die Entstehungsseite.

4.1.3. Zwischenfazit: Das Wertschöpfungskonzept als Basis eines Supply Chain Network Value Added

Zusammenfassend lässt sich zweierlei festhalten: Einerseits existiert kein klares gemeinsames Verständnis von Wertschöpfung. Abhängig von Autor und Verständnis differieren Umfang und Berechnung einer betrieblichen Wertschöpfung zum Teil erheblich voneinander. Legt man hier internationale Konzepte mit ihren jeweiligen Landesspezifika zu Grunde, wird die Vielfalt noch weiter erhöht (*Haller* (1997), S. 156ff). Andererseits bietet das Grundkonzept der Wertschöpfung einen umfassenden Analyserahmen zur Ermittlung eines Betriebsergebnisses bzw. der Wertsteigerung von Leistungseinheiten. Dies ist insbesondere vor dem Hintergrund der ursprünglich volkswirtschaftlich geprägten Begriffsverwendung zu sehen. Gerade die letztgenannten Punkte prädestinieren das Konzept als Ausgangsbasis für die Berechnung eines Betriebsergebnisses von miteinander verbundenen Unternehmen in einem Supply Chain Network. Dabei sind die aus den Strategieansätzen herausgearbeiteten Untersuchungsdimensionen entsprechend miteinzubeziehen.

4.2. Analyseformen der Wertschöpfung

Wertschöpfung kann sowohl den Prozess der Wertentstehung, als auch das Ergebnis dieses Prozesses bezeichnen. Mehrwert hingegen bezieht sich eindeutig auf das Prozessergebnis (*Weber* (1980), S. 4), genauer: das Resultat der „Eigenleistung", also der Differenz zwischen dem Wert der Abgabeleistungen und der übernommen Vorleistungen. Somit ergeben sich zwei Ansätze zur Analyse und Bestimmung der Wertschöpfung, die Prozess-Wertschöpfung und die Ergebnis-Wertschöpfung. Beide Formen können auf unterschiedlichen Hierarchieebenen Anwendung finden. Diese gilt es systematisch zu identifizieren und voneinander zu unterscheiden, um einen eindeutigen Ausweis der Wertschöpfung leisten zu können.

4.2.1. Die „klassische" Ergebniswertschöpfung

Der ursprüngliche, „klassische" Wertschöpfungsbegriff ist auf wirtschaftliche Einheiten, wie Volkswirtschaften, Unternehmen oder Unternehmensteile ausgerichtet. Er bezieht sich auf das Ergebnis übergreifender Prozesse der Leistungserstellung verschiedener Wirtschaftseinheiten und wird in Geldeinheiten gemessen.

Die Wertschöpfung eines Unternehmens kann allgemein auf zwei unterschiedliche Arten ermittelt und definiert werden: zum einen bezügliche ihrer Entstehungsseite, zum anderen durch ihre Verteilungsseite (*Haller* (1997), S. 42). Die Entstehungsseite, welche den Leistungsaspekt in den Mittelpunkt rückt, betrachtet die Wertschöpfung als Differenz zwischen der Gesamtleistung[29] des Unternehmens und ihrer Vorleistungen. Damit sind die von anderen Wirtschaftsobjekten bezogenen Sach- oder Dienstleistungen gemeint. Diese Form der Berechnung wird auch als indirekte Methode oder Subtraktionsmethode bezeichnet. Die Verwendungsseite, welche den Sozialaspekt der Wertschöpfung widerspiegelt, wird durch die direkte Methode, auch Additionsmethode genannt, berechnet. Da gibt die Wertschöpfung die Summe der „Einkommen" aller an der Leistungserstellung in einem Unternehmen Beteiligten wieder. Hierzu zählen Mitarbeiter, Eigen- und Fremdkapitalgeber und der Staat, vertreten durch öffentliche Institutionen. In Abbildung 2 ist die Entstehungsseite der Verteilungsseite gegenübergestellt.

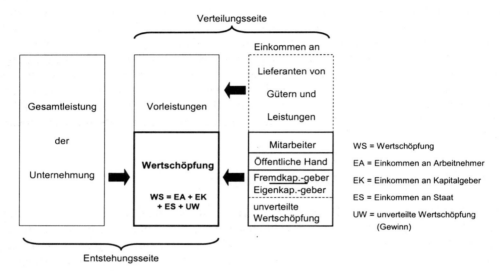

Abbildung 2: Definition der Wertschöpfung (Quelle: *Haller* (1997), S. 45)

Ist der Saldo aus dem Ertrag einer betrieblichen Leistung und dem Wert der in der Leistungserstellung eingegangenen Vor- und Fremdleistungen positiv, so spricht man von Wertschöpfung, ist er negativ, von Wertvernichtung. Der Begriff der Wertschöpfung bezieht sich traditionell auf quantitative, primär finanziell messbare Größen des Unternehmens. In diesem Fall bedeutet dies, dass die Wertschöpfung nur Größen berücksichtigt, welche ertrags- oder aufwandswirksam erfasst wurden.

4.2.2. Prozessorientierte Wertschöpfungsbetrachtungen

Die wohl bekannteste Darstellung des Wertschöpfungsprozesses eines Unternehmens ist die Wertschöpfungskette von *Porter*, ein Planungs- und Analyseinstrument des strategischen Controlling (vgl. Abbildung 3).[30] Die zentralen Aktivitäten eines Unternehmens werden in der Wertschöpfungskette nach dem Verrichtungsprinzip dargestellt. Dabei unterscheidet *Porter* zwischen primären und sekundären, unterstützenden Aktivitäten. Durch Analyse der Glieder der Wertkette können die strategisch entscheidenden Wertschöpfungsaktivitäten definiert und die Ressourcen auf diese konzentriert werden. Als Ergebnis der Wertkettenanalyse ergibt sich oft eine Änderung der Wertschöpfungstiefe der Unternehmen, da unattraktive, keine Wettbewerbsvorteile erbringenden Aktivitäten, kostengünstiger durch Lieferanten erbracht werden. Das Ergebnis dieser Sichtweise lässt sich eindrucksvoll an den sehr tief hierarchisch gegliederten, pyramidalen Zuliefernetzwerken der Automobilindustrie mit oftmals mehr als sieben Stufen ("tier") ablesen.

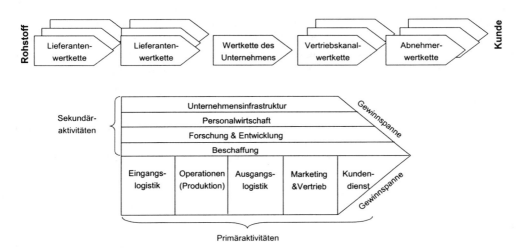

Abbildung 3: *Porter'sche* Wertschöpfungskette (Quelle: *Porter* (1986), S. 60 u. 74)

Gemeinsames Merkmal aller Wertschöpfungsprozesse (primärer und sekundärer) ist, dass zu ihrer Durchführung bestimmter Input bestehend aus Materialien, menschlichen und technologischen Ressourcen, Dienstleistungen und Informationen eingesetzt werden müssen und dass das Ergebnis der Prozessdurchführung durch die Entstehung von (anderen) Sachgütern, Dienstleistungen und Informationen beschrieben werden kann.

4.2.3. Wertschöpfungsebenen

Mehrwert wird geschaffen, indem im Laufe der Bearbeitung bestimmte Fähigkeiten und Ressourcen eingesetzt werden. Dies besagen die zu Beginn vorgestellten Strategieansätze. Wertschöpfung kann auf verschiedenen Systemebenen geschehen, von einzelnen Unternehmensteilen über Unternehmen bis zum Supply Chain Network oder sogar Volkswirtschaften. In den traditionellen Wertschöpfungsmodellen wird meist ein einzelnes Unternehmen betrachtet. Ein Unternehmen wird dabei als System untereinander vernetzter Wertschöpfungsprozesse betrachtet. Supply Chain Networks hingegen bestehen aus miteinander verbundenen Unternehmen, die entlang des Wertschöpfungsprozesses ihre individuellen Fähigkeiten und Ressourcen einbringen.

Die Wertschöpfung auf Ebene der Geschäftsprozesse kann in Form einer Wertkette oder eines Aktivitätensystems dargestellt werden. Das Aktivitätensystem als eine Fortführung der Wertkette konzentriert sich auf die zentralen Aktivitäten, verfolgt dabei aber nicht die lineare Abfolge der Wertkette, sondern vernetzt die Aktivitäten auch miteinander. Hier wird davon ausgegangen, dass der Wert einer einzelnen Aktivität nicht gesondert vom Ganzen gesehen werden kann.

Bei der Wertschöpfung auf Ebene der Netzwerkpartner steht im Mittelpunkt der Betrachtungen nicht nur die Frage, durch welche Aktivitäten die Netzwerkziele erreicht werden können, sondern wie einzelne Partner zusammenpassen und sich gegenseitig ergänzen. Dabei können drei Arten von Wertschöpfungsstrategien unterschieden werden: Die horizontale Wertschöpfungsstrategie, durch Variationen in der Produkt/Markt-Matrix, die vertikale Wertschöpfungsstrategie, durch Variation der vertikalen Integration vor- und nachgelagerter Wertschöpfungsstufen und die Diversifikation durch Variation in der Wertschöpfungskette.

Betrachtet man Wertschöpfungsaktivitäten nicht nur auf Ebene der Partnerunternehmen, sondern auf Netzwerkebene, so ist es notwendig, das zugrundegelegte Wertschöpfungsmodell zu untersuchen, um daraus Rückschlüsse oder Verbesserungsmöglichkeiten für die beteiligten Partner ableiten zu können.

Um die wertorientierten Zielsetzungen eines Unternehmens oder eines Supply Chain Network erreichen zu können, muss eine Verknüpfung der strategischen und operativen Planungsebene erfolgen. Auf der strategischen Ebene werden grundlegende Entscheidungen getroffen, somit auch die im Planungshorizont zu erreichenden Zielsetzungen. Diese können in Form von Mindestausprägungen des Cash Flow oder anderer wertorientierter Kennzahlen festgelegt werden. Auf der operativen Ebene müssen anschließend Kenngrößen gefunden werden, an denen sich die beteiligten Partner bzw. die jeweiligen

Manager bei ihren Entscheidungen orientieren müssen. Diese Kenngrößen sollen dabei einen direkten Bezug zum Oberziel der Unternehmenswertsteigerung haben. Sie stellen somit eine Einflussgröße dar. Das bedeutet, dass bei der Ableitung der operativen Kenngrößen ein kausales Modell hinterlegt sein muss, das den Bezug zwischen strategischer Zielsetzung und operativer Kenngröße herstellt. Solche Modelle finden Anwendung sowohl im Rahmen des Wertmanagements als auch im Rahmen der strategischen Unternehmensführung und hier besonders bei Verwendung einer Balanced Scorecard. Die Verknüpfung der einzelnen Ebenen hin zu den finanziellen Zielen erfolgt hier ebenfalls über ein System von Ursache-Wirkungsbeziehungen (*Wall* (2001), S. 67).

In den wertorientierten Modellen gilt es, entsprechende Werttreiber ausfindig zu machen; also jene Faktoren, die primär für das Erreichen von Wettbewerbsvorteilen verantwortlich sind Aus diesen Wettbewerbsvorteilen ergibt sich dann wiederum eine entsprechende finanzielle Performance, die in einer wertorientierten Betrachtung zu einer Wertschöpfung führen muss, indem mindestens die Kapitalkosten verdient werden, die für das jeweilige Geschäft anzusetzen sind. Für eine Werttreiberanalyse ist es daher notwendig, geschäftsspezifische Treiberbäume zu entwickeln, welche die Zusammenhänge zwischen den Werttreibern operationalisieren (*Bruhn* (1998), S.92f). Inzwischen existieren für eine Vielzahl von Branchen und Funktionen derartige Werttreiberbäume.

Als Beispiel soll kurz das von *Rappaport* entwickelte Shareholder Value Netzwerk skizziert werden.

Die wesentlichen Bewertungsparameter des Cash Flow werden in diesem Modell direkt aus der Differenz aus betrieblichen Einzahlungen und Auszahlungen ermittelt,[31] indem fünf Werttreiber differenziert werden: Wachstumsrate der Umsätze, betriebliche Gewinnmarge, Zusatzinvestitionen in Anlage- und Umlaufvermögen und Gewinnsteuersatz. In einem nächsten Schritt werden diese Werttreiber weiter operationalisiert. In Abbildung 4 ist eine mögliche Werttreiberhierarchie für einen Konsumgüterhersteller dargestellt. Anhand dieses Beispiels ist hinsichtlich des Umfangs der Differenzierung festzustellen, dass der Prozess der Aufspaltung exakt dort ein Ende finden sollte, wo die Werttreiber handhabbare und für das tägliche Geschäft operationalisierbare Größen sind.

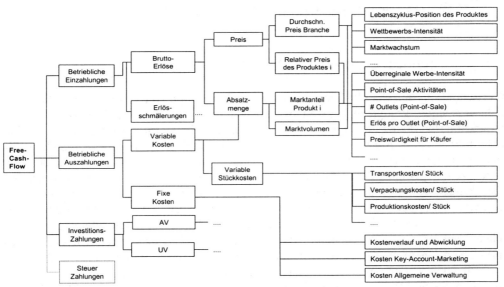

Abbildung 4: Mögliche Werttreiberhierarchie für einen Konsumgüterhersteller (Quelle: *Knorren/Weber* (1997), S. 32)

Eine solche Operationalisierungsform der Wertschöpfung in einem rechnerisch verknüpften Modell bietet für ein Supply Chain Network einen dreifachen Vorteil:

1) Es müssen Werttreiber identifiziert werden, die wiederum eine Steuerung des Netzwerks mit dem Ziel der Wertschöpfung ermöglichen.

2) Für alle Beteiligten kann die Strategie des Supply Chain Networks klar formuliert werden und der entsprechende Nutzen transparent gemacht werden.

3) Die durch das Supply Chain Network generierte, zusätzliche Wertschöpfung kann für eine nachfolgende Verteilung auf die Beteiligten nachvollziehbar ermittelt werden.

Damit stellt ein auf einem umfassenden Wertschöpfungsansatz beruhendes Werttreibermodell eine geeignete Form zur Messung und Steuerung der Wertschöpfung in und durch Supply Chains dar. Die „Arbeitsteilung" zwischen Supply Chain Controlling und Supply Chain Management ist dabei dergestalt, dass die Erarbeitung und der Betrieb eines solchen Modells Aufgabe des Supply Chain Controlling ist. Es geht also wesentlich darum, die Wertschöpfung in dem Supply Chain Network zu ermitteln. Demgegenüber ist es Aufgabe des Management, die Wertschöpfung durch ein aktives Supply Chain Management zu erreichen.

5. Modellentwicklung zur Ermittlung der Wertschöpfung in Supply Chain Networks

5.1. Erkenntnistheoretische Vorüberlegungen

Wertschöpfung und Supply Chain Networks stellen komplexe Konstrukte dar, die ihrerseits versuchen, komplexe Umweltzustände der betriebswirtschaftlichen Realität einer zielorientierten Steuerung zugänglich zu machen. Eine Integration der beiden Konstrukte steht notwendigerweise vor der Herausforderung, diese Komplexität sinnvoll zu bewältigen. Wünschenswert wäre dazu ein System in sich konsistenter Aussagen, dass das Vorliegen von Regelmäßigkeiten behauptet und bisher weder eine Falsifizierung durch Beobachtungen der Realität erfahren hat noch eine solche wahrscheinlich erscheinen lässt (*Schweitzer/Küpper* (1997), S. 7 und 126). Ein solches System wird als Theorie bezeichnet. Aufgrund der Neuigkeit der Themenfelder und der derzeit noch fehlenden empirischen Nachweise greift ein solcher Anspruch zu weit. Um den generalisierenden Anspruch von Theorien zu relativieren, bietet sich die Ausgestaltung eines Modells an. Dabei handelt es sich um eine vereinfachte, formalisierten Abbildung eines auf wesentliche Elemente und Relationen reduzierten Ausschnitt der ökonomischen Wirklichkeit, um Aussagen zur Lösung eines Problems (im Sinne einer Ziel-Mittel-Funktion) zu ermöglichen (*Kromrey* (2000), S. 199). Dadurch kann eine Anpassung an die konkrete Forschungs- und Umfeldsituation geschaffen werden, um eine Problemsituation adäquat zu erfassen und Transformationen von Aussagen zu ermöglichen (*Schweitzer/Küpper* (1997), S. 1). In diesem Verständnis soll im Folgenden ein Modell zur Abbildung der Wertschöpfung in einem Supply Chain Network vorgestellt werden. Das Modell wie auch die Vorgehensweise ist dabei zweigeteilt: Einerseits findet ein Bottom-up-approach über die Klassifikation von Nutzenpotenzialen des Supply Chain Management statt; andererseits wird – angelehnt an die vorgestellten hierarchischen Werttreibermodelle mit einer Spitzenkennzahl – ein Top-down-approach für die Herleitung des Supply Chain Network Value Added, also der Wertschöpfung des Supply Chain Network, verfolgt. Beide Herangehensweisen werden in dem Modell miteinander verknüpft. Abschließend wird die Ausgestaltung und Verknüpfung beispielhaft dargestellt.

5.2. Modellstruktur und -aufbau

5.2.1. Klassifikation von Nutzenpotenzialen

Der Anspruch einer Integration vieler unternehmerischer Funktionen erfordert die Berücksichtigung unterschiedlicher Perspektiven für Ziele, Aufgaben und Erfolgsbeiträge des Supply Chain Management. Hierzu wird das Supply Chain Management für die weitere Analyse seiner Nutzenpotenziale in vier Gestaltungsfelder aufgeteilt:[32]
- Kooperationsmanagement,
- Produkt-/ Prozessmanagement,
- Technologiemanagement,
- Organisationsmanagement.

Kooperationsmanagement: Das Kooperationsmanagement, welches die kooperative Zusammenarbeit aller Supply-Chain Mitglieder in Form von Wertschöpfungspartnerschaften koordiniert, ist ein zentraler Baustein des Supply Chain Management Konzeptes. Beziehungen, die konflikt- und opportunismusbehaftet ablaufen, sind bei der Koordination und Integration interorganisationalen Handelns ungeeignet. Gegenüber anderen Supply Chains ist ein kompetitives Verhalten vorzunehmen, zwischen aufeinanderfolgenden Kettenmitglieder innerhalb einer Supply Chain sollte jedoch eine kooperative Zusammenarbeit vorherrschen. Hierdurch kann wertsteigendes Verhalten gewährleistet werden, wodurch gleichzeitig die Komplexität und Intransparenz der Leistungserstellung reduziert wird. Langfristig sind die Geschäftsbeziehungen entlang der Supply Chain als vertrauensbasierte „Win-Win-Konstellationen" zu gestalten. Hier besteht die primäre Aufgabe des Supply Chain Management, das Vertrauen der Geschäftspartner zu gewinnen und aufrecht zu erhalten, sowie ein präventives Konfliktmanagement einzurichten. Als weiteres Kriterium für eine erfolgreiche Kooperation sollten eine kongruente Interessenlage sowie ein entsprechender Ressourcenbeitrag des Partner beachtet werden.

Produkt-/Prozessmanagement: Da die produzierten Güter (Sach- und/oder Dienstleistungen) den Kundennutzen und damit auch den Profit erzeugen, sollte dem Produkt- und Prozessmanagement besondere Aufmerksamkeit geschenkt werden. Dabei muss vor allem die Analyse und Gestaltung des Produktflusses berücksichtigt werden, da dieser zum einen zur Kundenzufriedenheit (durch entsprechenden Lieferservice wie z.B. Lieferzuverlässigkeit, -qualität und -bereitschaft) beiträgt und zum anderen Kosten verursacht (bspw. Lagerkosten). Zudem wird innerhalb des Produkt- und Prozessmanagements der Grad der Fertigungstiefe bestimmt. Innerhalb einer Supply Chain wird damit die Dislozierung der Produktion auf die verschiedenen Partner festgelegt. Produktspezifische Wettbewerbsvorteile können beispielsweise durch hohe Produktqualität, innovative Produkte und Variantenvielfalt erzeugt werden.

Technologiemanagement: Ein zentraler Bestandteil des Supply Chain Management ist die Optimierung des Informationsflusses zur Abwicklung von Geschäftsprozessen. Die integrierte Informationsverarbeitung bildet die Grundlage zur unternehmensübergreifenden Gestaltung der Geschäftsprozesse in Supply Chains. Hierbei erfolgt der Informationsfluss in zwei Richtungen, zum einen entlang des Güterflusses, also vom Zulieferer zum Kunden, und zum anderen vom Kunden zum Zulieferer. Der rasante Fortschritt der Informations- und Kommunikationstechnologien trägt zur effektiven Unterstützung sämtlicher Transaktionen innerhalb der Supply Chain bei (Data-Warehouses, elektronischer Datenaustausch, Internet, Intranet, praxisspezifische Supply Chain - Software. Hauptaufgabe des Informationsmanagements ist es in erster Linie, die Verfügbarkeit notwendiger Informationen zu gewährleisten und die Geschäftsprozesse transparent darzustellen. Besonders in der Nutzung der Internettechnolgie liegt ein großes Potenzial zur Unterstützung der Abwicklung von Geschäftsprozessen, sobald sich gemeinsame Standards wie bspw. HTTP, XML, Java, HTML durchgesetzt haben und somit moderne Datenbanksysteme und Data-Warehouse-Lösungen auf dieser Basis verschiedene Zugriffsfunktionalitäten bieten. Aufbauend auf diesen offenen Standards müssen Kommunikationsstandards, sowie die Art der Datenhaltung zwischen den Geschäftspartnern geklärt werden.

Organisationsmanagement: Das Organisationsmanagement berücksichtigt die organisationalen und strukturellen Aspekte des Supply Chain Management. Im Mittelpunkt des Supply Chain Management Konzeptes steht im Gegensatz zur traditionellen funktionalen Organisationsgestaltung die prozessorientierte Organisationsgestaltung, welche sich auf das Management von unternehmensübergreifenden Prozessen konzentriert. Die betrieblichen Abläufe passen sich hier nicht mehr einer fest vorgeschriebenen Aufbaustruktur an, sondern der strukturelle Aufbau des Unternehmens orientiert sich an den betrieblichen Prozessen. Die Adaption von Supply Chain Management Strategien bedeutet also meist auch organisatorischen Wandel. Die Supply Chain Strukturierung besitzt wegen ihrer vorgelagerten Entscheidungsebene eher strategischen Charakter und legt die Supply Chain Länge sowie Supply Chain Verzweigungen fest (*Kaufmann/Germer* (2002), S. 84). Die Konfiguration der Supply Chains umfasst dabei die Beschaffungs-, Produktions-, Distributions- und Logistikstrukturen, insbesondere die Gestaltung spezifischer Lieferketten ausgewählter Kooperationspartner einschließlich deren Standorte und Kapazitäten. Da durch die Konfiguration einzelner Supply Chains und deren Koppelung Unternehmensnetzwerke entstehen, muss auch die Gestaltung des entstehenden Netzwerkes berücksichtigt werden (*Walther* (2001), S.14). Als wesentliche Voraussetzung einer prozessorientierten Organisationsgestaltung muss ein einheitliches Prozessverständnis für die Kooperationspartner geschaffen werden. Dies kann durch eine standardisierte Beschreibungssprache für die Prozesse innerhalb der Supply Chain unterstützt werden. Ein entsprechendes Instrumentarium stellt z.B. das Supply Chain Operations Reference-Modell (SCOR) des Supply Chain Council zur Verfügung.[33]

5.2.2. Operationalisierungsmodell

Mit der Entwicklung eines Modells zur Ermittlung der Wertschöpfung in Supply Chain Networks sollen Maßnahmen des Supply Chain Management prognostiziert, beobachtet, gemessen und hinsichtlich ihres Beitrags zur Wertschöpfung beurteilt werden. Die Arbeitslogik des Modells zielt auf die Übersetzung potentieller Wertschöpfung in Supply

Chain Networks durch aktives und zielgerichtetes Supply Chain Management und damit konkrete Aktivitäten ab. Hierzu wurde das Modell in fünf Ebenen unterteilt (vgl. Abbildung 5).

Auf der ersten Ebene befindet sich die Zielgröße des Supply Chain Network Value Added (SCNVA). Der SCNVA ergibt sich aus materiellen und immateriellen Bewertungskomponenten (2. Ebene). Die materielle Wertschöpfung lässt sich mit Hilfe eines Werttreiberbaums auf vier Wertschöpfungspotenziale herunterbrechen (3. Ebene). Daraus ergeben sich insgesamt fünf Wertschöpfungspotenziale in einem Supply Chain Network:
- Erlössteigerung
- Kostenreduzierung
- Kapitalreduzierung
- Risikoreduzierung
- Steigerung des immateriellen Vermögens

Jedes dieser Wertschöpfungspotenziale teilt sich wiederum in verschiedene Werttreiberkategorien auf (4. Ebene). Auf der untersten 5. Ebene schließlich können die einzelnen Werttreiber sowohl einer Werttreiberkategorie als auch einem Nutzenpotenzial zugeordnet werden. Diese zweidimensionale Clusterung eröffnet bei der Ableitung von Bewertung und Management einen größeren Handlungs- und Identifikationsspielraum: Einerseits können die Werttreiber top-down aus den Werttreiberkategorien abgeleitet werden. Andererseits können sie auch zuerst in einer Wert-/Nutzenmatrix ermittelt und im zweiten Schritt den Werttreiberkategorien zugeordnet werden (vgl. Abbildung 6).

5.2.3. Wert-/Nutzenpotential-Matrix

Die Wert-/Nutzenpotential-Matrix wurde auf Basis der VALCOR-("Value is core")-Matrix entwickelt (*Gomez/Weber* (1989), S. 54), um die Schaffung des Supply Chain Management Nutzen beurteilen zu können. Dazu wird die Systematisierung der Supply Chain Management Nutzenpotenziale mit dem Wertschöpfungsmodell verknüpft. Die Wertgeneratoren entstehen durch den definitorischen Zusammenhang mit dem zu ermittelnden Wertbeitrag. Die zu analysierenden Nutzenpotenziale sind im konkreten Anwendungsfall an die entsprechende Supply Chain Situation anzupassen. Die Wert-/Nutzenpotenzial-Matrix zeigt auf Grundlage der Supply Chain spezifischen Kooperations-, Produkt-/Leistungs-, Technologie- und Organisationspotenziale identifizierte Ansatzpunkte für wertsteigernde Strategien und Maßnahmen, die Auswirkung auf die Werttreiber der Erlöse, Kosten, Kapitel, Risiko und immaterielles Vermögen haben. Das Konzept der Wert-/Nutzenpotenzial-Matrix gibt Hinweise auf die Vielfalt an Szenarien, die auf Basis einer wertorientierten Supply Chain Planung hinsichtlich ihrer Auswirkung auf den SCNVA überprüft werden können. Durch Simulierung können diese Szenarien gegenübergestellt und bewertet werden. Die Wert-/Nutzenpotenzial-Matix ist entsprechend eher als strukturiertes Brainstorming zur Ermittlung der Werttreiber zu werten, da auf die Ausweisung von quantitativen Zusammenhängen zwischen Werttreibern und Nutzenpotenzialen verzichtet wird.

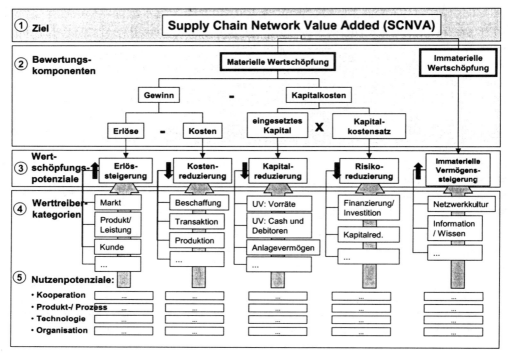

Abbildung 5: Operationalisierungsmodell eines Supply Chain Network Value Added

5.2.4. Immaterielle Wertschöpfung

Die Operationalisierung materieller Vermögenswerte stellt weniger ein Problem dar, da diese durch finanzielle Messgrößen aus dem internen und externen Rechnungswesen gemessen werden können. Im Zeitalter der Wissensökonomie stehen zunehmend immaterielle Vermögenswerte, wie z.B. das Wissen und die Fähigkeiten der Mitarbeiter, die Informationstechnologie zur Unterstützung der zwischenbetrieblichen Transaktionen sowie eine adäquate Netzwerkkultur, im Mittelpunkt der Betrachtungen.[34] Das Problem bei der Messung immaterieller Werte ist deren indirekter Einfluss auf das Finanzergebnis, welche sich in Form von mehrstufigen Ursache-Wirkungsbeziehungen auswirkt. Der Fokus des SCNVA-Modells besteht aber nicht im Aufzeigen von Ursache-Wirkungsbeziehungen bezüglich materieller und immaterieller Wertschöpfungspotenziale, sondern vielmehr in deren Ermittlung, Clusterung und Messung. Möglichkeiten zur Messung des Potentials immaterieller Wertschöpfung ergeben sich aus der Darstellung nichtmonetärer Größen, wie beispielsweise der Kundenzufriedenheitsindex den Servicegrad wiedergeben kann, oder das Vertrauen innerhalb der SC Kultur durch Maßgrößen wie Anzahl oder Höhe gemeinsam bearbeiteter Projekte, Investitionshöhe in beziehungsspezifische Unternehmenswerte oder auch die Anzahl eingehaltener Termine.

5.3. Modellausgestaltung: Kostenreduzierung als Wertpotenzial

Am Beispiel des Wertschöpfungspotenzials der Kostenreduzierung soll hier das SCNVA-Modell veranschaulicht werden. Auf vierter Ebene wird das Wertschöpfungspotenzial Kostenreduzierung in die drei Werttreiberkategorien Beschaffungs-, Transaktions- und Produktionskosten gegliedert (weitere Werttreiberkategorien können im Einzelfall ergänzt werden, dies erfolgt über die Wert-/Nutzenpotenzial-Matrix). Abbildung 6 zeigt verschiedene Supply Chain Management Maßnahmen zur Reduzierung der Kosten auf. Auf unterster Ebene erfolgt eine Aufteilung der Supply Chain Management - Maßnahmen zur Kostenreduzierung in die vier Nutzenpotenziale, um somit eine Übersicht zu erhalten, in welchem Teilbereich die geplanten Aktivitäten Nutzen stiften. Die Ermittlung der einzelnen Werttreiber kann zuerst in der Wert-/Nutzen-Matrix (bottom-up) oder durch die Werttreiberkategorien (top-down) erfolgen (s.o.). Entscheidend ist, dass sich alle Kosteneinsparungen in der Bewertungskomponente Kosten auf zweiter Ebene wiederfinden. Dort erfolgt dann eine monetäre Bewertung in Kostengrößen. Diese fließen über den Gewinn und den ROA in die materielle Wertschöpfung und somit letztlich in den SCNVA ein.

6. Fazit

Die extensive Verwendung des Begriffs Supply Chain Management hat der Thematik schon fast den Anstrich einer schillernden Modeerscheinung gegeben. Hinter dem Konzept verbirgt sich aber – umfassend verwendet – mehr als ein bloßes Neuarrangement bereits bekannter Instrumente und Prinzipien. Die unternehmensübergreifende Steuerung als Grundidee des Supply Chain Management macht tiefgreifende Anpassungen sowohl bei der Ausgestaltung der Strategie als auch des Beziehungsverständnisses notwendig. Auch wenn der flussorientiert unternehmensübergreifende Ansatz in der Lage ist, eine Vielzahl von Optimierungspotenzialen zu erschließen, greift die Sichtweise zu kurz. Laterale und horizontale Beziehungen zwischen den Partnern einer Supply Chain bleiben unberücksichtigt, entsprechende Effizienzvorteile ungenutzt. Daher ist der Betrachtungshorizont auf Supply Chain Networks auszudehnen, die sich aus einer Vielzahl von Supply Chains konstituieren. Für Analysezwecke erscheint aus Komplexitätsgründen allerdings oftmals die Betrachtung einer Supply Chain ausreichend.

Für das Controlling als Führungsunterstützungsfunktion eröffnen sich neue Herausforderungen und Chancen sowohl für den Anwendungskontext Supply Chains wie auch Supply Chain Networks. Die im Kern koordinierende Funktion des Controllings ist prädestiniert, den Blickwinkel des eigennutzorientierten Akteurs (Unternehmen/Netzwerkpartner) zu verlassen, und unternehmensübergreifend auf Netzwerkebene eine gesamtzielorientierte Führung zu unterstützen. Dazu ist zweierlei notwendig: Einerseits muss das Controlling Instrumente zur Zielerreichung bereitstellen und allen Beteiligten die Adäquanz dieses Instrumentariums verdeutlichen (funktionaler Aspekt). Andererseits muss ein solches Controlling organisational etabliert sowie von allen Beteiligten anerkannt und mit entsprechenden Handlungsvollmachten – insbes. bzgl. der Informationsversorgung – ausgestattet sein (institutionaler Aspekt). Nur wenn diese Rahmenbedingungen erfüllt sind, kann ein systematisches Management zur Erschließung von Effektivitäts- und Effizienzvorteilen – und damit eine Realisierung der Supply Chain Hypothese – erreicht werden.

Neben der notwendigen Anpassung des Controlling- und Managementinstrumentariums sind dazu auch neue Instrumente zu entwickeln. Konzeptionell wurde dies durch das Modell eines Supply Chain Network Value Added realisiert. Da es sich hier um ein prototypenhaftes Modell handelt, erscheint eine Weiterentwicklung und Verfeinerung notwendig. Insbesondere der Einbezug der Intangibles, die bei Netzwerken eine erhebliche Rolle spielen, wird in diesem Zusammenhang zu leisten sein. Auch die Operationalisierung und Verknüpfung der einzelnen Faktoren bedarf weiterer Ausgestaltung. Automatisch ergibt sich bei einer Anwendung des Modells auch eine weitere Problematik: Wie ist die durch das Supply Chain Network erzielte Wertschöpfung zu verteilen? Auch hier sind entsprechende Systeme des Performance Measurement und Verrechnungspreismodelle zu entwickeln.

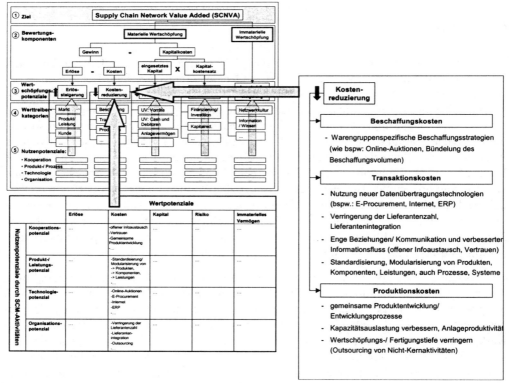

Abbildung 6: Kostenreduzierung als Wertschöpfungspotenzial

Es bleibt festzuhalten: Die (Weiter-) Entwicklung von Einzelinstrumenten und der Entwurf einer integrativen Konzeption des Controlling für Supply Chains sowie Supply Chain Networks ist notwendig, um die Wertschöpfungspotenziale durch die kooperativ prozessorientierte Zusammenarbeit von Unternehmen zielgerichtet erschließen zu können.

Anmerkungen

[1] Vgl. *Otto* (2002), S. 1 und die dort zitierte Literatur. *Otto* legt diese Hypothese (unter Annahme ihrer Gültigkeit) seiner umfassenden Einführung zu Supply Chain Management und Supply Chain Controlling zugrunde.

[2] In den frühen 80er Jahren wurde dem Supply Chain Management erste Aufmerksamkeit geschenkt. Es wird seit Anfang der neunziger Jahre vor allem in den USA intensiv diskutiert: vgl. *Croom et al.* (2000).

[3] Vgl. auch die Beiträge bei *Arnold/Mayer/Urban* (2001).

[4] Zur systematischen Analyse des Supply Chain Management wurde von *Otto* und *Kotzab* eine umfangreiche Literaturrecherche durchgeführt. Die entsprechende Übersicht gibt einen breiten Überblick über die verschiedenen Definitionen und Analyseschwerpunkte des jeweiligen Supply Chain Management - Verständnisses (*Otto/Kotzab* (2002), S. 158ff).

[5] Vgl. *Ellram/Cooper* (1990), S. 3; *Stölzle* (1999), S. 175; *Skjoett-Larsen* (1999), S. 41; *Tan* (2001), S. 39. insbesondere die Logistik ist hier zu nennen; so machen einige Autoren auch keinen Unterschied zwischen Logistik und Supply Chain Management: vgl. *Copacino* (1997).

[6] Vgl. *Weber/Dehler/Wertz* (2000), S. 264. *Reiß* und *Präuer* kritisieren in diesem Zusammenhang die einseitige Fokussierung auf die Außenorientierung unter Vernachlässigung der unternehmensinternen Integrationsbemühungen *(Reiß/Präuer* (2001), S. 69).

[7] Vgl. *Hahn* (2000), S.12; *Arnold/Essig* (2000), S. 42. *Chrobok* hebt zusätzlich den Transaktions- und Integrationsaspekt hervor (*Chrobok* (1999), S. 297). Eine einheitliche, fächerübergreifende Definition existiert nicht: vgl. *Pfohl* (2000), S. 5.

[8] *Shank/Govindarajan* (1992), S. 7; vgl. auch *Christopher* (1992), S. 12.

[9] Vgl. zu einer ähnlichen Sichtweise und weiterführender Literatur *Otto* (2002), S. 206ff.

[10] Vgl. *Sydow* (1995), S. 629f; *Otto* (2002), S. 96.

[11] Von einer einheitlichen Auffassung des Supply Chain Controlling kann derzeit nicht gesprochen werden. Aufgrund der relativen Neuigkeit des Supply Chain Management

und der divergierenden Controllingverständnisse erscheint dies auch kaum verwunderlich. Zu bemängeln ist hier insbesondere die mangelnde konzeptionelle Durchdringung des Themas und die instrumentelle Fokussierung. Vgl. zu ersten Ansätzen *Zäpfel/Piekarz* (1996); *Kummer* (2001), S. 81; *Weber* (2002b); *Stölzle* (2002), S. 283ff.

[12] Vgl. zu einer Darstellung der divergierenden Controllingkonzepte den Überblick bei *Hahn/Hungenberg* (2001), S. 276; *Möller/Stoi* (2002), S. 561ff; *Weber/Hirsch* (2002) sowie die dort zitierte Literatur.

[13] Vgl. u.a. *Hess* (2002); *Veil* (2001); *Wohlgemuth* (2002).

[14] Vgl. zu Formen und Maßnahmen der Wertschöpfungserzielung die Beiträge bei *Albach/Kaluza/Kersten* (2002).

[15] Vgl. *Porter* (1980) und (1986) sowie für weitere Ausführungen *Bain* (1956).

[16] Vgl. *Gulati* et al. (2000), S. 210f und *Hess* (2000), S. 96f.

[17] Der Resource-based View basiert auf den grundlegenden Arbeiten von *Selznick* (1957) und *Penrose* (1959); vgl. dazu auch *Osterloh* et al. (2002), Sp. 951.

[18] Vgl. z.B. *Hamel/Prahalad* (1990) und (1995); häufig findet sich auch die Bezeichnung Competence-based View.

[19] Vgl. z.B. *Baden-Fuller/Grant* (1995), S. 17ff.

[20] Vgl. *Tsoukas* (1996), S. 11ff.

[21] Zu weiteren Entstehungsgründen vgl. z.B. *Michel* (1996), S. 58.

[22] Vgl. zu einem empirischen Nachweis der Verbreitung und des Ausbaustandes im Rahmen einer europaweiten Querschnittsstudie *Horváth et al.* (2001), S. 142; *Horváth/Minning* (2001), S. 280.

[23] Es sollen hier nur die bekanntesten Modelle aufgezählt werden. Der explizite Aufbau und Erläuterungen zu einzelnen Kennzahlen werden hier vernachlässigt und es wird auf weiterführende Literatur verwiesen: vgl. bspw. *Günther* (1997) oder *Horváth* (2001), S. 511ff; zu einer Anwendung solcher Modelle in strategischen Allianzen/Netzwerken vgl. *Michel* (1996), S. 92ff.

[24] Diese Argumentation gilt unter der Voraussetzung einer partnerschaftlichen Strategie. Probleme, die aus asymmetrischen Informationsbeziehungen oder opportunistischem Verhalten (Neue Institutionenökonomik) resultieren, werden vorerst ausgeklammert.

[25] Vgl. *Nicklisch* (1932), S. 159; *Kosiol* (1976), S. 1011; vgl. zu weiterführender Literatur *Haller* (1997), S. 33ff.

[26] Vgl. *Frenkel/John* (1991), S. 4 u. 7f; *Brümmerhoff* (1994), S. 416.

[27] Dies gilt bei Berücksichtigung von Einkommenstransfers mit dem Ausland.

[28] Vgl. *Kroeber-Riel* (1963), S. 19 und *Meyer-Merz* (1979), S. 5.

[29] Teilweise werden auch die Begriffe Output, Bruttoleistung, Roherträge, Bruttoerträge bzw. Ausbringungswerte verwendet: vgl. z.B. *Lehmann* (1954), S. 12; *Halfpap* (1965), S. 551.

[30] Schon *Rappaport* machte auf die *Porter'sche* Wertschöpfungskette als Grundlage der Identifikation von Werttreibern aufmerksam: vgl. *Rappaport* (1999), S. 87-90.

[31] Zur näheren Erläuterung vgl. *Rapport* (1999), S. 41ff.

[32] vgl. *Walther* (2001), S. 16ff; *Arnold/Warzog* (2001), S. 21; *Otto* (2002), S. 246.

[33] Zu weiteren Ausführungen und Erklärungen vgl. die Webseite des Supply Chain Council: http://www.supply-chain.org.

[34] Vgl. beispielhaft *Daum* (2003), S. 143 und die weiteren Beiträge in der angesprochenen Zeitschrift.

Literaturverzeichnis

Albach, H./Kaluza, B./Kersten, W. (2002) (Hrsg.): Wertschöpfungsmanagement als Kernkompetenz. Wiesbaden 2002.

Arbeitskreis „Das Unternehmen in der Gesellschaft" im Betriebswirtschaftlichen Ausschuß des Verbandes der Chemischen Industrie e.V. (1975): Das Unternehmen in der Gesellschaft. In: Der Betrieb 28(1975), S. 161-173.

Arnold, U. (2000): Orientierungen auf dem Weg zum modernen Supply Chain Management In: Beschaffung aktuell 56(2000)8, S. 42-44.

Arnold, U./Warzog, F. (2001): Supply Chain Management – Konzeptabgrenzung und branchenspezifische Differenzierung. In: *Arnold, U./Mayer, R./Urban, G.* (Hrsg.): Supply Chain Management. Bonn 2001, S. 13-47.

Arnold, U./Essig, M. (2000): Sourcing-Konzepte als Grundelemente der Beschaffungsstrategie. In WiSt, 29(2000)3, S. 122-128.

Arnold, U./Mayer, R./Urban, G. (2001) (Hrsg.): Supply Chain Management. Bonn 2001.

Baden-Fuller, C./Grant, R. (1995): A Knowledge Based Theory of Interfirm Collaboration. Vancouver 1995.

Bain, J.S. (1956): Barriers to New Competition. Cambridge, Massachusetts 1956.

Beier, J. (1978): Grundlagen und Praxis der Kapitalflussrechnung – Empfehlungen für Aufbau und Anwendung der Finanzierungs-, Überschuss- und Wertschöpfungsrechnung. Frankfurt a. M. 1978.

Bruhn, M. u.a. (1998): (Hrsg.): Wertorientierte Unternehmensführung: Perspektiven und Handlungsfelder für die Wertsteigerung von Unternehmen. Wiesbaden 1998.

Brümmerhoff, D. (1994): Volkswirtschaftliche Gesamtrechnungen. In: *Brümmerhoff, D./Lützel, H.* (Hrsg.): Lexikon der Volkswirtschaftlichen Gesamtrechnungen. München, Wien 1994, S. 416-425.

Christopher, M. (1992): Logistics and Supply Chain Management. London 1992.

Chrobok, R.(1999): Supply Chain Management. In: ZFO 68(1999)5, S. 297-298.

Coenenberg, A. (2003): Shareholder Value – Betriebswirtschaftliche Sicht und öffentliche Wahrnehmung. In: JFB (2003)1, S. 6-14.

Copacino, W.C. (1997): Supply Chain Management – The Basics and Beyond. Boca Raton 1997.

Copeland, T./Koller, T./Murrin, J. (1998): Unternehmenswert. Methoden und Strategien für eine wertorientierte Unternehmensführung. Frankfurt a. M. 1998.

Croom, S./Romano, P./Giannakis, M. (2000): Supply Chain Management: An Analytical Framework for Critical Literature Review: In: European Journal of Purchasing & Supply Management 6(2000)1, S. 67-83.

Daum, J. (2003): Intellectual Capital Statements: Basis für eine Rechnungswesen- und Reportingmodell der Zukunft? In: Controlling 15(2003)3/4, S. 143-153.

Ellram, L.M./Cooper, M.C. (1990): Supply Chain Management, Partnerships, and the Shipper-Third Party Relationship. In: The International Journal of Logistics Management 1(1990)2, S. 1-10.

Ewert, R. (1992): Controlling, Interessenkonflikte und asymmetrische Information. In: BFuP 44(1992), S. 277-303.

Frenkel, M./John, K. (1991): Volkswirtschaftliche Gesamtrechnungen. München 1991.

Gomez, P./Weber, B. (1989): Wertsteigerung durch Übernahme von Unternehmungen. Stuttgart 1989.

Günther, T. (1997): Unternehmenswertorientiertes Controlling. München 1997.

Gulati, R./Nohria, N./Zaheer, A. (2000): Strategic Networks. In: Strategic Management Journal 21(2000)3, S. 203-215.

Hahn, D. (2000): Problemfelder des Supply Chain Management. In: *Wildemann, H.* (Hrsg.): Supply Chain Management München 2000, S. 9-19.

Hahn, D./Hungenberg, H. (2001): PuK Controllingkonzepte. Wiesbaden 2001.

Halfpap, K. (1965): Das Wesen der betrieblichen Wertschöpfung unter güterseitigem Aspekt. In: ZfbF 17(1965), S. 542-557.

Haller, A. (1997): Wertschöpfungsrechnung: Ein Instrument zur Steigerung der Aussagekräftigkeit von Unternehmensabschlüssen im internationalen Kontext. Stuttgart 1997.

Hamel, G./Prahalad, C.K. (1990): The Core Competence and the Corporation. In: Harvard Business Review 68(1990)3, S. 79-81.

Hamel, G./Prahalad, C.K. (1995): Wettlauf um die Zukunft. Wien 1995.

Hess, T. (2000): Netzeffekte. In: Wirtschaftswissenschaftliches Studium 29(2000)2, S. 96-98.

Hess, T. (2002): Netzwerkcontrolling. Wiesbaden 2002.

Horváth, P. (2001): Controlling. 8. Aufl. München 2001.

Horváth, P. et al. (2001): Value Based Management and Balanced Scorecard in European Companies – An International Comparison between Germany – Great Britain – France – Italy. Forschungsbericht Nr. 67 des Lehrstuhls Controlling der Universität Stuttgart. Stuttgart 2001.

Horváth, P./Minning, F. (2001): Wertorientiertes Management in Deutschland, Großbritannien, Italien und Frankreich. In: Controlling 13(2001)6, S. 273-283.

Karlshaus, J.-T. (2000): Die Nutzung von Kostenrechnungsinformationen im Marketing. Bestandsaufnahme, Determinanten und Erfolgswirkungen. Wiesbaden 2000.

Kaufmann, L./Germer, T. (2002): Strategisches Management internationaler Supply Chains. In: *Gleich, R./Möller, K./Seidenschwarz, W./Stoi, R.* (Hrsg.): Controllingfortschritte. Festschrift zum 65. Geburtstag von Prof. Dr. Péter Horváth. München 2002, S. 77-94.

Knorren, N./Weber, J. (1997): Shareholder Value I: Eine Controlling-Perspektive. Vallendar 1997.

Kosiol, E. (1976): Pagatorische Bilanz – Die Bewegungsbilanz als Grundlage einer integrativ verbundenen Erfolgs-, Bestands- und Finanzrechnung. Berlin 1976.

Kroeber-Riel, W. (1963): Die betriebliche Wertschöpfung unter besonderer Berücksichtigung der Wertschöpfung des Handels. Berlin 1963.

Kromrey, H. (2000): Empirische Sozialforschung: Modelle und Methoden der standardisierten Datenerhebung und Datenauswertung. 9. Aufl. Opladen 2000.

Küpper, H.-U. (2001): Controlling – Konzeption, Aufgaben und Instrumente. Stuttgart 2001.

Kummer, S. (2001): Supply Chain Controlling. In: Kostenrechnungspraxis 45(2001)2, S. 81-87.

Lehmann, M.R. (1938): Volkswirtschaftliches Denken beim Betriebswirtschaftlichen Rechnen. In: Zeitschrift für handelswissenschaftliche Forschung 32(1938), S. 97-118.

Lehmann, M.R. (1954): Leistungsmessung durch Wertschöpfung. Essen 1954.

Lewis, T.G. et al. (1995): Steigerung des Unternehmenswertes – Total Value Management. Landsberg/Lech 1995.

Meyer-Merz, A. (1979): Die Wertschöpfungsrechnung der Unternehmung (1. Teil). In: Der Schweizer Treuhändler 53(1979), S. 2-8.

Michel, U. (1996): Wertorientiertes Management strategischer Allianzen. Stuttgart 1996.

Möller, K. (2002a): Zuliefererintegration in das Target Costing auf Basis der Transaktionskostentheorie. München 2002.

Möller, K. (2002b): Wertorientiertes Supply Chain Controlling. In: *Weber, J./Hirsch, B.* (Hrsg.): Controlling als akademische Disziplin – Eine Bestandsaufnahme. Wiesbaden 2002, S. 311-328.

Möller, K. (2002c): Gestaltungsbeitrag der Neuen Institutionenökonomik für das Controlling. In: *Gleich, R./Möller, K./Seidenschwarz, W./Stoi, R.* (Hrsg.): Controllingfortschritte. Festschrift zum 65. Geburtstag von Prof. Dr. Péter Horváth. München 2002, S. 95-120.

Möller, K./Stoi, R. (2002): Quo vadis Controlling? – Status Quo und Perspektiven der Controlling-Forschung. In: Controlling 14(2002)10, S. 561-569.

Müller-Stewens, G./Lechner, C. (2001): Strategisches Management: Wie strategische Initiativen zum Wandel führen. Stuttgart 2001.

Nicklisch, H. (1932): Die Betriebswirtschaft. Stuttgart 1932.

North, K. (2002): Wissensorientierte Unternehmensführung: Wertschöpfung durch Wissen. Wiesbaden 2002.

Osterloh, M./Frost, J./Wartburg, I.v. (2002): Kernkompetenzen. In: *Küpper, H.-U./Wagenhofer, A.* (Hrsg.): Handwörterbuch Unternehmensrechnung und Controlling. Stuttgart 2002, Sp. 950-959.

Otto, A. (2002): Management und Controlling von Supply Chains: ein Modell auf der Basis der Netzwerktheorie. Wiesbaden 2002.

Otto, A./Kotzab, H. (2002): Ziel erreicht? Sechs Perspektiven zur Ermittlung des Erfolgsbeitrags des Supply Chain Management. In: *Hahn, D./Kaufmann, L.* (Hrsg.): Handbuch Industrielles Beschaffungsmanagement. 2. Aufl. Wiesbaden 2002, S. 125-150.

Penrose, E.T. (1959): The Theory of the Growth of the Firm. Oxford 1959.

Pfohl, H.-C. (2000): Supply Chain Management: Konzept, Trends, Strategien. In: *Pfohl, H.-C.* (Hrsg.): Supply Chain Management: Logistik plus? Berlin 2000, S. 1-43.

Pohmer, D./Kroenlein, G. (1970): Betriebliche Wertschöpfungsrechnung. In: *Kosiol, E.* (Hrsg.): HWR. Stuttgart 1970, Sp. 1913-1921.

Porter, M.E. (1980): Competitive Strategy. New York 1980.

Porter, M.E. (1986): Wettbewerbsvorteile – Spitzenleistungen erreichen und behaupten. Frankfurt a. M. 1986.

Rappaport, A. (1986): Creating Sharholder Value: The New Standard for Business Performance. New York 1986.

Rappaport, A. (1999): Shareholder Value: Ein Handbuch für Manager und Investoren. Stuttgart 1999.

Reichmann, T. (2001): Controlling mit Kennzahlen und Managementberichten: Grundlagen einer systemgestützten Controlling-Konzeption. München 2001.

Reiß, M./Präuer, A. (2001): Supply Chain Management fängt im eigenen Unternehmen an. In: io Management 71(2001)5, S. 69-75.

Schweitzer, M./Küpper, H.-U. (1997): Produktions- und Kostentheorie. 2. Aufl. Wiesbaden 1997.

Selznick, P. (1957): Leadership in Administration: A Sociological Interpretation. New York. 1957.

Shank, J./Govindarajan, V. (1992): Strategic Cost Management. In: Journal of Cost Management 6(1992)4, S. 5-21.

Skjoett-Larsen, T. (1999): Supply Chain Management: A New Challenge for Researchers and Managers in Logistics. In: The International Journal of Logistics Management 10(1999)2, S. 41-53.

Spender, J.-C. (1989): Industry Recipes: The Nature and Sources of Managerial Judgement. Oxford 1998.

Stewart, B.G. (1991): The Quest for Value. New York 1991.

Stölzle, W. (2002): Supply Chain Controlling – eine Plattform für die Controlling- und die Logistikforschung? In: *Weber, J./Hirsch, B.* (Hrsg.): Controlling als akademische Disziplin – Eine Bestandsaufnahme. Wiesbaden 2002, S. 283-309.

Stölzle, W. (1999): Industrial Relationships. München, Wien 1999.

Sydow, J. (1995): Netzwerkorganisation. Interne und externe Restrukturierung von Unternehmen. In: WiSt 12(1995), S. 629-634.

Tan, K.C. (2000): A Framework of Supply Chain Management Literature. In: European Journal of Purchasing & Supply Management 7(2000)1, S. 39-48.

Tsoukas, H. (1996): The Firm as a Distributed Knowledge System: A Constructionist Approach. In: Strategic Management Journal 17(1996), S. 11-25.

Veil, T. (2001): Internes Rechnungswesen zur Unterstützung der Führung in Unternehmensnetzwerken. Göttingen 2001.

Wall, F. (2001): Ursache-Wirkungsbeziehungen als ein zentraler Bestandteil der Balanced Scorecard. In: Zeitschrift Controlling 13(2001)2, S. 65-74.

Walther, J. (2001): Konzeptionelle Grundlagen des Supply Chain Managements. In: *Walther, J./Bund, M.* (Hrsg.): Supply Chain Management – Neue Instrumente zur kundenorientierten Gestaltung integrierter Lieferketten. Frankfurt a. M. 2001, S. 11-31.

Weber, H.K. (1980): Wertschöpfungsrechnung. Stuttgart 1980.

Weber, H.K. (1993): Wertschöpfungsrechnung. In: *Wittmann, W. u.a.* (Hrsg.): Handwörterbuch der Betriebswirtschaft. Stuttgart 1993, Sp. 4659-4671.

Weber, J. (2002a): Einführung in das Controlling. Stuttgart 2002.

Weber, J. (2002b): Logistik- und Supply Chain Controlling. 5. Aufl. Stuttgart 2002.

Weber, J./Hirsch, B. (Hrsg.): Controlling als akademische Disziplin – Eine Bestandsaufnahme. Wiesbaden 2002.

Weber, J./Schäffer, U. (2001) (Hrsg.): Rationalitätssicherung der Führung – Beiträge zu einer Theorie des Controlling. Wiesbaden 2001.

Weber, J./Dehler, M./Wertz, B. (2000): Supply Chain Management und Logistik. In: WISU 29(2000)5, S. 264-269.

Wohlgemuth, O. (2002): Management netzwerkartiger Kooperationen: Instrumente für die unternehmensübergreifende Steuerung. Wiesbaden 2002.

Zahn, E. (2000): Lernen in Allianzen. Arbeitspapier 4/2000. Stuttgart 2000.

Zahn, E./Foschiani, S. (2000): Strategien und Strukturen für den Hyperwettbewerb. In: *Wojda, F.* (Hrsg.): Innovative Organisationsformen. Stuttgart 2000, S. 89-113.

Zäpfel, G./Piekarz, B. (1996): Supply Chain Controlling. Wien 1996.

Herbert Kotzab und Christoph Teller

Kritische Erörterung des Collaborative Planning Forecasting and Replenishment - Ansatzes aus der Sicht des Supply Chain Controlling

1. Einleitung

2. Ableitung eines Supply Chain Controlling - Verständnisses zur Analyse von Collaborative Planning Forecasting and Replenishment

3. Das Collaborative Planning Forecasting and Replenishment - Modell

4. Konzeptionelle und empirische Analyse des CPFR-Modells aus der Sicht des Supply Chain Controlling

5. Zusammenfassung der Diskussion

Anmerkungen

Literaturverzeichnis

Prof. Dr. Herbert Kotzab ist Associate Professor am Department of Operations Management an der Copenhagen Business School.

Dr. Christoph Teller ist Universitätsassistent am Lehrstuhl für Handel und Marketing der Wirtschaftsuniversität Wien.

1. Einleitung

„Controller müssen Abteilungsgrenzen überwinden" (*Horváth* (1996), S. 869), Supply Chain Manager hingegen überwinden Unternehmensgrenzen. Beim Konzept des Supply Chain Management handelt es sich um eine gemeinschaftliche Ausrichtung von Geschäftsprozessen zwischen mehreren Partnern in einer Versorgungskette mit dem Ziel, die Gesamtkosten innerhalb der Supply Chain zu senken und gleichzeitig das Serviceniveau für alle Supply Chain Beteiligten zu heben. Es geht dabei um eine kundengesteuerte, unternehmensübergreifende Harmonisierung von Waren- und dazugehörigen Informationsflüssen, welche durch eine gemeinschaftliche Festlegung einer Netzwerkstruktur, von Managementkomponenten (=Zielanweisungen) und von Geschäftsprozessen gelingen soll.

Stölzle ortet im Wesen des Supply Chain Management einen generellen Bedarf an Controlling, da für ein erfolgreiches Umsetzen einer SCM-Konzeption eine entsprechende Führungsunterstützung notwendig sei *(Stölzle* (2002a), S. 285f). Daraus kann ein Supply Chain Controlling abgeleitet werden, dessen Ziel in der Informationsversorgung, Koordination, Reflexion und Rationalitätssicherung des SCM liegt.

In von *Göpfert* und *Neher* präsentierten Ergebnissen einer Studie zur praktischen Umsetzung von Supply Chain Controlling wird bei den Supply Chain Controlling - Instrumenten auch Collaborative Planning, Forecasting and Replenishment (CPFR) genannt (*Göpfert/Neher* (2002), S. 42). Eine Affinität des CPFR zum Supply Chain Management erscheint gegeben, denn auch hier geht es um das Führen von partnerschaftlichen Beziehungen. Diese Zuordnung kann durch die konzeptionelle Kongruenz zwischen Supply Chain Management und CPFR sowie durch die Entwicklungsgeschichte des CPFR-Konzepts begründet werden. CPFR wird von einigen Autoren als eine Weiterentwicklung des Efficient Consumer Response (ECR), Vendor Managed Inventory - Systems (VMI) oder Continuous Replenishment Programs (CRP) gesehen (*Barrat/Oliveira* (2001), S. 267; *Stank et al.* (1999), S. 76f; *Seifert* (2003)), da es auf den Grundgedanken dieser partnerschaftlich ausgerichteten SCM-Anwendungen aufbaut (*ECRE* (2003)).[1] Zum einen betont CPFR im Rahmen des Supply Chain Management vor allem die informationsorganisatorische Seite.[2] Andererseits berücksichtigt der CPFR-Ansatz mit seinen konzeptionellen Kernelementen Planung, Organisation und Kontrolle die Kernfunktionen des Managements (*Staehle* (1999), S. 65ff; *Steinmann/Schreyögg* (1999), S. 8ff). Die Nachschub-Komponente (Replenishment) zielt auf die logistische Dimension ab und kann damit letztendlich in seiner Gesamtheit dem Supply Chain Management untergeordnet werden.

Insgesamt handelt es sich bei CPFR um ein prozessorientiertes Geschäftsmodell, das – ähnlich dem Supply Chain Management – eine Harmonisierung und Optimierung bestimmter Geschäftsprozesse zwischen mehreren Partnern verfolgt. Während beim Supply Chain Management die unternehmensübergreifende Gestaltung des Waren- und

Güterflusses im Mittelpunkt der Betrachtungen steht, geht es bei CPFR um die informatorische und prozessuale Harmonisierung bestimmter Planungsaktivitäten (*Abolhassan/Schwindt* (2003), S. 1f).

Dabei kann auch, wie beim Supply Chain Management, von „dauerhaften, auf eine enge Bindung ausgelegten Beziehungsmustern zwischen den Akteuren ausgegangen" werden (*Stölzle* (2002a), S. 285). Im Rahmen von CPFR werden bestimmte Entscheidungen getroffen, die in Anlehnung an *Ahlert* einerseits den Managementprozess (Planung, Steuerung und Kontrolle) und andererseits den Leistungsprozess (im speziellen Bereich des Absatzes, der Produktion und der Beschaffung) betreffen (*Ahlert* (1994, S. 54), allerdings sind mehrere Unternehmen gleichzeitig in diesen Prozess involviert. Die besondere Wirkung einer solchen Ausgestaltung liegt in der Verbesserung der gesamten Supply Chain-Leistung (*McCarthy/Golicic* (2002)). Somit wären Supply Chain Manager angehalten, entsprechende Anstrengungen in den Aufbau von CPFR-Beziehungen zu unternehmen. Darin kann eine Notwendigkeit des Einsetzens von Supply Chain Controlling für ein erfolgreiches Umsetzen des CPFR-Ansatzes begründet liegen.

Basierend auf diesen Überlegungen wird im vorliegenden Beitrag der CPFR-Ansatz vor dem Hintergrund des Supply Chain Controlling diskutiert. Das Ziel der gegenständlichen Diskussion liegt in einer theoretisch und empirisch unterstützten Ableitung eines Supply Chain Controlling - funktionsspezifischen Bezugsrahmens, der es ermöglicht, die Bedeutung und Relevanz des CPFR-Ansatzes für die unternehmerische Praxis herauszuarbeiten. Diesbezüglich wird in Abschnitt 2 zunächst das dem Beitrag zugrunde liegende Supply Chain Controlling - Verständnis abgeleitet. Abschnitt 3 stellt die Grundlagen des CPFR vor. Im vierten Abschnitt werden der CPFR-Ansatz dem Supply Chain Controlling gegenübergestellt und der angesprochene Bezugsrahmen entwickelt. Der Beitrag endet mit einer kritischen Zusammenfassung der Befunde.

2. Ableitung eines Supply Chain Controlling – Verständnisses zur Analyse von Collaborative Planning Forecasting and Replenishment

Zu den wesentlichen Managementaufgaben zählen Planung, Kontrolle und Steuerung (*Steinmann/Schreyögg* (1999), S. 8ff). Die Planung betrifft das Antizipieren von Entscheidungen, Steuerung versteht sich als die materielle Durchführung von Entscheidungen und Kontrolle bezieht sich auf den Vergleich zwischen Planungs- und Durchführungsergebnissen (*Lechner et al.* (2001)). Um diese Aufgaben entsprechend durchführen zu können, wird zweckorientiertes Wissen (= Information) benötigt, dessen Verfügbarkeit das Controlling gewährleistet (*Horváth* (1996), S. 107; *Ahlert* (1994), S. 52).

Controlling versteht sich demnach als koordinierendes Verbindungsglied eines Planungs-/Kontroll- und eines Informationsversorgungssystems innerhalb eines Unternehmens (*Horváth* (1996), S. 109). Ähnliches mag für Teilbereiche des Management wie beispielsweise das Logistikmanagement gelten, dem ein entsprechendes Logistik-Controlling gegenübersteht (*Lochthowe* (1990), S. 41).

Das Logistikcontrolling-System wird von *Weber* als funktionsbezogener Teil des gesamtbetrieblichen Controllingsystems bezeichnet (*Weber* (1995), S. 20ff). Als bereichsspezifische Controlling-Ausprägung steht folglich die koordinationsorientierte planerische und informatorische Unterstützung des Logistikmanagement im Mittelpunkt der Bemühungen des Logistik-Controlling (*Reichmann/Fiege/Voßschulte* (1993), S. 410).

Während aber das (Logistik-) Controlling in dieser Diktion auf unternehmensinterne Abläufe eines (Teil-)Führungssystems fokussiert, liegt das Augenmerk des Supply Chain Controlling in der entsprechenden Unterstützung des SCM bei der (unternehmens)grenzenlosen Führung material-, waren- und informationsflussbezogener Prozesse.[3] Diesbezüglich gilt es auch die Besonderheiten sogenannter. temporärer Organisationsformen (*Henzler* (1988)) für das Controlling zu berücksichtigen. Dabei stellt *Stölzle* richtigerweise fest *(Stölzle* (2002b), S. 12ff), dass für das Controlling von Supply Chains nicht nur die typische Informationsversorgungs- und Koordinationsfunktion wichtig ist, sondern auch eine Rationalitätssicherungs-[4] und Reflexionsfunktion benötigt wird, um Supply Chain-spezifische Verhaltensweisen der Akteure, die sich aus der Opportunismuseignung der Akteure ergeben, mit einzubeziehen (vgl. Tabelle 1).

Während die erstgenannten Funktionsbereiche typische Controllingfunktionen auflisten, wie sie beispielsweise *Küpper* oder *Horváth* benennen (*Küpper* (2001), S. 7ff; *Horváth* (1996), S. 109ff), stellen die beiden letzteren Funktionen das Spezifische des Supply Chain Controlling dar.[5] *Stölzle* verweist in diesem Zusammenhang auf die Erfahrungen des Kooperations- und des Netzwerkcontrolling, das auf die unternehmensübergreifenden Controlling-Aspekte besonders Rücksicht nimmt (*Stölzle* (2002a), S. 290f).

3. Das Collaborative Planning Forecasting and Replenishment - Modell

3.1. CPFR – ein Supply Chain Management - Ansatz

Barrat und *Oliveira* oder *Sherman* verstehen CPFR als erweitertes kollaboratives Supply Chain Management - Arrangement und sehen dessen Besonderheit darin begründet, dass CPFR die Wirkung von Verkaufsförderungen bei der Erstellung von Absatzprognosen berücksichtigt und daher hilft, Bullwhip-Effekte auszuschalten (*Barrat/Oliveira* (2001), S. 266ff); *Sherman* (1998), S. 7). Durch die gemeinsame Ausrichtung der Planungs- und Prognoseprozesse können etwaige Sicherheitsbestände innerhalb der Kette abgebaut werden, da durch die Zusammenarbeit Planungsunsicherheit vermieden wird. Die entsprechende informatorische Integration ermöglicht eine hohe Verfügbarkeit der Produkte und vermeidet redundante Ausführungsaktivitäten innerhalb und zwischen den betroffenen Organisationseinheiten.

Supply Chain Controlling-Aufgabenbereiche	Operationalisierung
Informations-versorgungsfunktion	Unternehmens- und abteilungsübergreifende entscheidungsbezogene Aufbereitung und Bereitstellung von Informationen. Dazu zählen neben den klassischen monetär-quantitativen Informationen auch nicht-monetäre Informationen wie Mengen- und Zeitdaten.
Koordinationsfunktion	Konzeptionelle Koordination innerhalb und zwischen unterschiedlichen Supply Chain - Führungsystemen zur Sicherstellung einer zielgerichteten Lenkung der Versorgungskette (=systembildende und -koppelnde Funktion des Controlling[6]).
Reflexions- und Rationalitätssicherungsfunktion	Kritisches Hinterfragen der getroffenen unternehmens- und abteilungsübergreifenden Supply Chain - spezifischen Führungshandlungen, um etwaige Fehlsteuerungen in der Versorgungskette auszuschalten (=Reflexion). Sicherstellung der Zweckrationalität eines unternehmens- und abteilungsübergreifenden Willensbildungsprozesses, der den effizienten Einsatz bestimmter Ressourcen betrifft, damit ein übergeordnetes Supply Chain - Ziel bei Minimierung opportunistischen Verhaltens der Supply Chain-Akteure erreicht werden kann (=Rationalitätssicherung).

Tabelle 1: Aufgabenbereiche des Supply Chain Controlling (in Anlehnung an: *Stölzle* (2002a), S. 287f; *Stölzle* (2002b), S. 12ff; *Weber/Schäffer* (1999), S. 6ff).

Definitionsansätze liefern das Voluntary Interindustry Commerce Standards *VICS* (*VICS* (1998a) bzw. (1998b))[7], die Europäische ECR-Initiative (*ECRE* (2000))[8] oder die *CCG* (*CCG* (2001))[9]. Während das *VICS* CPFR eher als technisches Instrument versteht (*VICS* (1998a), S. 20), beinhalten die Definitionsansätze von *ECRE* (*ECRE* (2000), S. 13 bzw. S. 17) und die *CCG* (*CCG* (2001, S. 7)) auch „weiche" Bestandteile wie beispielsweise die Bereitschaft der betroffenen Partner an der gemeinsamen Steuerung.

Das im vorliegenden Beitrag zugrunde liegende CPFR-Verständnis orientiert sich an der Definition der *Supply Chain Management - Group* (*Supply Chain Management - Group* (2002)): CPFR ist ein Partnerschaftskonzept zwischen zwei oder mehreren Partnern in einer Supply Chain mit dem Ziel, auf Basis einer gemeinsamen Planung synchronisierte

Prognosen zu erstellen, um optimale Produktions- und Bestellabwicklungsprozesse zu gestalten.[10]

Vor diesem Hintergrund kann dem Anspruch des CPFR als Führungssystem gerecht werden, denn CPFR beinhaltet die wesentlichen Teilelemente der Planung, Kontrolle, Information, Organisation und Personalführung, wie sich in einem vom *VICS* vorstellten Grundmodell manifestiert (*VICS* (1998), S. 24). Bei diesem Modell handelt es sich um ein neunstufiges Geschäftsprozessmodell (vgl. Abbildung 1 – hier in der deutschen Fassung in Anlehnung an *Seifert* ((2003), S. 265).[11]

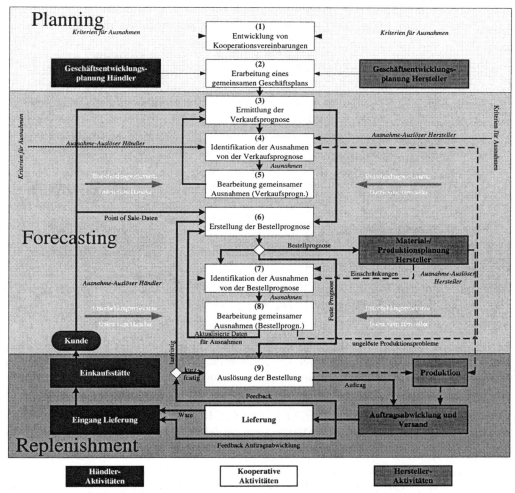

Abbildung 1: Der CPFR-Prozess (in Anlehnung an *Seifert* (2003), S. 265)

Stufe	Prozess	Beschreibung
1	Entwicklung akzeptierter Rahmenbedingungen für die Zusammenarbeit	Aufbau allgemein akzeptierter „Geschäftsbedingungen". Gemeinsames Festlegen der Erfolgskriterien und Identifikation der CPFR-Verantwortung der betroffenen Organisationseinheiten. Gemeinsames Festsetzen der (finanziellen) Anreiz- und Beitragssysteme.
2	Entwicklung eines gemeinsamen Geschäftsplans	Gemeinsames Festlegen der Planinhalte und -bereiche. Bestimmung der Vorgehensweisen und Umsetzungsziele. Zusammenführen der individuell erstellten Teilpläne in einen kooperativen Gesamtplan.
3-5	Kooperative Bedarfsprognose	Abstimmung der individuellen Absatzprognosen basierend auf dem unternehmensinternen Informationsmaterial und Durchführung einer gemeinsamen Prognose. Im Falle von Abweichungen werden in zusätzlichen gemeinsamen Arbeitssitzungen die unterschiedlichen Ansätze abgestimmt, um ein kooperatives Prognoseziel zu erreichen.
6-8	Kooperative Bestellprognose	Die Partner stimmen ihre Bestellprognosen ab, um etwaige Abweichungen und Begrenzungen auszuschalten.
9	Auftragsgenerierung	Die Auftragsabwicklung erfolgt auf Basis der gemeinsamen Planfestlegung. Gemeinsame Ergebniskontrolle basierend auf aktuellen Abverkaufsdaten. Gemeinsames Identifizieren und Lösen etwaiger akut auftretender Lagerbestandsprobleme und Prognoseabweichungen.

Tabelle 2: Komprimierte Darstellung der CPFR-Aktivitäten (in Anlehnung an *VICS* (1998), S. 27ff und *CCG* (2001), S. 11ff).

Durch dieses Zusammenspiel erfolgt nicht nur eine Optimierung der Planungsprozesse, sondern auch eine Optimierung der Geschäftsabläufe in der Supply Chain, was sich wiederum durch die erhöhte Verfügbarkeit der Produkte für den Kunden positiv auszeichnet (*Abolhassan/Schwindt* (2003), S. 10).

Die vorliegenden empirischen Ergebnisse von CPFR-Pilotprojekten können als äußerst attraktiv eingestuft werden. Wal-Mart konnte mittels CPFR seine Umsätze um 32 % steigern und gleichzeitig die Filiallagerbestände um 14 % senken (*o.V.* (2000), S. 69).[12]

Trotz dieser publizierten Erfolge kann der Umsetzungsgrad von CPFR noch als sehr gering eingestuft werden (*Göpfert/Neher* (2002), S. 42). Als Gründe dafür werden komplexe Anforderungen an die Zusammenarbeit, technologische Mängel und mangelnde Unterstützung genannt (vgl. *ECRE* (2003)).[13]

3.2. Organisationstheoretische Verankerung des CPFR-Ansatzes

Analog zum Supply Chain Management kann auch CPFR aus organisationstheoretischer Perspektive betrachtet werden (*Skjoett-Larsen* (1999), S. 98ff). Der Schwerpunkt des CPFR-Ansatzes liegt in der Qualität der informatorischen Integration und Zusammenarbeit mehrerer unabhängiger Akteure in einer Versorgungskette (*Anthony* (2000), S. 41ff).

Anderson und *Lee* fordern diesbezüglich die Akteure auf, verstärkt auf der Planungs- und Ausführungsebene zu kooperieren, um die gewünschte Synchronisation in der Versorgungskette zu erreichen (*Anderson/Lee* (1999), S. 7ff). Der Wettbewerbsdruck in zahlreichen Industrien hat zu einer Veränderung der Geschäftsbeziehungen geführt, die nicht mehr den puren Austausch von Transaktionen im Sinne von arm's length (*Sako* (1992)) oder einen beschränkten Informationsaustausch, etwa EDI (*Baiman/Rajan* (2002), S. 248f; *Lee* (2000), S. 33f) verlangen, sondern einen holistischen Zusammenarbeitsbegriff benötigt. Die unabhängigen Akteure streben dabei eine Gesamttransparenz der Supply Chain-Abläufe an, welche durch gemeinsames Abstimmen der Aktivitäten erreicht wird (*Stank et al.* (2001), S. 39f).

Für *Otto* würde diese Vorgehensweise ein Beispiel einer institutionalen Vernetzung darstellen, die im Wesentlichen dazu dient, Unsicherheiten innerhalb der Supply Chain zu reduzieren (*Otto* (2002), S. 24f). Als „Gewinne" stellen sich dabei entsprechende Kostenminimierungen und Serviceerhöhungen für alle Beteiligten ein. Die besondere Herausforderung liegt, wiederum ähnlich wie beim Supply Chain Management, im dynamischen Charakter der Beziehungen, denn die Leistungserstellung durch mehrere autonome Akteure wird flexibel gestaltet, woraus entsprechende komplexe Anforderungen sowohl an die strategische wie auch an die operative Gestaltung, Ausführung und Überwachung von Aufträgen innerhalb der gewählten Struktur erwachsen (*Stölzle* (2002a), S. 286f).[14]

4. Konzeptionelle und empirische Analyse des CPFR-Modells aus der Sicht des Supply Chain Controlling

4.1. Ziel und empirische Grundlage der Analyse

Trotz der in der Literatur und durch die Dokumentation bestimmter Projektstudien vorherrschenden Euphorie mangelt es dem CPFR an einer entsprechenden Umsetzung (*ECRE* (2003)). Daher kann die Frage gestellt werden, welchen Beitrag das Supply Chain Controlling leisten kann, um den Einsatz und die Umsetzung von CPFR in der betrieblichen Praxis zu erhöhen. Diesbezüglich werden in den nachfolgenden Punkten (4.2. bis 4.4) die von *CCG* (2001), *GCI* (2001) bzw. *VICS* (1998a) vorgestellten CPFR-

Basisüberlegungen den in Abschnitt 3 vorgestellten Funktionen des Supply Chain Controlling gegenübergestellt. Es geht also um die Feststellung der Führungsunterstützung des Supply Chain Controlling, dessen Notwendigkeit *Stölzle* in seinen Ausführungen zur der Identifikation erfolgsrelevanter Eigenschaften des Supply Chain Management (hier CPFR) betont (*Stölzle* ((2002a), S. 293f). Dazu werden im Speziellen ausgewählte Ergebnisse einer schriftlichen Befragung unter 218 Unternehmen, die im Rahmen eines Forschungsprojektes am Department of Operations Management der Copenhagen Business School durchgeführt wurde,[15] vorgestellt und kritisch reflektiert.

In dieser Studie konnte, ähnlich wie bei *Göpfert* und *Neher* (*Göpfert/Neher* (2002), S. 42), ein äußerst geringer CPFR-Bekanntheits- und Anwendungsgrad festgestellt werden). Lediglich 30 von 217 Respondenten führten an, das Konzept CPFR zu kennen. Davon gaben wiederum 18 an, das Modell zumindest teilweise einzusetzen Es ist daher zu beachten, dass die Antworten kaum auf konkreten Erfahrungen mit CPFR beruhen.[16]

4.2. CPFR und Führungsunterstützung durch die Informationsversorgungsfunktion des Supply Chain Controlling

Im Rahmen des CPFR werden unternehmens- und abteilungsübergreifende, entscheidungsbezogene Informationen generiert und in die Planungsprozesse integriert. Dazu zählen bspw. die in der Abbildung 2 vorgestellten Informationen (*GCI* (2001), S. 73).

Zusätzlich lassen sich Zielgrößen definieren, anhand derer gemeinsame Soll-Ist-Abweichungen festgestellt werden können (z.B. ROI). Aus der Abbildung 2 wird jedoch ersichtlich, dass unterschiedliche Informationsqualitäten angesprochen werden, die mehrere betriebswirtschaftliche Funktionsbereiche betreffen. Zusätzlich ist zu berücksichtigen, dass diese Informationen auch mehrere Partner in der Supply Chain betreffen. Dem Supply Chain Controlling kommt diesbezüglich die Informationsversorgungsfunktion zu, die *Küpper* auch als Servicefunktion des Controlling bezeichnet (*Küpper* (2001), S. 19). Die Funktion des Supply Chain Controlling besteht entsprechend in der Versorgung mit den für den CPFR-Gesamt- und dessen Teilprozesse erforderlichen quantitativen und qualitativen Informationen.

Dieser Aufgabenbereich scheint auch von der betrieblichen Praxis als wichtig erachtet zu werden. Im Zuge der Erhebung wurde aber auch die Bedeutung des unternehmensübergreifenden Datenaustausches zwischen Kunden und Lieferanten der befragten Unternehmen erhoben (vgl. Abbildung 3).

Dieses Ergebnis stellt keine Überraschung dar, denn es wird aus der Sicht des Controlling die Notwendigkeit einer funktionierenden Informationsversorgung des Supply Chain Controlling bestätigt. Wie jedoch die in der Tabelle 3 vorzustellenden (indifferenten) Präferenzen zu spezifischen CPFR-Einsatzgebieten zeigen, ist sich das betroffene Management noch nicht der positiven Wirkung des CPFR-spezifischen Informationsaustausches bewusst.

Customer Service Metrics	Inventory Metrics	Forecast Accuracy Metrics
In-Stock Percent at P.O.S	Turnover	Sales Forecast Accuracy track actual sales vs. forecasted sales variances
Purchase Order Fill Rate include percent shipped on time and percent delivered on time	Inventory Levels Measure monetary value and/or units at various points in supply chain	Order Forecast Accuracy Track actual order quantity vs. forecasted order quantity variances at critical times that could influence production
Lost Sales Analysis	Stock to Sales Ratios	Frequency of Emergency or Cancelled Orders track quantity, cause and actions taken to limit reoccurrence
Cycle Time	Markdown Dollars/Liquidation Loss	
Communication Effectiveness Measure collaborative cycle time/issue resolution time		

Abbildung 2: Typische im Rahmen eines CPFR-Projekts auszutauschende Informationen (adaptiert aus *GCI* (2001), S. 73)

4.3. CPFR und Führungsunterstützung durch die Koordinationsfunktion des Supply Chain Controlling

Das gemeinsame Entwickeln und Einsetzen des CPFR-Geschäftsmodells erfordert koordinationsspezifische Ressourcen innerhalb und außerhalb der individuell betroffenen Organisationseinheiten. Das Zusammenspiel der neun CPFR-Einzelprozesse erfolgt (teilweise) simultan auf mehreren Entscheidungsebenen (vgl. auch Abbildung 4):
- Die strategische Entscheidungsebene (= Planungsebene) betrifft die zentralen Kapazitätsplanungen für Produktion, Marketing/Verkauf, Einkauf, Vertrieb/Logistik der betroffenen Partner;
- die taktische Entscheidungsebene (= Disposition/Prognose) bezieht sich auf die mittelfristige Ausgestaltung der gesamten Waren- und Güterströme innerhalb der Kette;
- die operative Entscheidungsebene (= Bestellung/Nachbevorratung), die sich als das Ermitteln des kurzfristigen Maßnahmenbündels zur Sicherstellung des Logistikservice – hier Regalverfügbarkeit – versteht.

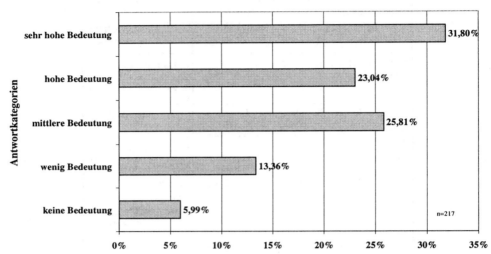

Abbildung 3: Bedeutung des Informationsaustauschs im Rahmen interorganisatorischer Supply Chain Partnerschaften

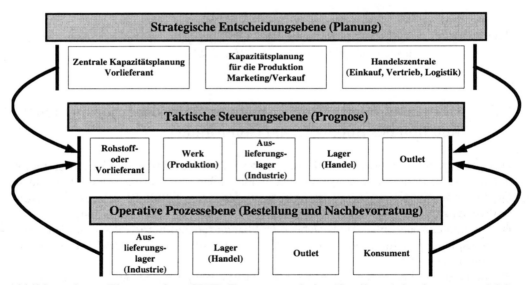

Abbildung 4: Ebenen der CPFR-Zusammenarbeit (Quelle: Adaptiert aus *CCG* (2001), S. 4)

Die Koordinationsleistung des CPFR-Modells besteht nun darin, die bislang in neun isolierten Einzelstufen abgewickelten Individualprozesse zu einem ganzheitlichen Gesamtmodell zu integrieren, das sowohl gemeinsame als auch individuell durchzuführende Aktivitäten umfasst.[17] Das kann als eine Weiterführung der von *Küpper* angesprochenen Koordination verstanden werden, die sich auf die verschiedenen Führungsteilsysteme eines Unternehmens erstreckt (*Küpper* (2001), S. 21).

Aus der Sicht der Praxis mögen die zu erledigenden Koordinationsaufgaben im Rahmen von CPFR noch zu komplex wirken. Im Zuge der dänischen Untersuchung wurde beispielsweise nach der Einstellung der Respondenten gegenüber bestimmten unternehmensübergreifenden Planungsinstrumenten gefragt, die den CPFR-Teilführungssystemen entsprachen (vgl. Tabelle 3).

Wie ist Ihre Einstellung gegenüber diesen Planungsinstrumenten? (Likert-Skala 1 bis 5, wobei 1 = sehr negativ und 5 = sehr positiv)	n	Min.	Max.	Mittelwert	Std.abw.
kooperative Produktplanung und –entwicklung	210	1	5	3,74	1,195
kooperative Versorgung/kooperativer Nachschub	212	1	5	3,69	1,086
kooperative Bedarfsprognosen	212	1	5	3,62	1,176
kooperative Produktionsplanung	212	1	5	3,56	1,098
kooperativer Transport	212	1	5	3,47	1,166
kooperative Verkaufsförderung	211	1	5	3,07	1,136

Tabelle 3: Einstellung von Logistik- bzw. SC-Managern gegenüber bestimmten kooperativen Planungsinstrumenten

Diese Ergebnisse zeigen eine starke Tendenz zur Mitte hin, was auf eine indifferente Einstellung schließen lässt. Dies mag möglicherweise auf die bereits angesprochene Komplexität der CPFR-Beziehungen zurückzuführen sein.[18] Aus der Sicht des Supply Chain Controlling hat sich das Controlling um eine Einstellungsänderung des Management zu bemühen, damit dem betroffenen Mangaement die Vorteile des CPFR-Ansatzes bewusst werden. CPFR sollte als ein Mittel zur Erreichung von Kostenreduktionen bei gleichzeitiger Verbesserung des Supply Chain - Service aufgefasst werden.

4.4. CPFR und Führungsunterstützung durch die Rationalitätssicherungs- und Reflexionsfunktion des Supply Chain Controlling

Bei CPFR sind mindestens zwei Unternehmen und ihre Führungsteilsysteme sowohl auf strategischer als auch operativer Ebene zu koordinieren, indem eine simultane Planabstimmung erfolgt. Gleichzeitig gilt es, opportunistisches Verhalten des betroffenen Managements zu vermeiden. Die Sicherung der Rationalität gelingt im Zuge der Festlegung von Rahmenvereinbarungen, in denen das betroffene Top-Management den Kooperationswillen erklärt und die für die erfolgreiche CPFR-Partnerschaft notwendigen Entscheidungen, wie das Einsetzen von multifunktionalen Teams, deren Aufgabenbereich und Vertraulichkeit (=Willensbildung und -durchsetzung) trifft. Dieser Vorgang wird üblicherweise schriftlich festgehalten (*GCI* (2001), S. 68ff; vgl. Abbildung 5).

```
Sample Collaboration Arrangement

Trading Partners: ABC Stores, Inc., XYZ Manufacturing Co., Inc.

I. CPFR Arrangement & Statement
A. Purpose

ABC STORES and XYZ MFG agree to collaborate in a key supply chain process called Collaborative
Planning, Forecasting, and Replenishment (CPFR). Our goal is to increase mutual efficiencies and
delight the end consumer through dynamic information sharing, focus on common goals and
measures, and commitment to the CPFR processes. We recognize that there are many business
process, technological, and organizational changes required by this collaboration, and we commit to
apply resources to make these changes in order to make our collaboration effective and meet our
mutual goals.

B. Confidentiality

All communication will be governed by anti-trust regulations. Both trading partners commit here to
absolute confidentiality in the use of information shared.

II. CPFR Goals & Objectives
A. Opportunity

Through CPFR, ABC STORES and XYZ MFG will seek to reduce out of stocks, increase sales, reduce
business transaction costs, and improve the use of capital (esp. that involved in inventory), and
facilitate trading partner relationships.

B. Measurement of Success

ABC STORES and XYZ MFG agree to focus on key results-oriented measures: retail in-stock,
inventory turns (at retail), and forecast accuracy (measured when the forecast can impact production,
8 weeks prior). Goals for specific products are attached, but the overall goal is 96% retail in-stock, 6
turns at retail, <15% sales forecast error (8 weeks out), and <20% order forecast error (8 weeks out).
We also agree to maintain several measures involving performance of specific parts of the process.
Our performance against all of these measures will be the basis of our quarterly face-to-face reviews.
```

Abbildung 5: Auszug aus Muster-CPFR-Rahmenvereinbarungen (Quelle: Adaptiert aus *GCI* (2001), S. 68ff)

Die Rahmenvereinbarungen enthalten aber auch Vorgehensweisen, die bei einem etwaigen Abweichen der Verhaltensweisen der Akteure anzuwenden sind („Resolutions of CPFR Disagreements") bzw. ein kritisches Überwachen der laufenden CPFR-Aktivitäten ermöglichen. Die Reflexion der CPFR-Ergebnisse gelingt durch das Einbeziehen eines dreistufigen Regelkreises (=CPFR Arrangement Review Cycle), der ein laufendes Lernen und eine laufende Überwachung der gewonnenen Erkenntnisse gewährleistet (vgl. Abbildung 6).

Kurzfristig können dabei aktuelle POS-Daten zur Bestandsüberwachung am POS verwendet werden. Mittelfristig wiederum lassen sich nach gemeinsam durchgeführten Verkaufsförderungsaktionen entsprechende Aussagen für weitere Prognosen abgeleitet. Langfristig soll ein gemeinsames Lernen durch den Abgleich der Ziele und der Zielerreichung erreicht werden, was wiederum zu einem möglichen Abstimmen der Rahmenbedingungen führt (vgl. *CCG* (2001), S. 8).

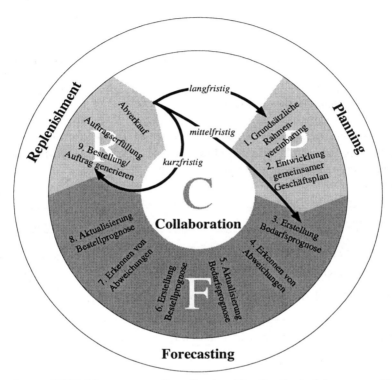

Abbildung 6:   CPFR-Management-Regelkreise (Quelle: In Anlehnung an *CCG* (2001), S. 8)

Die in Tabelle 4 präsentierten Ergebnisse zur Bedeutung bestimmter Variablen für eine interorganisatorische Zusammenarbeit bieten für die Rationalitätssicherungs- und Reflexionssicherungsfunktion des Supply Chain Controlling einen interessanten Einblick.

Die Variable „Vertrauen" erweist sich als wichtigster weicher Erfolgsfaktoren für Wertschöpfungspartnerschaften. Erst danach folgen formalisierende Faktoren (Zielvereinbarung, Verträge). Das Ausmaß der Zusammenarbeit (soziale Relationen und spezifische Investitionen) erscheint von vergleichsweise untergeordneter Bedeutung.

5. Zusammenfassung der Diskussion

Der vorliegende Beitrag beschäftigte sich mit der Supply Chain Controlling - spezifischen Analyse des CPFR-Ansatzes. Die Ausführungen lassen sich wie folgt zusammenfassen:

CPFR beinhaltet als Führungsansatz die wesentlichen Gliederungselemente von Führungssystemen (*Küpper* (2001)), die von einem Supply Chain Controlling-System, das auf die unternehmensübergreifenden Aspekte des CPFR- und dessen Teilführungssysteme abzielt, entsprechend unterstützt werden.

Welche Bedeutung haben folgende Variablen für eine unternehmensübergreifende Zusammenarbeit in der Supply Chain (Likert-Skala 1 bis 5, wobei 1 = keine Bedeutung und 5 = höchste Bedeutung)	n	Min.	Max.	Mittelwert	Std.abw.
Vertrauen zwischen den Partnern	217	1	5	4,60	0,707
Gemeinsame Zielvereinbarungen	217	1	5	3,90	1,034
Formelle Verträge zwischen den Partnern	217	1	5	3,37	1,085
Gegenseitige Abhängigkeit zwischen den Kooperationspartnern	217	1	5	3,18	1,063
Soziale Relationen/Bindungen zwischen den Partnern	216	1	5	2,74	1,224
Spezifische Investitionen um die Partnerschaft zu initiieren	216	1	5	2,58	1,054

Tabelle 4: Beurteilung spezifischer interorganisatorischer Zusammenarbeitsvariablen durch Logistik- bzw. Supply Chain Manager

- Da es sich bei CPFR um eine (unternehmens-) grenzenlose Gestaltung von Geschäftsabläufen handelt, die durch das Zusammenspiel unabhängiger Akteure innerhalb der Supply Chain erfolgt, kann von einer sehr hohen Komplexität der Abläufe ausgegangen werden. Folglich käme dem Supply Chain Controlling eine erhebliche Koordinationsaufgabe zu, die durch CPFR entstehende Komplexität entsprechend handhabbar zu machen. Das kann durch das Installieren entsprechender Reportingsysteme oder die Entwicklung geeigneter Kennziffern passieren, die nicht mehrere Funktionsbereiche, sondern das Supply Chain-spezifische Ziel betreffen.
- Basierend auf den Erkenntnissen aus empirischen Untersuchungen kann weiterhin von einem Reflexionsdefizit ausgegangen werden, das auf einen möglichen Mangel an geeigneten Supply Chain Controlling - Instrumenten zurückzuführen ist, die im Rahmen von CPFR im derzeitigen Stadium einzusetzen wären.[19] Die Studie der Co-

penhagen Business School konnte dabei aufzeigen, dass solche Instrumente auch geeignet sein sollten, vertrauensbildende und -stärkende Maßnahmen zu messen.

Da sich aber die Umsetzung des CPFR in der unternehmerischen Praxis in einem Anfangsstadium befindet, kommt dem Supply Chain Controlling eine umsetzungsspezifische Unterstützungsaufgabe im Sinne der Rationalitätssicherungsfunktion zu. Das Supply Chain Controlling hat vor allem dem betroffenen Management die für die CPFR-Willensbildung und -umsetzung notwendigen Informationen zu liefern, um die Zweckrationalität des Einsatzes von CPFR mit Blick auf die Erhöhung der Supply Chain - Leistung zu sichern.[20]

Anmerkungen

[1] ECR optimiert Wertschöpfungspartnerschaften von Seiten des Marketing, i. e. Category Management, und der Logistik, i. e. Supply Chain Management (vgl. *Ahlert/Borchert* 2000, S. 82).

[2] *Seifert* (2003), S. 263 spricht in diesem Zusammenhang vom „Infopartnering".

[3] In Anlehnung an *Weber* (1995), S. 20 bzw. *Göpfert* (2000), S. 55. Zur grenzenlosen Unternehmung vgl. *Picot et al.* (2001).

[4] Vgl. dazu insbesondere *Weber/Schäffer* (1999) oder *Schäffer/Weber* (2002).

[5] Zu den unterschiedlichen wissenschaftlichen SCC-Grundverständnissen vgl. *Göpfert/Neher* (2002).

[6] Vgl. dazu *Göpfert* (2000), S. 30, die von der konzeptionellen Gestaltung des Planungs- und Kontrollsystems für die Zwecke der Logistik (hier SCM) spricht.

[7] Gemäß *VICS* (1998b) wird CPFR definiert als "a collection of new business practises that leverages the internet and electronic data interchange in order to radically reduce inventories and expenses while improving customer service".

[8] *ECRE* (2000), S. 13 definiert CPFR wie folgt: "CPFR is a cross-industry initiative designed to improve the supplier/manufacturer/retailer relationship through co-managed planning processes and shared information".

[9] Die *CCG* (2001), S. 2 legt CPFR wie folgt fest: „CPFR ist ein branchenübergreifendes Geschäftsmodell zur Optimierung gemeinsamer unternehmensübergreifender Planungsprozesse auf der Basis transparenter Informationen zwischen den Beteiligten der Supply Chain (Vorlieferanten, Hersteller und Handelsunternehmen)".

[10] Vorliegende Definition stellt die durch die Verfasser durchgeführte Übersetzung aus dem Dänischen dar.

[11] Vgl. auch *Abolhassan/Schwindt* ((2003), S. 9). Das Modell dient zur Optimierung gemeinsamer Planungs- (Stufen 1 und 2), Prognose-(Stufen 3 bis 8) und Nachschub-Aktivitäten (Stufe 9). Zur Operationalisierung der einzelnen Aktivitäten vgl. **Fehler! Verweisquelle konnte nicht gefunden werden.** und **Fehler! Verweisquelle konnte nicht gefunden werden.**.

[12] Diese eindrucksvollen Ergebnisse sind jedoch nur von eingeschränkter externer Validität, da sie sich auf ein dreimonatiges Pilotprojekt zwischen Wal-Mart und Sara Lee Branded Apparel beziehen (*o.V.* (2000), S. 69).

[13] CPFR konnte im Rahmen des ECR (zumindest in Europa) nicht überzeugen. Eine Enttäuschung kann bspw. in der Definition „Cocktail Parties in Fancy Restaurants" (*ECRE* (2003), S. 13) geortet werden.

[14] Der Netzwerkansatz von *Håkansson* (z.B. *Håkansson/Snehota* (1995)) hilft bei der flexible Gestaltung dieser Beziehungen, wie *Andresen/Thernøe* (2002) bezugnehmend auf den CPFR-Ansatz dokumentieren (vgl. auch Tabelle 5).

Netzwerkspezifisches Beziehungsmerkmal	Bedeutung für CPFR
Anpassung/Abstimmung (adaptation)	CPFR benötigt eine Abstimmung der betroffenen Informationssysteme und administrativen Tätigkeiten.
Kooperation und Konflikt	Um die optimale Gestaltung der Versorgungskette zu erreichen werden Kooperationen gesucht und Konflikte gelöst, welche das Teilen des Gesamtrisikos und der zu erwartenden Gewinne beinhaltet. Es geht um den Aufbau einer Vertrauensbeziehung und sozialen Bindungen zwischen den Akteuren.
Soziale Interaktion und Routinisierung (routinization)	Die Zusammenarbeit wird institutionalisiert und erhält Routine. Dies wiederum hat positive Wirkung auf die Transaktionskosten und -erlöse der CPFR-Beziehung.

Tabelle 5: CPFR-spezifische Netzwerk-Beziehungsmerkmale

[15] Die Untersuchung wurde im Rahmen einer Master-Thesis durchgeführt, die von einem der Autoren des vorliegenden Beitrags wissenschaftlich betreut wurde. Ausgewählte Ergebnisse der Studie wurden bislang von der *Supply Chain Management Group* (2002) bzw. *Thernøe/Andresen* (2002) veröffentlicht. Die Ergebnisse beziehen sich auf eine schriftliche Erhebung unter 218 dänischen Logistik- und Supply Chain Managern. Diese repräsentieren die typische klein- und mittelbetriebliche Struktur der dänischen Wirtschaft. Bezogen auf das Umsatzvolumen erwirtschaften knapp 60 % der Unternehmen einen Umsatz von 25 bis 200 Millionen DKK (umgerechnet zwischen 3 und 27 Mio. Euro). Knapp 75 % der untersuchten Unternehmen beschäftigen zwischen 25 und 200

Beschäftigte. Es dominieren Produktionsunternehmen (50,9 %) und Zulieferanten (14,7 %). Gesamt gesehen sind die Befragten zu einem wesentlichen Teil im Business to Business Bereich tätig (82,4%). Die Produkte werden von den Befragten als Langsamdreher charakterisiert (47,2%). Eine Abhängigkeit innerhalb der Versorgungskette ist eher auf der Beschaffungs- als auf der Distributionsseite gegeben. 33,5 % aller Befragten geben an, dass der Anteil des Einkaufsvolumens der fünf größten Kunden am gesamten Einkaufsvolumen 26 bis 50 % beträgt. 14,3 % aller Befragten geben an, dass der Anteil des Einkaufsvolumens der größten Lieferanten bei 76 bis 100 % am gesamten Einkaufsvolumen beträgt. Distributionsseitig sehen die Verhältnisse wie folgt aus. In 42,4 % der Fälle macht der Anteil der fünf größten Kunden am gesamten Verkaufsvolumens 1 bis 25 % aus, in nur 6 % der Fälle liegt dieser Anteil bei mehr als 75 %. Vor diesem Hintergrund scheint die Beschäftigung mit unternehmensübergreifenden Lösungen gerechtfertigt.

[16] Vom methodischen Standpunkt aus gesehen ist zu erwähnen, dass die Erhebungsdramaturgie so angelegt war, dass der Untersuchungsgegenstand CPFR nicht direkt abgefragt wurde, sondern man sich indirekt der Thematik näherte. Der Begriff ‚CPFR' selbst wurde erst nach eingehender Operationalisierung und nach einem schrittweisen Heranführen des Probanden an die konzeptionellen Grundlagen gegen Ende des Befragungsprozesses angeführt. Dieses Vorgehen rechtfertigt sich aus der Komplexität des und des vermuteten geringen Wissens um die konzeptionellen Grundlagen des Untersuchungsgegenstandes. Aus Sicht der Marktforschung erwies sich diese indirekt angelegte Befragungsdramaturgie als einziger Weg, eine möglichst hohe interne Validität der Untersuchung zu gewährleisten.

[17] Insgesamt wird auf den positiven Zusammenhang zwischen Kooperationsintensität und Ausbringungsqualität auf den unterschiedlichen Ebenen hingewiesen (vgl. z.B. *CCG* (2001), S. 9ff), welche durch das Einsetzen multifunktionaler und prozessorientierter Teams sichergestellt sein soll.

[18] Tatsächlich korrespondieren diese Ergebnisse mit der Bekanntheit sowie dem Implementierungsgrad von CPFR, woraus sich eher eine mangelnde Auseinandersetzung mit der Thematik „kooperative Planung- und Steuerung von Geschäftsprozessen" erkennen lässt. Einen Konnex zu möglichen Hindernissen oder Problemen bei der unternehmensübergreifenden Zusammenarbeit herstellen zu können, erscheint jedoch auf Basis dieser Ergebnisse nicht möglich.

[19] Die bspw. von *Kummer* angeführten Controlling-Instrumente wären für ein bereits implementiertes CPFR-Konzept anwendbar (*Kummer* (2001), S. 82).

[20] Der Zweck von CPFR liegt in der Verbesserung der Supply Chain Leistung: „Implementing collaborative forecasting to improve supply chain performance" (*McCarthy/Golicic* (2002), S. 431).

Literaturverzeichnis

Abolhassan, F./ Schwindt, K. (2003): Prozessoptimierung und Potenziale in der Logistik von Handelsunternehmen. In: *Baumgarten, H./Wiendahl, H.-P./Zentes, J.* (Hrsg.): Logistik-Management. Berlin, Heidelberg 2003, Teil 8.

Ahlert, D./Borchert, S. (2000): Kooperation und Vertikalisierung in der Konsumgüterdistribution: Die kundenorientierte Neugestaltung des Wertschöpfungsprozess-Managment durch ECR-Kooperationen. In: *Ahlert, D./Borchert, S.* (Hrsg.): Prozessmanagement im vertikalen Marketing. Efficient Consumer Response (ECR) in Konsumgüternetzen. Berlin 2000, S. 1-148.

Ahlert, D. (1994): Warenwirtschaftsmanagement und Controlling in der Konsumgüterwirtschaft. In: *Ahlert, D./Olbrich, R.* (Hrsg.): Integrierte Warenwirtschaftssysteme und Handelscontrolling. Stuttgart 1994, S. 3-114.

Anderson, D. L./Lee, H.(1999): Synchronised Supply Chains: the New Frontier. In: ASCET (Hrsg.): Achieving Supply Chain Excellence Through Technology. Jg. 1. San Francisco 1999, S. 12-21.

Andresen, C./Thernøe, C. (2002): Danske virksomheders indstilling til CPFR og interorganisatorisk samarbejde. DILF Orientering (2002)12, S. 1-4.

Anthony, T. (2000): Supply Chain Collaboration: Success in the New Internet Economy. In: ASCET (Hrsg.): Achieving Supply Chain Excellence Through Technology. Jg. 2. San Francisco 2000, S. 41-44.

Baiman, S./Rajan M. (2002): The Role of Information and Opportunism in the Choice of Buyer-Supplier Relationships. In: Journal of Accounting Research 40(2002)2, S. 247-278.

Barratt, M.A./Oliveira A. (2001): Exploring the Experiences of Collaborative Planning Initiatives. In: International Journal of Physical Distribution & Logistics Management 31(2001)4, S. 266-289.

Centrale für Coorganisation (CCG) (2001): Managementinformation CPFR Collaborative Planning, Forecasting and Replenishment – Gemeinsame Planung, Prognose und Warenbevorratung. Köln 2001.

ECR Europe (ECRE) (2000): A Guide to CPFR Implementation. o.O. 2000.

ECR Europe (ECRE) (2003): CPFR Fact or Fiction? Nicht veröffentlichte Präsentationsunterlagen. Berlin 2003.

Global Commerce Initiative (GCI) (2001): VICS Collaborative Planning Forecasting and Replenishment (CPFR®). Global Commerce Initiative Recommendation. o.O. 2001.

Göpfert, I. (2000): Logistik Führungskonzeption. Gegenstand, Aufgaben und Instrumente des Logistikmanagements und -controllings. München 2000.

Göpfert, I./Neher, A. (2002): Supply Chain Controlling. In: Logistik Management 4(2002)3, S. 34-44.

Håkansson, H./Snehota, I. (1995). Developing Relationships in Business Networks. London 1995.

Henzler, H. (1998): Von der strategischen Planung zur strategischen Führung: Versuch einer Positionsbestimmung. In: Zeitschrift für Betriebswirtschaft 58(1998)12, S. 1286-1306.

Horváth, P. (1996): Controlling. 6., vollständig überarbeitete Auflage. München 1996.

Kummer, S. (2001): Supply Chain Controlling. In: Kostenrechnungspraxis 45(2001)2, S. 81-87.

Küpper, H.-U. (2001): Controlling. 3. Auflage. Stuttgart 2001.

Lechner, K./Egger, A./Schauer, R. (2001): Einführung in die Allgemeine Betriebswirtschaftslehre. 19., überarbeitete Auflage. Wien 2001.

Lee, H. (2000): Creating Value through Supply Chain Integration. Supply Chain Management Review 4(2000)4, S. 30-36.

Lochthowe, R. (1990): Logistik-Controlling. Entwicklung flexibilitätsorientierter Strukturen und Methoden zur ganzheitlichen Planung, Steuerung und Kontrolle der Unternehmenslogistik. Frankfurt a.M. u.a. 1990.

McCarthy, T./Golicic, S. (2002): Implementing Collaborative Forecasting to Improve Supply Chain Performance. In: International Journal of Physical Distribution and Logistics Management 32(2002)6, S. 431-454.

o.V. (2000): CPRF Key to Better Sales, Lower Inventories. In: Drug Store News (2000) 21. Februar, S. 69.

Otto, A. (2002): Kein Thema für die Supply Chain? – Das Management und Controlling institutionaler Vernetzung. In: Logistik Management 4(2002)3, S. 22-33.

Picot, A./Reichwald, R./Wigand, R. (2001): Die grenzenlose Unternehmung. Information, Organisation und Management. 4. Auflage. Wiesbaden 2001.

Reichmann, T./Fiege, H./Voßschulte, A. (1993): Logistik-Controlling. In: *Horváth, P./Reichmann, T.* (Hrsg.): Vahlens Großes Controllinglexikon. München 1993, 410-412.

Sako, M. (1992): Prices, Quality and Trust. Inter-firm Relations in Britain & Japan. Cambridge 1992.

Schäffer, U./Weber, J. (2002): Controlling als Rationalitätssicherung der Führung. In: *Seicht, G.* (Hrsg.): Jahrbuch für Controlling und Rechnungswesen 2002. Wien 2002, S. 49-70.

Seifert, D. (2003): Collaborative Planning, Forecasting and Replenishment (CPFR) – Efficient Consumer Response der zweiten Generation. In: *Trommsdorff, V.* (Hrsg.): Handelsforschung 2003. Köln 2003, S. 263-276.

Sherman, R. (1998): Collaborative Planning, Forecasting & Replenishment (CPFR): Realizing the Promise of Efficient Consumer Response through Collaborative Technology. In: Journal of Marketing Theory and Practice 6(1998)4, S. 6-9.

Skjoett-Larsen, T. (1999): Interorganisational Relations from a Supply Chain Management Point of View. In: Logistik Management 1(1999)2, S. 96-108.

Staehle, W.H. (1999): Management. 6. Auflage. München 1999.

Stank, T./Daugherty, P./Autry, C. (1999): Collaborative Planning: Supporting Automatic Replenishment Programs. In: Supply Chain Management 4(1999)2, S. 75-85.

Stank, T./Keller, S./Daugherty, P. (2001): Supply Chain Collaboration and Logistical Service Performance. In: Journal of Business Logistics 22(2001)1, S. 29-48.

Steinmann, H./Schreyögg, G. (1999): Management. Grundlagen der Unternehmensführung. Konzepte – Funktionen – Fallstudien. 4. Auflage. Wiesbaden 1999.

Stölzle, W. (2002a): Supply Chain Controlling – eine Plattform für die Controlling- und die Logistikforschung? In: *Weber, J./Hirsch, B.* (Hrsg.): Controlling als akademische Disziplin. Eine Bestandsaufnahme. Wiesbaden 2002, 283-309.

Stölzle, W. (2002b): Supply Chain Controlling und Performance Measurement – Konzeptionelle Herausforderungen für das Supply Chain Management. In: Logistik Management 4(2002)3, S. 10-21.

Supply Chain Management Group (2002): Collaborative Planning, Forecasting & Replenishment – en undersøgelse af danske virksomheders indstilling til CPFR. http://www.scmgroup.dk/undersoegelser.htm.

Thernøe, C./Andresen, C. (2002): CPFR – Fremtidens samarbejdcsconcept. DILF Orientering (2002)10, S. 8-13.

Voluntary Interindustry Commerce Standards (VICS) (1998a): Collaborative Planning Forecasting and Replenishment. Voluntary Guidelines. o.O. 1998.

Voluntary Interindustry Commerce Standards (VICS) (1998b): VICS Helps Trading Partners Collaborate to Reduce Uncertainty With CPFR Guidelines. VICS Press Release Nr. 8. o.O. 1998.

Weber, J. (1995): Logistik-Controlling. Leistungen – Prozeßkosten – Kennzahlen. 4., überarbeitete Auflage. Stuttgart 1995.

Weber, J./Schäffer, U. (1999): Sicherstellung der Rationalität von Führung als Aufgabe des Controlling? In: Die Betriebswirtschaft 59(1999)6, S. 731-747.

Peter Kajüter

Instrumente zum Risikomanagement in der Supply Chain

1. Einleitung

2. Grundlagen des Risikomanagements

3. Ansätze zum Risikomanagement in der Supply Chain

4. Methodische Unterstützung des Risikomanagements

5. Zusammenfassung und Ausblick

Anmerkungen

Literaturverzeichnis

Dr. Peter Kajüter ist Wissenschaftlicher Assistent und Habilitand am Lehrstuhl für Unternehmensprüfung und Controlling an der Heinrich-Heine-Universität Düsseldorf.

1. Einleitung

Im Juni 1998 standen bei Ford in Köln und Dagenham die Fließbänder für drei Tage still. Der Grund hierfür lag in dem Ausfall eines wichtigen Lieferanten: Kiekert war aufgrund von Qualitätsproblemen nicht in der Lage, Türschlösser an Ford zu liefern. In ähnlicher Weise musste Toyota in Japan die Produktion in einigen Teilbereichen für sechs Wochen stoppen, weil die Fertigung eines bedeutsamen Lieferanten durch ein Feuer zerstört worden war. Doch auch andere Ereignisse, wie z.b. die Maul-und-Klauen-Seuche in Großbritannien oder die Terroranschläge vom 11. September 2001 in den USA, hatten für zahlreiche Unternehmen in diesen Ländern gravierende Auswirkungen auf die Versorgungssicherheit, da die Material- und Warenflüsse erheblich gestört wurden (*Sheffi* (2001); *Jüttner/Peck/Christopher* (2002); *Martha/Subbakrishna* (2002)).

Diese und andere Beispiele[1] verdeutlichen, dass unternehmensübergreifende Supply Chains[2] durch eintretende Risiken oftmals leicht verwundbar sind.[3] Dies gilt insbesondere für solche Supply Chains, in denen nach den Prinzipien von Lean Production und Lean Supply Sicherheitspuffer in Form von Beständen und Vorlaufzeiten weitgehend eliminiert wurden. Dadurch konnten zwar in der Regel bedeutsame Kostensenkungspotenziale erschlossen und vielfach auch die Qualität der Produkte verbessert werden, gleichzeitig hat aber auch die Abhängigkeit der Unternehmen voneinander zugenommen, so dass negative Entwicklungen oder Ereignisse bei einem Unternehmen erhebliche Schäden bei den in der Supply Chain vor- oder nachgelagerten Partnern bewirken können. Um solche unerwünschten Konsequenzen zu vermeiden, kommt dem Risikomanagement in der Supply Chain eine zentrale Bedeutung zu.

Grundlegend dafür ist das Risikomanagement in den einzelnen Unternehmen, das durch neue gesetzliche Anforderungen in den letzten Jahren verstärkte Aufmerksamkeit erlangt hat. So wurden die Vorstände von Aktiengesellschaften durch das KonTraG zur systematischen Risikoerfassung und -berichterstattung verpflichtet (§ 91 Abs. 2 AktG). Diese Vorschrift, die auch auf Unternehmen anderer Rechtsformen ausstrahlt, betrifft indessen nur die rechtliche Einheit eines Unternehmens bzw. die fiktive rechtliche Einheit eines Konzerns, nicht aber unternehmensübergreifende Kooperationen in Form von Supply Chains.[4] Gleichwohl eröffnet eine enge, partnerschaftliche Zusammenarbeit zwischen den Unternehmen einer Supply Chain die Chance, den Fokus des Risikomanagements über die individuellen Unternehmensgrenzen hinaus zu erweitern, gemeinsame Risikoanalysen durchzuführen oder ein unternehmensübergreifendes Risikomanagement in das Supply Chain Controlling zu integrieren, um dadurch letztlich die Identifikation und Steuerung von Risiken in den Unternehmen der Supply Chain zu verbessern.

Eine explorative empirische Studie aus dem angloamerikanischen Raum dokumentiert, dass Risikomanagement bislang primär als unternehmensspezifische Aufgabe praktiziert wird (*Peck/Jüttner* (2002)). Darüber hinaus manifestieren die Befunde ein Defizit an methodischer Unterstützung für ein unternehmensübergreifendes Risikomanagement

(*Jüttner/Peck/Christopher* (2002), S. 446). Doch auch unternehmensintern wird der Analyse von Beschaffungsrisiken im Vergleich zu deren Bedeutung nach selbstkritischer Einschätzung der befragten Industrieunternehmen zu wenig Beachtung geschenkt (*Zsidisin/Panelli/Upton* (2000)).

Dieser Beitrag verfolgt daher das Ziel, ausgehend von verschiedenen Ansätzen zum Risikomanagement in der Supply Chain Möglichkeiten zu dessen instrumenteller Ausgestaltung darzustellen. Dazu werden im Folgenden zunächst einige theoretische Grundlagen gelegt (Abschnitt 2) und unterschiedliche Ansätze zum Risikomanagement aus Sicht der Supply Chain aufgezeigt (Abschnitt 3). Danach stehen Instrumente im Mittelpunkt, welche die Identifikation, Bewertung, Kontrolle und Kommunikation von Risiken unternehmensintern und unternehmensübergreifend unterstützen können (Abschnitt 4). Der Beitrag schließt mit einer Zusammenfassung der wesentlichen Aussagen und einem Ausblick auf weiteren Forschungsbedarf (Abschnitt 5).

2. Grundlagen des Risikomanagements

2.1. Begriffsdefinition von Risiko und Risikomanagement

In der Literatur existiert eine Reihe unterschiedlicher Definitionen des Risikobegriffs.[5] Häufig wird unter Risiko allgemein die Gefahr eines Schadens, einer Fehlentscheidung oder einer Zielverfehlung verstanden (*Mikus* (2001), S. 3). Alternativ bezeichnet Risiko auch unmittelbar die potenzielle (negative) Abweichung von einem Ziel. In diesen Fällen steht eine wirkungsbezogene Sicht im Vordergrund. Demgegenüber stellen ursachenorientierte Definitionen auf die Faktoren ab, welche die Zielerreichung negativ beeinflussen. In diesem Sinne werden unter Risiken nachfolgend zukünftige Entwicklungen oder Ereignisse verstanden, die eine Nicht-Erreichung der Ziele auf Unternehmens- oder Supply Chain Ebene bewirken können.[6]

Risiken sind untrennbar mit jeder unternehmerischen Tätigkeit verbunden. Angesichts ihrer potenziellen negativen Auswirkungen ist es indes wichtig, die wesentlichen Risiken zu kennen, um ihnen ggf. mit entsprechenden Maßnahmen begegnen zu können. Dazu bedarf es eines systematischen Risikomanagements, das die Identifikation, Bewertung und Aggregation von Risiken (Risikoanalyse) sowie ihre Steuerung, Kontrolle und Kommunikation umfasst. Um ein effektives und effizientes Risikomanagement sicherzustellen, sollten diese Aktivitäten integraler und kontinuierlicher Bestandteil der Planungs- und Kontrollprozesse sein. Sie sollten zudem auf einer Risikostrategie beruhen, die grundsätzliche Aussagen und grobe Vorgaben zum Umgang mit Risiken beinhaltet (*Weber/Weißenberger/Liekweg* (1999)).

2.2. Supply Chains als Objekt des Risikomanagements

Supply Chains umfassen idealtypisch alle Unternehmen von der Rohstoffgewinnung bis zum Endkunden.[7] Sie werden im Rahmen des Supply Chain Managements als Einheit betrachtet mit dem Ziel, durch eine Integration und Abstimmung der Material-, Waren-, Informations- und Finanzflüsse die Effizienz und Effektivität der beteiligten Unternehmen zu steigern. Auch wenn meist nur ein Teil der Wertschöpfungsstufen betrachtet wird, handelt es sich bei einer Supply Chain gewöhnlich weniger um eine lineare Kette als vielmehr um ein Netzwerk von Unternehmen, die dauerhaft zusammen arbeiten.[8] Die Supply Chain kann dabei von einem fokalen Unternehmen (hierarchisch) oder von allen beteiligten Unternehmen – unter wechselnder Führung – gleichberechtigt (heterarchisch) koordiniert werden (*Busch/Dangelmaier* (2002), S. 10ff). Zwischen den einzelnen Unternehmen bestehen grundsätzlich partnerschaftliche Geschäftsbeziehungen, wodurch ein intensiver Informationsaustausch sowie eine gemeinsame Zielformulierung und Planung für die Supply Chain möglich werden. Je nach Bedeutung und Dauer der Beziehung kann die Intensität der Zusammenarbeit jedoch variieren.

Für ein unternehmensübergreifendes Risikomanagement in der Supply Chain ergeben sich aus diesem spezifischen Kontext einige Besonderheiten:
- Mit der Supply Chain existiert neben den Unternehmen eine zweite Handlungsebene, die eine andere, umfassendere Perspektive für das Risikomanagement eröffnet.
- Hinsichtlich der Risiken bestehen zwischen den einzelnen Unternehmen und der Supply Chain Informationsasymmetrien.
- Die Unternehmen einer Supply Chain unterscheiden sich in der Regel in Bezug auf ihre Risikobereitschaft und ihre Risikotragfähigkeit.
- Unternehmen sind meistens an mehreren Supply Chains beteiligt, so dass ihre Bereitschaft, sich speziellen Standards einer Supply Chain anzupassen, häufig begrenzt ist.
- Internationale Supply Chains erstrecken sich über mehrere Länder, in denen unterschiedliche regulatorische Anforderungen an das Risikomanagement der Unternehmen bestehen.

Diese im Vergleich zum einzelnen Unternehmen andersartigen Rahmenbedingungen machen das Risikomanagement in der Supply Chain zu einer komplexen Aufgabe. Die konzeptionelle und instrumentelle Ausgestaltung des Risikomanagements muss dabei zudem den spezifischen, für die Supply Chain relevanten Risiken Rechnung tragen. Daher werden nachfolgend zunächst Risiken aus der Supply Chain Perspektive betrachtet, bevor ökonomische Erklärungsansätze für ihr Management aufgezeigt werden.

2.3. Risiken aus Sicht der Supply Chain

Da die auf eine Supply Chain einwirkenden Risiken sehr vielfältig sind und zudem zwischen den einzelnen Risiken komplexe Ursache-Wirkungs-Beziehungen bestehen, ist eine trennscharfe Abgrenzung der für eine Supply Chain relevanten Risiken – im Folgenden als Supply Chain Risiken bezeichnet – kaum möglich. Dementsprechend werden im Schrifttum auch viele verschiedene Risiken im Zusammenhang mit Supply Chains diskutiert, z.B. Beschaffungs-, Nachfrage-, Kapazitäts-, Produkthaftungs-, Liefer-, Transport- und Lagerrisiken (*Kromschröder* (1987); *Haindl* (1996); *Smeltzer/Siferd* (1998); *Ritchie/Brindley/Morris/Peet* (2000); *Zsidisin/Panelli/Upton* (2000); *Johnson* (2001); *Rogler* (2001); *Lindroth/Norrman* (2001); *Norrman/Lindroth* (2002)). Grundsätzlich lässt sich feststellen, dass die Risiken einer Supply Chain nicht identisch sind mit der Summe der Risiken der an ihr beteiligten Unternehmen. Einige unternehmensinterne Risiken können für die Supply Chain irrelevant sein (z.B. solche, die ein anderes Produkt betreffen), während andererseits durch die Zusammenarbeit in der Supply Chain möglicherweise neue Risiken entstehen.

Gemäß dem vorstehend definierten Risikobegriff leiten sich die Supply Chain Risiken aus den jeweiligen Zielen einer Supply Chain ab. Diese Ziele weisen in der Regel eine enge Beziehung zu dem Gegenstandsbereich des Supply Chain Managements auf. Trotz unterschiedlicher Abgrenzungen in der Literatur herrscht weitgehend Einigkeit darüber, dass es beim Supply Chain Management im Kern um die unternehmensübergreifende Optimierung der Material-, Waren- und Informationsflüsse geht.[9] Unter Supply Chain Risiken sollen daher (i.e.S.) solche Faktoren verstanden werden, die diese logistischen Ströme beeinträchtigen (z.B. Ausfall einer Produktionsanlage oder eines IT-Systems). Darüber hinaus werden oftmals auch die Optimierung der Finanzflüsse[10] sowie das Management der Beziehungen[11] zwischen den Unternehmen einer Wertschöpfungskette unter das Supply Chain Management subsumiert. Dieser weiten Abgrenzung folgend umfassen Supply Chain Risiken (i.w.S.) auch Einflussgrößen, die negativ auf die Finanzflüsse bzw. Beziehungen innerhalb der Supply Chain wirken (z.B. Wechselkursschwankungen bzw. opportunistisches Verhalten eines Partners).

Nach ihrem Ursprung können Supply Chain Risiken in externe und interne Risiken differenziert werden. Erstere entstammen dem Supply Chain Umfeld und können in ihrem Eintritt von den beteiligten Unternehmen nicht oder nur partiell beeinflusst werden. Beispiele hierfür sind Naturkatastrophen (Erdbeben, Flut), Streiks oder das Wettbewerbsverhalten. Interne Supply Chain Risiken beinhalten in erster Linie leistungswirtschaftliche Risiken, die aus den Material-, Waren- und Informationsflüssen innerhalb der Wertschöpfungskette resultieren. Dazu gehören vor allem Lager-, Transport- und Produktionsrisiken (*Freidank* (2000), S. 353f), aber auch IT-Risiken (*Paulus* (2000)), die aufgrund des zunehmenden Einsatzes moderner Informationstechnologien zur Steuerung von Supply Chains an Bedeutung gewinnen. Ferner zählen i.w.S. Finanzrisiken (z.B. die Zahlungsunfähigkeit eines Partners) sowie Netzwerkrisiken (z.B. Missbrauch vertraulicher Daten) zu den internen Supply Chain Risiken. Letztere zeichnen sich dadurch aus, dass sie sich gerade durch die Kooperation zwischen den Unternehmen in der Supply Chain ergeben und insofern originäre Risiken der Supply Chain darstellen. Im Gegensatz zu den externen ist die Eintrittswahrscheinlichkeit interner Supply Chain Risiken durch die beteiligten Unternehmen in der Regel beeinflussbar.

Im Hinblick auf ihre Wirkung lassen sich z.B. kumulative, additive und singuläre Supply Chain Risiken unterscheiden. Kumulative Risiken entfalten ihre vollen negativen Konsequenzen erst entlang den verschiedenen Stufen der Supply Chain („Domino Effekt"). Beispielsweise kann eine durch ein Feuer ausgelöste Betriebsunterbrechung bei einem Tier 2 - Lieferanten zum Lieferausfall beim Tier 1 - Lieferanten führen, der daraufhin ebenfalls Lieferprobleme gegenüber dem Hersteller bekommt, sofern er nicht auf einen Ersatzlieferanten ausweichen kann. Additive Risiken verursachen bei ihrem Eintritt für sich allein keinen Schaden, allerdings kann dieser in Verbindung mit dem Eintritt eines anderen Risikos gravierend sein. So ist der Ausfall einer Qualitätsprüfmaschine an sich unproblematisch, solange nicht gleichzeitig Qualitätsfehler auftreten, die durch die nicht funktionierende Qualitätsprüfung unerkannt bleiben. Singuläre Risiken haben eine lokal begrenzte Wirkung und sind daher in der Regel weniger bedeutsam.

Diese nähere Charakterisierung der Supply Chain Risiken zeigt zum einen, dass sich aus Sicht der Supply Chain eine andere Abgrenzung der Risiken ergibt als aus der Perspektive eines einzelnen Unternehmens. Beispielsweise ist das Risiko eines Maschinenausfalls bei einem Lieferanten für die Supply Chain ein internes, für den Abnehmer dagegen ein externes Risiko. Aus dieser unterschiedlichen Klassifikation resultieren insofern materielle Konsequenzen für das Risikomanagement, als sich zusätzliche Möglichkeiten zur Steuerung der Risiken ergeben können. Zum anderen verdeutlichen die vorstehenden Ausführungen aber auch, dass Supply Chain Risiken in ihrer Art sehr verschieden sind und deshalb unterschiedliche Anforderungen an ihr Management stellen. Eine Sonderstellung nehmen vor allem Netzwerkrisiken ein, die wohl nur mit speziellen Instrumenten und getrennt von den übrigen Supply Chain Risiken analysiert und gesteuert werden können (*Jüttner/Peck/Christopher* (2002), S. 446).[12] Zudem stellen finanzwirtschaftliche Risiken ein eigenständiges Problemfeld dar. Beide Bereiche werden daher im Folgenden nur am Rande berücksichtigt. Doch auch bei einer Fokussierung auf die material- und informationsflussbezogenen Risiken bleibt zu konstatieren, dass es wohl keine Maßnahme und kein Instrument geben kann, das zur Bewältigung aller dieser Supply Chain Risiken gleichermaßen geeignet ist. Vielmehr wird für ein unternehmensübergreifendes Risikomanagement in der Supply Chain – wie auch für das unternehmensinterne Risikomanagement – eine Kombination verschiedener Instrumente erforderlich sein.

2.4. Ökonomische Erklärungsansätze für das Risikomanagement in Unternehmen und Supply Chains

Grundlagen für eine ökonomische Analyse des Risikomanagements in Unternehmen bieten die Finanzierungstheorie und die Neue Institutionen-Ökonomik. Für den Kontext von Supply Chains lassen sich darüber hinaus die Erfolgsfaktoren kooperativer Geschäftsbeziehungen zur Begründung eines unternehmensübergreifenden Risikomanagements heranziehen.

Folgt man den Aussagen der Finanzierungstheorie, dann setzt sich das Gesamtrisiko eines Unternehmens (bzw. Wertpapiers) aus dem systematischen und dem unsystematischen Risiko zusammen.[13] Das letztere, unternehmensspezifische Risiko können Anleger durch Diversifikation ihres Portfolios eliminieren; es wird daher nicht über eine höhere

Rendite vergütet. Dagegen ist das systematische Risiko, dem alle Unternehmen im Markt ausgesetzt sind, nicht diversifizierbar und wird über eine Risikoprämie bei den Eigenkapitalkosten honoriert. Danach wäre ein unternehmerisches Risikomanagement aus Sicht der Anteilseigner zumindest in Bezug auf das unsystematische Risiko nicht zu begründen, da sie selbst in der Lage sind, dieses Risiko ihrer Anlagen zu steuern: „corporate managers should not be concerned with reducing their firm-specific business risk since it should have no effect on their firms' stock returns" (*Amit/Wernerfelt* (1990), S. 521).

Diese Schlussfolgerung beruht jedoch auf den sehr restriktiven Annahmen der neoklassischen Finanzierungstheorie (z.B. rationales Verhalten, vollständige, symmetrische Information, keine Transaktionskosten). Sobald diese Annahmen relativiert und Marktunvollkommenheiten akzeptiert werden, lassen sich eine Reihe von Gründen für das Risikomanagement im Unternehmen anführen (*Pritsch/Hommel* (1997), S. 674ff; *Doherty* (2000), S. 193ff; *Kaen* (2000), S. 250ff). Grundlegend dafür ist die Neue Institutionen-Ökonomik, insbesondere die Agency-Theorie und die Transaktionskostentheorie, die Marktunvollkommenheiten z.B. in Form von begrenzter Rationalität, asymmetrischer Informationsverteilung und Transaktionskosten, unterstellen (*Picot/Schuller* (2001), S. 244). Daraus resultieren für das Risikomanagement in Unternehmen u.a. folgende Erklärungen:[14]

- Im Gegensatz zu diversifizierten Investoren kann das Management das unternehmensspezifische Risiko in der Regel nicht durch Diversifikation eliminieren und ist daher diesem gegenüber nicht indifferent (*Pritsch/Hommel* (1997), S. 676f). In diesem Fall besteht die Gefahr, dass Manager das Gesamtrisiko bei Investitionsentscheidungen berücksichtigen und dadurch aus Anteilseignersicht an sich wertsteigernde Projekte ablehnen. Auf diese Weise entstehen aus der Prinzipal-Agenten-Beziehung zwischen Anteilseigner und Manager für erstere Agency-Kosten in Form von Opportunitätskosten. Maßnahmen des Risikomanagements im Unternehmen können dazu beitragen, diese Agency-Kosten zu senken, denn sie eröffnen Managern die Möglichkeit, spezifische Risiken anderweitig zu reduzieren, so dass diese Risiken Investitionsentscheidungen im Unternehmen nicht beeinflussen.[15]

- Ebenso können auch Kunden und Lieferanten (sowie andere Stakeholder) das unsystematische Risiko, dem sie in ihren Geschäftsbeziehungen zu dem Unternehmen ausgesetzt sind, in der Regel nicht durch Diversifikation eliminieren. Sie haben daher ein Interesse an der finanziellen Stabilität ihres Geschäftspartners, vor allem dann, wenn sie spezifische Investitionen im Zusammenhang mit der Geschäftsbeziehung tätigen. „Therefore, risk management actions that reduce the likelihood of a firm failing will increase the willingness of suppliers to enter into long-term contracts and make investments in equipment and product development that benefit the buying firm." (*Kaen* (2000), S. 254).

Gerade diese zweitgenannte Erklärung ist im Kontext von Supply Chains von besonderer Bedeutung. Ein wirksames Risikomanagement kann dazu beitragen, die Attraktivität eines Unternehmens bzw. einer Supply Chain als Geschäftspartner zu erhöhen und dadurch die Wettbewerbsposition stärken. Unternehmensübergreifendes Risikomanagement unterstützt zudem den Abbau von Informationsasymmetrien zwischen den Partnern in der Supply Chain, indem Risiken gemeinsam identifiziert und kommuniziert werden. Durch die auf diese Weise erhöhte Transparenz über die Risikosituation in der Supply Chain können Agency-Konflikte reduziert und die beim Leistungsaustausch anfallenden Transaktionskosten für die Analyse von Risiken gesenkt werden.

Diese positiven Effekte lassen sich auch aus einer anderen theoretischen Perspektive, den Erfolgsfaktoren partnerschaftlicher Kunden-Lieferanten-Beziehungen, betrachten. Verschiedene empirische Studien haben z.B. Koordination, Commitment, Vertrauen, Kommunikation, gemeinsame Planung und Problemlösung als wichtige Faktoren für den Erfolg kooperativer Geschäftsbeziehungen nachgewiesen (z.B. *Mohr/Spekman* (1994); *Wertz* (2000)). Um diese Faktoren zu fördern, kommt einem unternehmensübergreifenden Risikomanagement eine bedeutsame Rolle zu. Es intensiviert die Abstimmung zwischen den Unternehmen, ist ein Zeichen für Commitment[16], da potenzieller Schaden für die Supply Chain vermieden werden soll, und kann das Vertrauen in die Partnerschaft stärken, sofern der Informationsaustausch über die Risiken als fair empfunden wird (*Handfield/Nichols* (1999), S. 83ff; *Tomkins* (2001), S. 170f). Vertrauen ist allerdings nicht nur ein mögliches Ergebnis eines unternehmensübergreifenden Risikomanagements, sondern auch eine wesentliche Voraussetzung, die den Austausch sensibler Risikoinformationen in der Regel erst ermöglicht und dadurch auch die Kommunikation verbessert. Wesentlich erscheint zudem, dass ein unternehmensübergreifendes Risikomanagement ein Potenzial bietet, die gemeinsame Planung zu intensivieren und Regeln zur kooperativen Lösung von Konflikten, die aus dem Eintritt von Risiken resultieren können, zu vereinbaren.

Zusammenfassend lässt sich damit festhalten, dass dem Risikomanagement sowohl auf Unternehmens- als auch auf Supply Chain Ebene aus theoretischer Sicht eine hohe Bedeutung beizumessen ist. Es trägt zum Abbau von Informationsasymmetrien in der Supply Chain bei, führt dadurch für die einzelnen Unternehmen auch zu einem profunderen Verständnis der in der Supply Chain vor- oder nachgelagerten Partner, unterstützt die Erreichung der Supply Chain Ziele und kann – faires Verhalten der Beteiligten vorausgesetzt – positiv auf die Geschäftsbeziehungen wirken. Auf der Grundlage dieser Überlegungen werden im Folgenden mögliche Ansätze und Instrumente für das Risikomanagement in der Supply Chain dargestellt.

3. Ansätze zum Risikomanagement in der Supply Chain

Grundlegend für das Risikomanagement in der Supply Chain ist das Risikomanagement in den einzelnen Unternehmen, dessen Aktionsraum sich durch eine kooperative Risikohandhabung auf der Supply Chain Ebene erweitert. Dabei kann das Ausmaß, in dem die Unternehmen bei der Analyse, Steuerung und Kontrolle von Risiken auf der Supply Chain Ebene zusammenarbeiten, variieren. Dementsprechend lassen sich idealtypisch drei Ansätze zum Risikomanagement in der Supply Chain differenzieren, deren Grenzen in der praktischen Ausgestaltung fließend sind (*Kajüter* (2003)):

- Risikomanagement in der Beschaffung ist Teil des Risikomanagements eines einzelnen Unternehmens. Es handelt sich dabei um den Teilbereich, von dem vorrangig von der Supply Chain ausgehende Risiken betrachtet werden.[17] Im Mittelpunkt stehen Risiken, welche die Erreichung der Ziele der Beschaffung (Versorgungssicherheit, Kosten oder Qualität) gefährden. Das Risikomanagement liegt allein in der Hand des betreffenden Unternehmens.[18]
- Risikoanalysen in der Supply Chain zeichnen sich durch die gemeinsame Identifikation, Bewertung und ggf. Steuerung von Risiken durch Unternehmen verschiedener Wertschöpfungsstufen aus. Die Zusammenarbeit erfolgt dabei primär informell ohne systematische Einbindung in die Planung und Berichterstattung auf Supply Chain Ebene.
- Supply Chain Risikomanagement ist schließlich ein systematischer Ansatz zur kooperativen Analyse, Steuerung und Kontrolle sowie Kommunikation von Risiken entlang der Supply Chain. Im Gegensatz zur Risikoanalyse in der Supply Chain arbeiten die Unternehmen im Risikomanagement eng zusammen und haben einen unternehmensübergreifenden Prozess des Risikomanagements auf Supply Chain Ebene eingerichtet, der integraler Bestandteil der gemeinsamen Planungs- und Kontrollprozesse ist.[19]

Welcher dieser Ansätze im Einzelfall zweckmäßig ist, hängt im Wesentlichen von der Art der Geschäftsbeziehung zwischen den Unternehmen in der Supply Chain ab. Die Art der Geschäftsbeziehung wird dabei wiederum durch deren Bedeutung und durch die Phase der Netzwerkbildung bestimmt. So kann ein Risikomanagement in der Beschaffung ein effektiver Ansatz sein, um in den frühen Phasen der Netzwerkbildung die richtigen Partner für eine engere Zusammenarbeit auszuwählen oder Risiken in der Supply Chain zu analysieren, die aus Unternehmen resultieren, mit denen nur transaktionsorientierte Beziehungen bestehen. Supply Chain Risikomanagement erfordert auf der anderen Seite eine sehr enge, vertrauensvolle Zusammenarbeit und die Existenz gemeinsamer Planungsprozesse, in denen die Ziele der Supply Chain festgelegt werden. Es ist daher ein kooperativer Ansatz zum Risikomanagement für integrierte Supply Chains, die sich durch eine hohe Kooperationsintensität und ein hohes Maß an gegenseitigem Vertrauen auszeichnen. Tabelle 1 fasst die Merkmale der drei Ansätze im Überblick zusammen.

Wie in anderen Bereichen des Supply Chain Managements müssen Unternehmen somit auch in Bezug auf das Risikomanagement entscheiden, welche anderen Unternehmen wie intensiv in ein unternehmensübergreifendes Risikomanagement einbezogen werden sollen (*Cooper/Lambert/Pagh* (1997), S. 9). Da diese Entscheidung je nach Geschäftsbeziehung und Phase der Netzwerkbildung anders ausfällt, können die drei Ansätze innerhalb einer Supply Chain durchaus parallel verfolgt werden. Zudem liegt es nahe, die Risikomanagementaktivitäten mit zunehmender Kooperationsintensität und Erfahrung in der gemeinsamen Analyse und Steuerung von Risiken schrittweise von der Beschaffung im Unternehmen über unternehmensübergreifende Risikoanalysen zu einem integrierten Supply Chain Risikomanagement weiterzuentwickeln.

Merkmal \ Ansatz	Risikomanagement in der Beschaffung	Risikoanalyse in der Supply Chain	Supply Chain Risikomanagement
Fokus des Risikomanagements	eigenes Unternehmen	eigenes Unternehmen	Supply Chain
Kooperationsintensität im Risikomanagement	gering	mittel	hoch
Austausch von Risikoinformationen	gar nicht	unregelmäßig, informell	regelmäßig, formell
Informationsasymmetrien in Bezug auf Risiken	hoch	mittel	gering
Art der Beziehung zwischen Unternehmen	transaktionsorientiert	partnerschaftlich	partnerschaftlich
Phase der Netzwerkbildung	Aufbau von Beziehungen (Auswahl von Partnern)	Intensivierung der Beziehungen	etablierte Beziehungen (integriertes Netzwerk)
Ziele und Planungsprozesse für die Supply Chain	nicht vorhanden	nicht vorhanden	vorhanden
Notwendiges Vertrauen zwischen den Unternehmen	gering	mittel	hoch

Tabelle 1: Ansätze zum Risikomanagement in der Supply Chain

Während Risikoanalysen in der Supply Chain keiner dauerhaften institutionellen Verankerung auf der Supply Chain Ebene bedürfen, ist eine solche für das Supply Chain Risikomanagement erforderlich. Die Art und Weise der Institutionalisierung wird dabei vor allem von der Koordinationsform der Supply Chain abhängen. In hierarchisch koordinierten Supply Chains kann z.B. das fokale Unternehmen den Prozess des Risikomanagements zwischen den beteiligten Unternehmen initiieren, moderieren und durch entsprechende Vorgaben standardisieren. Alternativ könnte ebenso ein eigenständiges Gremium für das Risikomanagement auf Supply Chain Ebene eingerichtet werden, das sich aus Vertretern der beteiligten Unternehmen zusammensetzt. Bei heterarchisch koordinierten Supply Chains ist zwischen einem solchen Gremium, einer abwechselnden Führung oder ggf. auch einem neutralen Dienstleister zu entscheiden. Welche dieser Optionen im Einzelfall zweckmäßig ist, dürfte wesentlich von der Institutionalisierung des Supply Chain Controlling bestimmt werden, da hierfür ähnliche Entscheidungen zu treffen sind (*Weber/Bacher/Groll* (2002a), S. 166) und das Supply Chain Risikomanagement in die Controllingprozesse zu integrieren ist.

Neben der institutionellen Verankerung stellt sich weiterhin die Frage nach der methodischen Unterstützung des Risikomanagements in der Supply Chain. Dieser Frage wird im folgenden Abschnitt ausführlich nachgegangen.

4. Methodische Unterstützung des Risikomanagements

4.1. Überblick über ausgewählte Instrumente

Für das Risikomanagement in Unternehmen ist eine Vielzahl von Instrumenten entwickelt worden, die in der Literatur eingehend dargestellt sind.[20] Im Gegensatz dazu mangelt es bislang an Methoden für das unternehmensübergreifende Risikomanagement. Da dieses auf dem unternehmensinternen aufbaut, liegt es nahe zu prüfen, ob die traditionellen Instrumente des Risikomanagements auch im Supply Chain Kontext anwendbar sind, ob und wie sie ggf. an dessen spezifische Anforderungen anzupassen sind, oder ob neue Methoden erforderlich sind. Letzteres erscheint zumindest für die hier nicht näher betrachteten Netzwerkrisiken der Fall.

Tabelle 2 zeigt einige ausgewählte Instrumente des Risikomanagements, die im Unternehmen und speziell in der Beschaffung eingesetzt werden (Spalte 2). Sie lassen sich schwerpunktmäßig den einzelnen Phasen des Risikomanagement-Prozesses bzw. den Aufgaben des Risikomanagements zuordnen. So dienen Risiko-Checklisten und Frühaufklärungssysteme vor allem zur systematischen Risikoidentifikation. Bei Risiko-Checklisten handelt es sich um einfach zu handhabende, individuell gestaltbare Erhebungs- oder Prüfraster, die eine einheitliche Vorgehensweise bei der Risikoidentifikation sicherstellen (*Burger/Buchhart* (2002), S. 82ff). Ihre Anwendung im unternehmensübergreifenden Kontext erscheint unproblematisch, sofern die notwendigen inhaltlichen Anpassungen vorgenommen werden (*Hallikas u.a.* (2002), S. 7). Checklisten bergen jedoch die Gefahr, dass bei einer unreflektierten Abarbeitung der Fragen nur bekannte Risiken hinterfragt werden und Veränderungen im Umfeld unberücksichtigt bleiben. Frühaufklärungssysteme stellen dagegen mit Hilfe von Indikatoren eine kontinuierliche Suche in festgelegten Beobachtungsbereichen sicher und signalisieren bei Über- bzw. Unterschreiten definierter Toleranzgrenzen frühzeitig Gefahrenpotenziale (*Krystek/Müller* (1999)). Im Bereich der Beschaffung können z.B. die Rohstoffpreise einen derartigen Indikator darstellen (*Redl* (1995)). Für Supply Chains steht die Entwicklung analoger Systeme bislang noch aus. Notwendig wäre dafür jedoch nicht nur die Festlegung von unternehmensübergreifenden Indikatoren, sondern auch die Etablierung fester Kommunikationskanäle über die Unternehmensgrenzen hinweg. Daher dürften Supply Chain Frühwarnsysteme nur im Rahmen des Supply Chain Risikomanagements anwendbar sein.

Ansatz Aufgabe	Unternehmensintern Risikomanagement in der Beschaffung	Unternehmensübergreifend	
		Risikoanalyse in der Supply Chain	Supply Chain Risikomanagement
Risikoidentifikation	Risiko-Checklisten	Ja, bei Anpassung	Ja, bei Anpassung
	Frühaufklärungssystem	Nein, ungeeignet	Ja, bei Weiterentwicklung
Risikobewertung	Risk Maps	Ja, bei Weiterentwicklung	Ja, bei Weiterentwicklung
	Risiko-Scoring-Modell	Ja, bei Anpassung	Ja, bei Anpassung
	Sensitivitätsanalyse	Ja	Ja
	Risikosimulation	Ja	Ja
Risikokontrolle	Balanced Risk Scorecard	Nein, ungeeignet	Ja, bei Weiterentwicklung

Tabelle 2: Eignung ausgewählter Risikomanagement-Instrumente zur Anwendung beim unternehmensübergreifenden Risikomanagement in der Supply Chain

Zur Risikobewertung haben sich in Unternehmen sog. Risk Maps bewährt. Sie visualisieren das Portfolio an Einzelrisiken im Hinblick auf Eintrittswahrscheinlichkeit und potenziellen Schaden. Risk Maps können für das Gesamtunternehmen oder einzelne Bereiche, wie z.B. die Beschaffung, erstellt werden. Ihre Anwendung ist auch auf der Supply Chain Ebene grundsätzlich denkbar, allerdings bedarf es dazu im Detail einer Weiterentwicklung für den unternehmensübergreifenden Kontext (vgl. Abschnitt 4.2).

Risiko-Scoring-Modelle dienen ebenfalls der Risikobewertung (*Burger/Buchhart* (2002), S. 157ff). Sie ermöglichen eine aggregierte Bewertung unterschiedlicher Einzelrisiken und erlauben dadurch einen Vergleich zwischen verschiedenen risikobehafteten Objekten. In der Beschaffung können Risiko-Scoring-Modelle beispielsweise zur Bewertung der mit einem Lieferanten verbundenen Risiken genutzt werden, indem die relevanten Risikobereiche (z.B. Qualität, Liefertreue, finanzielle Stabilität) mit Punkten bewertet und diese Punktwerte anschließend mit zuvor festgelegten Gewichtungen zu einem Gesamtwert verdichtet werden. Aufgrund ihrer flexiblen Einsatzmöglichkeiten erscheint eine analoge Anwendung von Risiko-Scoring-Modellen auf der Supply Chain Ebene möglich.

Weiterhin werden in Unternehmen Sensitivitätsanalysen und Risikosimulationen genutzt, um Risiken von Investitionsprojekten zu bewerten. Während Sensitivitätsanalysen immer nur ein einzelnes Risiko betrachten und dessen Wirkung auf eine Zielgröße (z.B. Kapitalwert) aufzeigen, werden bei Risikosimulationen mehrere Risiken gleichzeitig berücksichtigt und aggregiert bewertet. Beide Instrumente eignen sich grundsätzlich auch für den Einsatz auf der Supply Chain Ebene (vgl. Abschnitt 4.3).

Für die laufende Kontrolle und das Reporting von Risiken sind in der Literatur verschiedene Vorschläge für eine inhaltliche und strukturelle Modifikation der traditionellen Balanced Scorecard vorgelegt worden (z.B. *Weber/Weißenberger/Liekweg* (1999), S.

31f). Die jeweils individuell bezeichneten Konzepte sollen hier unter dem Begriff risikoorientierte Balanced Scorecard subsumiert werden. Eine risikoorientierte Balanced Scorecard wurde für Supply Chains bislang nicht entwickelt. Anknüpfend an die Diskussion zur Anpassung der traditionellen Balanced Scorecard für Supply Chains (z.B. *Stölzle/Heusler/Karrer* (2001), S. 80ff) liegt es jedoch nahe, hierin auch Risikoinformationen zu integrieren (vgl. Abschnitt 4.4). Eine derartige risikoorientierte Supply Chain Balanced Scorecard dürfte nur zur Unterstützung eines Supply Chain Risikomanagements geeignet sein, da sie die Formulierung gemeinsamer Ziele voraussetzt.

Neben diesen speziell für das Risikomanagement konzipierten Instrumenten werden in Unternehmen im Rahmen der Identifikation, Bewertung und Kontrolle von Risiken vielfach auch allgemeine Controlling- bzw. Management-Instrumente genutzt (*Götze/Mikus* (2001); *Pfohl* (2002), S. 13ff). Beispiele hierfür sind die Szenariotechnik oder das Modell der „Five Forces". Darüber hinaus lassen sich im Bereich des Supply Chain Managements Methoden finden, die das Risikomanagement unterstützen. Dazu gehören z.B. Supply Chain Maps oder das Beanspruchungs-/Belastbarkeitsportfolio. Während erstere einen Überblick über die Struktur der Supply Chain geben, dient letzteres dazu, für die einzelnen Abschnitte einer Supply Chain die aus dem Unternehmensumfeld resultierende Beanspruchung (z.B. in Form von Dynamik) der durch die Gestaltung der Supply Chain mögliche Belastbarkeit (z.B. durch Flexibilität) gegenüberzustellen (*Kaufmann/Germer* (2001), S. 86ff). Auf diese Weise stellt das Portfolio aus unternehmensspezifischer Sicht die einzelnen Abschnitte der Supply Chain differenziert dar und zeigt die besonders kritischen Bereiche (hohe Beanspruchung – geringe Belastbarkeit) auf.

Dieser kurze Überblick verdeutlicht, dass einige der traditionellen Instrumente des Risikomanagements auch unternehmensübergreifend anwendbar sind, während für andere dagegen eine Weiterentwicklung bzw. Anpassung an den Supply Chain Kontext notwendig ist. Um dazu mögliche Lösungsansätze darzustellen, werden nachfolgend drei Instrumente für das unternehmensübergreifende Risikomanagement detaillierter betrachtet:

- das Supply Chain Risikoportfolio als eine Weiterentwicklung der Risk Maps,
- die Supply Chain Risikosimulation als eine Anwendung eines traditionellen Instrumentes im unternehmensübergreifenden Kontext sowie
- die risikoorientierte Supply Chain Balanced Scorecard als eine Modifikation der herkömmlichen Balanced Scorecard.

4.2. Supply Chain Risikoportfolio

Im Rahmen der Bewertung von Risiken werden in Unternehmen häufig sog. Risk Maps eingesetzt. Hierbei handelt es sich um Portfolios, in denen die identifizierten Einzelrisiken gemäß ihrer Eintrittswahrscheinlichkeit und ihrem potenziellen Schaden dargestellt sind. Die beiden Dimensionen können sowohl ordinal als auch numerisch skaliert werden. Dabei ist zu berücksichtigen, dass die Wesentlichkeitsgrenzen für die Schadenshöhe (in der Regel bezogen auf das geplante Betriebsergebnis) stets individuell festzulegen sind, denn ein Schadenspotenzial von z.B. 5 Mio. € mag für ein großes Unternehmen eher gering sein, für ein kleines dagegen bereits wesentlich.

Dargestellt werden in der Risk Map nur Nettorisiken. Bei dem in Abbildung 1 dargestellten Beispiel wurde z.B. beim Lieferanten die potenzielle Schadenshöhe von Risiko 3 (Werkzeugbruch) bereits durch eine Maßnahme reduziert (Bereitstellung eines Ersatzwerkzeuges). Aus der Einordnung der Risiken wird deren unterschiedliche Bedeutung für das Unternehmen ersichtlich. So können beispielsweise A-, B- und C-Risiken differenziert werden, wobei vor allem für A-Risiken (weitere) Maßnahmen zur Risikosteuerung zu erwägen sind. Obgleich sich das Instrument der Risk Map in der Unternehmenspraxis aufgrund seiner einfachen Handhabung bewährt hat, ist dessen analoge Anwendung auf der Supply Chain Ebene nicht möglich, da die Risikotragfähigkeit der beteiligten Unternehmen in der Regel unterschiedlich ist und somit keine einheitliche Wesentlichkeitsgrenze für die Supply Chain definiert werden kann. Möglich erscheint dagegen die Erstellung eines auf den Risk Maps der Unternehmen aufbauenden Supply Chain Risikoportfolios (*Kajüter* (2003)). Dieses Instrument dient dazu, die Relevanz der auf Unternehmensebene ermittelten Risiken aus Sicht der Supply Chain zu bewerten und einen Überblick über wesentliche Supply Chain Risiken zu geben (vgl. Abbildung 1).

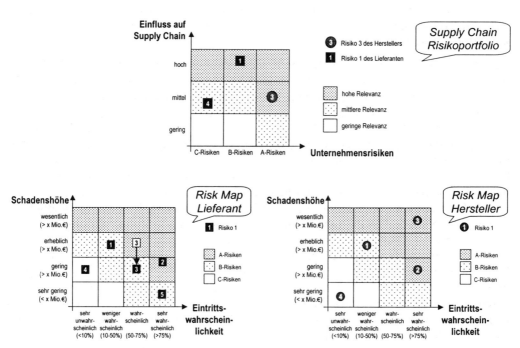

Abbildung 1: Risk Maps und Supply Chain Risikoportfolio

Die erste Dimension des Supply Chain Risikoportfolios bilden die Unternehmensrisiken, deren Klassifikation in A-, B- und C-Risiken auf den Risk Maps der Unternehmen beruht. Mit der zweiten Dimension werden die möglichen Auswirkungen der Unternehmensrisiken auf die Supply Chain erfasst. Diese Auswirkungen sind im Rahmen der gemeinsamen Risikoanalyse von den Partnern der Supply Chain abzuschätzen. Im einfachen Fall einer dyadischen Beziehung beschränkt sich der Einfluss auf ein in der Supply Chain vor- bzw. nachgelagertes Unternehmen. So zeigt z.B. Abbildung 1 exemplarisch, dass das Risiko 1 des Lieferanten für diesen zwar nur eine mittlere Bedeutung hat (B-Risiko), der Risikoeintritt beim Hersteller jedoch einen hohen Schaden bewirken würde, so dass dem Risiko aus Supply Chain Sicht eine hohe Relevanz beizumessen ist.

Das Supply Chain Risikoportfolio verdeutlicht somit vor allem die kumulativen Effekte von Risiken über die Unternehmensgrenzen hinweg. Auf diese Weise erhöht es die Transparenz über die Risikosituation der Supply Chain und bietet eine Grundlage für die gemeinsame Planung von Maßnahmen zur Risikosteuerung. Notwendig ist dafür eine gewisse Standardisierung der Risikobewertung auf Unternehmensebene. Beispielsweise erfordert die Erstellung eines Supply Chain Risikoportfolios, dass alle beteiligten Unternehmen zwischen A-, B- und C-Risiken unterscheiden. Dies ist umso schwieriger zu realisieren, desto mehr Unternehmen in die Analyse einbezogen werden. Ebenso stellt die Beurteilung der Risikowirkungen über mehrere Unternehmen eine schwierige Aufgabe dar, so dass im Einzelfall abzuwägen ist, welche Stufen der Supply Chain im Risikoportfolio erfasst werden sollen.

Bei der Interpretation des Supply Chain Risikoportfolios ist darüber hinaus zu bedenken, dass es sich um eine statische Abbildung der Risikosituation handelt, Risiken sich jedoch im Zeitablauf sowohl hinsichtlich ihrer Eintrittswahrscheinlichkeit als auch ihrer potenziellen Auswirkungen verändern können. Weiterhin werden – wie auch in den Risk Maps auf Unternehmensebene – Wechselwirkungen zwischen verschiedenen im Portfolio dargestellten Supply Chain Risiken vernachlässigt. Durch die Verdichtung der Informationen gehen zudem Einzelaspekte unter. So ist z.B. im Supply Chain Risikoportfolio bei den A-Risiken der Unternehmen nicht ersichtlich, ob es sich um Risiken mit hohem Schadenspotenzial und geringer Eintrittswahrscheinlichkeit oder um Risiken mit mittlerem Schadenspotenzial und hoher Eintrittswahrscheinlichkeit handelt. Schließlich ist darauf hinzuweisen, dass die Einordnung der Risiken in die Portfolios sowohl auf Unternehmens- als auch auf Supply Chain Ebene durch ein hohes Maß an Subjektivität geprägt ist (z.B. im Hinblick auf die Einschätzung der Eintrittswahrscheinlichkeit, des Schadensausmaßes, der Schwellen für die Klassifikation in A-, B- und C-Risiken). Aufgrund dieser Begrenzungen kann ein Supply Chain Risikoportfolio nur einen groben Überblick über die Risikosituation geben und auf besonders kritische Gefahrenpotenziale aufmerksam machen. Für die Ableitung konkreter Handlungsempfehlungen sind weitergehende Analysen erforderlich.

4.3. Supply Chain Risikosimulation

Risikosimulationen (Risikoanalysen) sind seit langem zur Bewertung von Risiken im Rahmen von Investitionsentscheidungen bekannt und werden in Unternehmen vor allem bei größeren Investitionsprojekten eingesetzt (*Linnhoff/Pellens* (2002), S. 165ff). Voraussetzung ist, dass Wahrscheinlichkeitsverteilungen für die unsicheren Größen der Investitionsplanung vorliegen (z.B. Absatzpreis, Absatzmenge), aus denen sich eine Wahrscheinlichkeitsverteilung für die Zielgröße (z.B. Kapitalwert) ableiten lässt. Im Rahmen einer Monte-Carlo-Simulation wird dann durch einen Zufallszahlengenerator aus dem Wertebereich der Wahrscheinlichkeitsverteilungen jeweils ein Wert für jede unsichere Einflussgröße ermittelt und der sich ergebende Kapitalwert berechnet. Nach einer hinreichend großen Zahl an Simulationsläufen entsteht eine Häufigkeitsverteilung der Zielgröße. Wird diese als kumulative Wahrscheinlichkeitsverteilung in Form eines Risikoprofils dargestellt, ist die Wahrscheinlichkeit dafür erkennbar, dass ein bestimmter Wert der Zielgröße (z.B. Kapitalwert von null) erreicht oder unterschritten wird. Ferner können Mittelwert, Minimum und Maximum der Zielgröße bestimmt werden. Auf diese Weise wird den Entscheidungsträgern das mit dem Investitionsprojekt verbundene Gesamtrisiko transparent gemacht.

Werden in einer Supply Chain Investitionen getätigt, an denen mehrere Unternehmen in unterschiedlicher Weise beteiligt sind, so liegt es nahe, die Methode der Risikosimulation auch in diesem unternehmensübergreifenden Kontext anzuwenden. Zerlegt man das Gesamtprojekt der Supply Chain in einzelne unternehmensbezogene Teilprojekte, dann lässt sich durch eine Supply Chain Risikosimulation sowohl das Risikoprofil der Gesamtinvestition als auch diejenigen der von den Partnern übernommenen Teilprojekte ermitteln. Eine derartige Risikobewertung erhöht nicht nur die Transparenz auf der Supply Chain Ebene, sondern ermöglicht es auch, Unterschiede in der Risikosituation der involvierten Unternehmen aufzudecken und im Rahmen der zu treffenden Vereinbarungen entsprechend zu berücksichtigen. Dies wird nachfolgend an einem vereinfachten Beispiel illustriert.[21]

Ein Hersteller plant die Entwicklung eines neuen Produktes, für das eine bedeutsame Komponente benötigt wird, die von einem Lieferanten parallel entwickelt und später gefertigt wird. Dafür sind bei beiden Unternehmen Investitionen in Höhe von jeweils 500.000 € erforderlich. Nach der Markteinführung entstehen in den Jahren 1 bis 3 weitere Auszahlungen, die ebenso wie die geplanten Absatzpreise und -mengen in Tabelle 3 (oben) genannt sind. Auf der Grundlage dieser Daten ergibt sich für das Gesamtprojekt der Supply Chain bei einem Kalkulationszins von 10% ein Kapitalwert von 101.157 € sowie ein interner Zins von 15,5%.

Hersteller und Lieferant einigen sich darauf, dass der Preis für die Komponente so festgesetzt werden soll, dass beide Partner dieselbe Rendite erwirtschaften. Dies ist bei einem Preis, der von 8,10 € über 8,13 € auf 8,15 € steigt, gegeben. In diesem Fall erzielen beide Unternehmen einen internen Zins von 15,5% bzw. einen annähernd gleich hohen Kapitalwert von ca. 58.580 € (vgl. Tabelle 3, mittlerer und unterer Teil).

Gesamtprojekt der Supply Chain						Kalk.zins	10,0%
Jahr	Auszahlungen Lieferant	Auszahlungen Hersteller	Absatzmenge	Absatzpreis Endprodukt	Einzahlungen	Cashflow	Cashflow diskontiert
0	-500.000	-500.000				-1.000.000	-1.000.000
1	-100.000	-200.000	36.000	19,00	684.000	384.000	349.091
2	-75.000	-225.000	39.000	20,00	780.000	480.000	396.694
3	-75.000	-250.000	38.000	21,00	798.000	473.000	355.372
						Kapitalwert	101.157
						Interner Zins	15,5%
Teilprojekt Lieferant						Kalk.zins	10,0%
Jahr	Auszahlungen Lieferant		Absatzmenge	Absatzpreis Komponente	Einzahlungen	Cashflow	Cashflow diskontiert
0	-500.000					-500.000	-500.000
1	-100.000		36.000	8,10	291.600	191.600	174.132
2	-75.000		39.000	8,13	317.070	242.070	200.058
3	-75.000		38.000	8,15	309.700	234.700	176.334
						Kapitalwert	50.573
						Interner Zins	15,5%
Teilprojekt Hersteller						Kalk.zins	10,0%
Jahr	Auszahlungen an Lieferant	Auszahlungen Hersteller	Absatzmenge	Absatzpreis Endprodukt	Einzahlungen	Cashflow	Cashflow diskontiert
0		-500.000				-500.000	-500.000
1	-291.600	-200.000	36.000	19,00	684.000	192.400	174.909
2	-317.070	-225.000	39.000	20,00	780.000	237.930	196.636
3	-309.700	-250.000	38.000	21,00	798.000	238.300	179.038
						Kapitalwert	50.584
						Interner Zins	15,5%

Tabelle 3: Investitionsrechnung für Gesamtprojekt und Teilprojekte

Diese auf den ersten Blick faire Vereinbarung berücksichtigt jedoch nicht das mit dem Investitionsprojekt verbundene Risiko. Werden die Absatzpreise und -mengen des Endproduktes durch verschiedene Risikofaktoren beeinflusst (z.B. Kunden- und Wettbewerbsverhalten, Konjunktur), eine Gleichverteilung der Absatzpreise um +/- 10% von dem geplanten Wert und eine Normalverteilung der Absatzmengen unterstellt sowie alle anderen Einflussgrößen als sicher angenommen, so zeigt eine Supply Chain Risikosimulation, dass sich dieses Risiko auf beide Unternehmen unterschiedlich verteilt: Der Lieferant kann mit einer Wahrscheinlichkeit von 87,9% damit rechnen, einen positiven Kapitalwert zu erzielen, der Hersteller dagegen nur mit einer Wahrscheinlichkeit von 71,3%.[22] Zudem ist der maximal mögliche Verlust beim Hersteller erheblich höher als beim Lieferanten; dem steht allerdings auch die Chance auf einen höheren maximalen Kapitalwert (C_0) gegenüber (vgl. Tabelle 4).

Instrumente zum Risikomanagement in der Supply Chain

	Gesamtprojekt Supply Chain	Teilprojekt Lieferant	Teilprojekt Hersteller
Mittelwert C_0	101.896	50.465	51.761
Minimum C_0	-307.464	-123.731	-209.142
Maximum C_0	561.173	179.764	355.705
Wahrscheinlichkeit $C_0 > 0$	79,1%	87,9%	71,3%
Interner Zins	15,5%	15,5%	15,5%

Tabelle 4: Supply Chain Risikosimulation (Fall 1: gleiche Rendite)

Um diese ungleiche Risikoverteilung zu berücksichtigen, könnten Hersteller und Lieferant den Preis für die Komponente auch so vereinbaren, dass beide mit derselben Wahrscheinlichkeit einen positiven Kapitalwert erzielen. Eine erneute Supply Chain Risikosimulation zeigt, dass die Investition für beide Partner mit der etwa gleichen Wahrscheinlichkeit von rund 77% vorteilhaft wäre, wenn sie einen über die drei Perioden konstanten Preis von 7,93 € für die Komponente festlegen würden. In diesem Fall würde der Hersteller für die Möglichkeit eines höheren Verlustes durch eine höhere Rendite entlohnt (vgl. Tabelle 5).

	Gesamtprojekt Supply Chain	Teilprojekt Lieferant	Teilprojekt Hersteller
Mittelwert C_0	98.124	32.190	67.789
Minimum C_0	-253.425	-122.094	-191.671
Maximum C_0	524.023	162.834	484.703
Wahrscheinlichkeit $C_0 > 0$	79,0%	77,7%	76,8%
Interner Zins	15,5%	13,5%	17,4%

Tabelle 5: Supply Chain Risikosimulation (Fall 2: gleiche Wahrscheinlichkeit)

Die Supply Chain Risikosimulation ermöglicht eine aggregierte Bewertung des Gesamtrisikos. Sie erhöht die Transparenz über die ökonomischen Konsequenzen des Investitionsprojektes, ohne eine eindeutige Aussage über dessen Vorteilhaftigkeit zu machen. Für die Entscheidung über die Annahme oder Ablehnung des Projektes ist vielmehr die individuelle Risikoeinstellung der Entscheider maßgeblich. In den Verhandlungen zwischen Hersteller und Lieferant kann die Supply Chain Risikosimulation zu einer integrierten Rendite-Risiko-Betrachtung beitragen und eine Grundlage für faire Verhandlungen bieten. Dabei erscheint ihr Einsatz sowohl im Rahmen einer Supply Chain Risikoanalyse als auch im Rahmen eines Supply Chain Risikomanagements möglich.

4.4. Risikoorientierte Supply Chain Balanced Scorecard

Im Anschluss an die Risikosteuerung ist die Wirksamkeit der ergriffenen Maßnahmen zu kontrollieren. Dazu wird im Schrifttum eine Weiterentwicklung der traditionellen Balanced Scorecard diskutiert (*Weber/Weißenberger/Liekweg* (1999); *Reichmann/Form* (2000); *Wurl/Mayer* (2001); *Broetzmann/Oehler* (2002)). Ursprünglich für die Umsetzung von Strategien entwickelt, umfasst die Balanced Scorecard vier Perspektiven (Finanzen, Kunden, Prozesse, Lernen/Entwicklung), in denen jeweils Ziele, Kennzahlen, Vorgaben und Maßnahmen genannt werden (*Kaplan/Norton* (1992)). Die Vorschläge zur Erweiterung dieses Instrumentes für Zwecke des Risikomanagements reichen von einer inhaltlichen Ergänzung der Ziele, Kennzahlen, Vorgaben und Maßnahmen um die wesentlichen Risiken bis zu verschiedenen strukturellen Veränderungen des ursprünglichen Konzepts.

Parallel und bislang unabhängig von dieser Diskussion stehen Überlegungen, die Balanced Scorecard für unternehmensübergreifende Supply Chains nutzbar zu machen. Auch hier wurden unterschiedliche Vorschläge unterbreitet. Von diesen beschränken sich einige auf die Integration von unternehmensübergreifenden Kennzahlen in die bekannten vier Perspektiven (*Brewer/Speh* (2000); *Werner* (2000)), während andere darüber hinaus ebenfalls strukturelle Anpassungen an den Supply Chain Kontext vornehmen (*Stölzle/Heusler/Karrer* (2001); *Weber/Bacher/Groll* (2002b)).

Diese beiden Entwicklungslinien der Balanced Scorecard gilt es für ein unternehmensübergreifendes Risikomanagement in der Supply Chain zusammenzuführen. Dabei stellt sich die Frage, welche der Vorschläge aus den beiden Bereichen miteinander integriert werden sollen. Mangels Anwendungserfahrungen, die die Vorteilhaftigkeit des einen oder anderen Konzepts dokumentieren, ist es erforderlich, auf andere Kriterien zurückzugreifen. Wählt man dafür die Berücksichtigung der spezifischen Supply Chain Anforderungen und die Einfachheit in der Handhabung, so erscheint es zweckmäßig, eine strukturell an die Supply Chain Erfordernisse angepasste Balanced Scorecard um die wesentlichen Risiken zu ergänzen. Dazu kommen grundsätzlich sowohl die von *Stölzle*, *Heusler* und *Karrer* als auch die von *Weber*, *Bacher* und *Groll* entwickelte Supply Chain Balanced Scorecard in Betracht. Während erstere eher die unternehmensübergreifenden Waren-, Informations- und Geldflüsse in den Mittelpunkt stellt, hebt letztere neben der Finanz- und Prozessperspektive die Kooperationsintensität und Kooperationsqualität besonders hervor, womit die Netzwerkbeziehungen verstärkte Aufmerksamkeit erlangen. Angesichts der hier im Vordergrund stehenden, auf den Waren- und Informationsfluss einwirkenden Risiken erscheint der Ansatz von *Stölzle*, *Heusler* und *Karrer* geeigneter.[23] Er wird daher mit dem auf einzelne Unternehmen bezogenen Vorschlag von *Weber*, *Weißenberger* und *Liekweg* zur Ergänzung der Risiken in die Balanced Scorecard verknüpft (*Weber/Weißenberger/Liekweg* (1999)).[24]

Abbildung 2 zeigt – stark vereinfacht – eine strukturell und inhaltlich angepasste Balanced Scorecard für eine Supply Chain. Da sich die unmittelbaren Kunden- und Lieferantenbeziehungen für jedes Unternehmen in der Supply Chain unterschiedlich darstellen, sind die Kunden- und eine ebenso relevante Lieferantenperspektive auf der Unternehmensebene individuell auszugestalten (*Stölzle/Heusler/Karrer* (2001), S. 82f). Demgegenüber enthalten die Finanz-, Prozess- und Lern- bzw. Entwicklungsperspektive Ziele, die sich auf die gesamte Supply Chain beziehen. Dies gilt analog auch für die Kennzahlen, mit denen die Zielerreichung gemessen wird. Beispielsweise kann das Ziel einer Gesamtkostensenkung in der Supply Chain durch die unternehmensübergreifenden Prozesskosten oder die Cash-to-Cash Cycle Time (Zeit zwischen dem Abfluss liquider Mittel für Rohstoffe und dem Rückfluss durch den Verkauf des Endproduktes) operationalisiert werden. Diese Inhalte sowie die konkreten Vorgaben und Maßnahmen sind um die identifizierten Risiken zu ergänzen. So könnte z.B. die angestrebte Kostensenkung durch die Markteinführung eines Konkurrenzproduktes nicht erreichbar sein, weil in diesem Fall mit einem Absatzrückgang und erhöhten Beständen an Endprodukten zu rechnen ist. Derartige, als wesentlich beurteilte Risiken können dann im Rahmen einer auf der Supply Chain Balanced Scorecard aufbauenden Berichterstattung verfolgt werden.

Perspektive	Ziele	Kennzahlen	...	Risiken
Finanzen	Gesamtkostensenkung in der Supply Chain	Supply Chain Prozesskosten; Cash-to-Cash Cycle Time	...	Markteinführung eines Konkurrenzproduktes
Prozesse	Reduzierung von nicht wertschöpfenden Prozesszeiten	Supply Chain Cycle Time	...	Werkzeugbruch, Qualitätsmängel
Lernen/Entwicklung	Verbesserung des Datenaustausches	Anzahl gemeinsamer Datensätze	...	Ausfall der IT-Systeme

Abbildung 2: Risikoorientierte Supply Chain Balanced Scorecard

Die Implementierung einer um Risiken erweiterten Supply Chain Balanced Scorecard erfordert, dass sich die beteiligten Unternehmen auf übernehmensübergreifende Ziele für die Supply Chain verständigen und eine gemeinsame Supply Chain Strategie definieren. Eine solche Strategieentwicklung auf Supply Chain Ebene findet in der Praxis bislang jedoch eher selten statt (*Stölzle/Heusler/Karrer* (2001), S. 76), weshalb das Anwendungspotenzial der risikoorientierten Supply Chain Balanced Scorecard wohl vorerst beschränkt bleibt. Um diesen unbefriedigenden Zustand zu überwinden, wären künftig verstärkte Forschungsarbeiten notwendig, die zum einen die Probleme der Entwicklung und Umsetzung von Strategien in Supply Chains umfassend analysieren und zum anderen mögliche Lösungsansätze für die Praxis aufzeigen. Auf diesen Erkenntnissen könnte dann auch die hier dargestellte risikoorientierte Supply Chain Balanced Scorecard aufbauen. Gleichwohl wird sich ihr Einsatz auf das Supply Chain Risk Management fokussieren, bei dem das Risikomanagement in die unternehmensübergreifenden Planungs- und Kontrollprozesse integriert ist.

5. Zusammenfassung und Ausblick

Auf der Grundlage einer engeren Zusammenarbeit mit wichtigen Lieferanten und Abnehmern haben viele Unternehmen in den letzten Jahren ihre Bemühungen verstärkt, die Material-, Waren- und Informationsflüsse unternehmensübergreifend abzustimmen und zu optimieren. Nicht zuletzt durch die Anwendung von Just-in-Time-Konzepten, Single Sourcing Strategien und dem Einsatz moderner, internet-basierter Informationstechnologien konnten dabei oftmals erhebliche Effizienz- und Effektivitätsverbesserungen erzielt werden. Eine zunehmende Zahl spektakulärer Ereignisse, die zu erheblichen Störungen der logistischen Ströme innerhalb von Supply Chains geführt haben, hat indes deutlich gemacht, dass Supply Chains häufig leicht verwundbar sind und einem systematischen Risikomanagement in der Supply Chain daher eine hohe Bedeutung zukommt.

Zur Umsetzung eines solchen Risikomanagements bestehen unterschiedliche Möglichkeiten, die in Abhängigkeit von der Art der Geschäftsbeziehung bzw. der Intensität der Zusammenarbeit verfolgt werden können. Während ein Risikomanagement in der Beschaffung allein unternehmensintern erfolgt, bieten Risikoanalysen in der Supply Chain oder ein Supply Chain Risikomanagement die Chance, durch eine unternehmensübergreifende Zusammenarbeit die Identifikation und Steuerung von Risiken zu verbessern und die Transparenz über die Risikosituation in der Supply Chain zu erhöhen.

Angesichts der Spezifika von Supply Chains stellt sich bei einem unternehmensübergreifenden Risikomanagement jedoch eine Reihe von Fragen. Dazu gehören z.B. die institutionelle Verankerung und die methodische Unterstützung. Letztere stand im Mittelpunkt dieses Beitrages. Dabei haben die vorstehenden Ausführungen gezeigt, dass ein Teil der traditionellen Instrumente des Risikomanagements auch auf der Supply Chain Ebene anwendbar ist, andere indes einer Weiterentwicklung bedürfen.

Theorie und Praxis stehen beim Risikomanagement in Supply Chains erst am Anfang. Weitere, vor allem auch empirische Forschungsbemühungen sind daher notwendig, um zu einem besseren Verständnis dieses komplexen Problemfeldes zu gelangen. In Anbetracht des geringen Erkenntnisstandes wären zunächst vermehrt (vergleichende) Fallstudien wünschenswert, welche z.B. die Anwendung von Methoden des Risikomanagements beschreiben oder die praktischen Probleme bei der Implementierung eines unternehmensübergreifenden Risikomanagements analysieren. Darüber hinaus existieren weiterhin zahlreiche ungeklärte konzeptionelle Fragen (z.B. die Gestaltung von Frühaufklärungssystemen für Supply Chains), denen sich die Forschung auf dem Gebiet des Supply Chain Controlling künftig annehmen sollte.[25]

Anmerkungen

[1] Vgl. dazu *Coleman/Jennings* (1998); *McGillivray* (2000); *Lindroth/Norrman* (2001); *Chapman/Christopher/Jüttner/Peck/Wilding* (2002); *Martha/Subbrakrishna* (2002); *Peck/Jüttner* (2002).

[2] Zur näheren Charakterisierung von Supply Chains vgl. Abschnitt 2.2.

[3] Zum Begriff der Verwundbarkeit („vulnerability") von Supply Chains und seiner Operationalisierung aus unternehmensspezifischer Sicht vgl. *Svensson* (2000).

[4] Dies gilt in gleicher Weise für die in anderen Ländern erlassenen regulatorischen Anforderungen, z.B. den COSO Report in den USA oder den Turnbull Report in Großbritannien, welche die Problematik des unternehmensübergreifenden Risikomanagements in Supply Chains nicht aufgreifen.

[5] Vgl. für einen Überblick *Mikus* (2001), S. 5ff; *Wall* (2002), S. 382ff.

[6] Dabei wird die wirkungsbezogene Sichtweise nicht völlig ausgeschlossen. Sie steht z.B. dann im Fokus, wenn von einem „hohen Risiko", von „Risikoreduzierung" oder „Risikoteilung" gesprochen wird.

[7] Synonym werden auch die Begriffe Wertschöpfungskette, Lieferkette oder Versorgungskette verwendet. Zu unterschiedlichen Definitionen von Supply Chains vgl. den Überblick bei *Otto* (2002), S. 89ff.

[8] Zur detaillierten Charakterisierung von Supply Chains als Netzwerke vgl. *Otto* (2002).

[9] Vgl. zu dieser engen Abgrenzung z.B. *Corsten/Gössinger* (2001).

[10] Vgl. dazu z.B. *Göpfert* (2002), S. 32; *Werner* (2002), S. 6.

[11] Vgl. dazu z.B. *Handfield/Nichols* (1999), S. 2; *Stölzle* (2002), S. 284.

[12] In diesem Sinne unterscheiden *Das/Teng* (1996) zwischen „relational risk" und „performance risk", wobei erstere die Netzwerkbeziehungen betreffen und letztere unmittelbar die Erreichung der Netzwerkziele beeinträchtigen. Für einen Überblick über Netzwerkrisiken in Form opportunistischen Verhaltens und möglichen Gegenmaßnahmen bei strategischen Allianzen vgl. *Das/Rahman* (2001).

[13] Der Risikobegriff wird hier im Sinne der Varianz der erwarteten Wertpapierrendite verwendet.

[14] Für weitere Erklärungsmuster vgl. *Pritsch/Hommel* (1997) und *Kaen* (2000).

[15] Den geringeren Agency-Kosten sind die Kosten des Risikomanagements gegenüberzustellen.

[16] Dieses Zeichen kann auch als Signaling interpretiert werden, mit dem Opportunismus reduziert und die Geschäftsbeziehung stabilisiert werden soll: vgl. dazu auch *Stölzle* (2000), S. 14.

[17] Grundsätzlich kann ein auf die Supply Chain bezogenes Risikomanagement jedoch auch von anderen Funktionsbereichen, wie z.B. vom Vertrieb, ausgehen.

[18] Vgl. dazu im Detail z.B. *Zsidisin/Ellram* (1999); *Melzer-Ridinger* (2000); *Zsidisin* (2001); *Kaufmann* (2002), S. 23f.

[19] Vgl. dazu ausführlich *Kajüter* (2003), S. 327ff.

[20] Vgl. z.B. *Burger/Buchhart* (2002), S. 63ff. Kritisch anzumerken ist, dass der Begriff „Instrument" im Schrifttum nicht eindeutig verwendet und oftmals nicht klar definiert wird. So werden häufig auch Maßnahmen der Risikosteuerung, wie z.B. der Abschluss einer Versicherung, zum Instrumentarium des Risikomanagements gezählt (vgl. z.B. *Lindroth/Norrman* (2001), *Burger/Buchhart* (2002)). Im Folgenden soll zur Konkretisierung und Abgrenzung der Instrumente an den Aufgaben des Risikomanagements angeknüpft werden, denn zwischen den Instrumenten und den Aufgaben lässt sich eine Mittel-Zweck-Beziehung herstellen: Die Instrumente (Mittel) werden zur Erfüllung der Aufgaben (Zweck) eingesetzt. Ihnen kommt dabei die Funktion zu, die im Rahmen der Aufgaben zu treffenden Entscheidungen zu unterstützen und zu fundieren. Dazu stellen sie entweder Informationen über die Risikosituation bereit oder strukturieren den Ablauf des Risikomanagements.

[21] Vgl. zu einem ähnlichen Beispiel *Tomkins* (2001), S. 187ff.

[22] Diese Werte wurden durch eine Risikosimulation mit 3.000 Simulationsläufen ermittelt, wobei nur die Absatzpreise und -mengen als unsicher angenommen wurden.

[23] Bei einer Integration von Risiken in die Supply Chain Balanced Scorecard von *Weber*, *Bacher* und *Groll* wären auch unmittelbar auf die Kooperationsintensität und -qualität einwirkende Risiken zu erfassen. Derartige netzwerkbezogene Risiken in Sinne opportunistischen Verhaltens dürften aber kaum über eine Balanced Scorecard zu steuern und zu kontrollieren sein.

[24] Im Gegensatz zu *Weber*, *Weißenberger* und *Liekweg* wird hier allerdings nur auf die Risikofaktoren abgestellt, während Chancen nicht ausdrücklich betrachtet werden.

[25] Zu grundlegenden Aspekten der Forschung im Supply Chain Controlling vgl. *Stölzle* (2002).

Literaturverzeichnis

Amit, R./Wernerfelt, B. (1990): Why Do Firms Reduce Business Risk? In: Academy of Management Journal 33(1990)3, S. 520-533.

Brewer, P.C./Speh, T.W. (2000): Using the Balanced Scorecard to Measure Supply Chain Performance. In: Journal of Business Logistics 21(2000)1, S. 75-93.

Broetzmann, F./Oehler, K. (2002): Risk Enhanced Balanced Scorecard (REBS) – ein Instrument für ein strategisch orientiertes Risikomanagement. In: Controller Magazin (2002)6, S. 588-594.

Burger, A./Buchhart, A. (2002): Risiko-Controlling. München, Wien 2002.

Busch, A./Dangelmaier, W. (2002): Integriertes Supply Chain Management – ein koordinationsorientierter Überblick. In: *Busch, A./Dangelmaier, W.* (Hrsg.): Integriertes Supply Chain Management. Theorie und Praxis unternehmensübergreifender Geschäftsprozesse. Wiesbaden 2002, S. 1-21.

Chapman, P./Christopher, M./Jüttner, U./Peck, H./Wilding, R. (2002): Identifying and Managing Supply-Chain Vulnerability. In: Logistics and Transport Focus 4(2002)4, S. 59-64.

Coleman, B.J./Jennings K.M. (1998): The UPS Strike: Lessons for Just-In-Timers. In: Production and Inventory Management Journal (1998)4, S. 63-67.

Cooper, M./Lambert, D.M./Pagh, J.D. (1997): Supply Chain Management: More than a New Name for Logistics. In: The International Journal of Logistics Management 8(1997)1, S. 1-14.

Corsten, H./Gössinger, R. (2001): Einführung in das Supply Chain Management. München, Wien 2001.

Das, T.K./Teng, B.-S. (1996): Risk Types and Inter-Firm Alliance Structures. In: Journal of Management Studies 33(1996)6, S. 827-843.

Das, T.K./Rahman, N. (2001): Partner Misbehaviour in Strategic Alliances: Guidelines for Effective Deterrence. In: Journal of General Management 27(2001)1, S. 43-70.

Doherty, N.A. (2000): Integrated Risk Management. New York et al. 2000.

Freidank, C.-C. (2000): Die Risiken in Produktion, Logistik und Forschung und Entwicklung. In: *Dörner, D./Horváth, P./Kagermann, H.* (Hrsg.): Praxis des Risikomanagements. Stuttgart 2000, S. 345-378.

Göpfert, I. (2002): Einführung, Abgrenzung und Weiterentwicklung des Supply Chain Managements. In: *Busch, A./Dangelmaier, W.* (Hrsg.): Integriertes Supply Chain Management. Theorie und Praxis unternehmensübergreifender Geschäftsprozesse. Wiesbaden 2002, S. 25-44.

Götze, U./Mikus, B. (2001): Risikomanagement mit Instrumenten der strategischen Unternehmensführung. In: *Götze, U./Henselmann, K./Mikus, B.* (Hrsg.): Risikomanagement. Heidelberg 2001, S. 385-412.

Haindl, A. (1996): Risk Management von Lieferrisiken. Karlsruhe 1996.

Hallikas, J. u.a. (2002): Risk Management Processes in the Network Environment. In: Proceedings of the 12th International Working Seminar on Production Economics. Igls/Austria 2002.

Handfield, R.B./Nichols, E.L. (1999): Introduction to Supply Chain Management. New Jersey 1999.

Johnson, M.E. (2001): Learning From Toys: Lessons in Managing Supply Chain Risk from the Toy Industry. In: California Management Review 43(2001)3, S. 106-124.

Jüttner, U./Peck, H./Christopher, M. (2002): Supply Chain Risk Management: Outlining an Agenda for Future Research. In: LRN 2002 Conference Proceedings, S. 443-450.

Kaen, F.R. (2000): Risk Management, Corporate Governance And the Modern Corporation. In: *Frenkel, M./Hommel, U./Rudolph, M.* (Hrsg.): Risk Management. Berlin et al. 2000, S. 247-262.

Kajüter, P. (2003): Risk Management in Supply Chains. In: *Seuring, S./Müller, M./Goldbach, M./Schneidewind, U.* (Hrsg.): Strategy and Organization in Supply Chains. Heidelberg, New York 2003, S. 321-336.

Kaplan, R.S./Norton, D.P. (1992): The Balanced Scorecard – Measures that Drive Performance. In: Harvard Business Review 70(1992)1, S. 72-79.

Kaufmann, L. (2002): Purchasing and Supply Management – A Conceptual Framework. In: *Hahn, D./Kaufmann, L.* (Hrsg.): Handbuch Industrielles Beschaffungsmanagement. 2. Aufl. Wiesbaden 2002, S. 3-33.

Kaufmann, L./Germer, T. (2001): Controlling internationaler Supply Chains: Positionierung – Instrumente – Perspektiven. In: *Arnold, U./Mayer, R./Urban, G.* (Hrsg.): Supply Chain Management. Bonn 2001, S. 177-192.

Kromschröder, B. (1987): Risk Management im Just-In-Time Konzept. In: *Wildemann, H.* (Hrsg.): Just-in-Time. Produktion + Zulieferung. Band 1. München 1987, S. 354-372.

Krystek, U./Müller, M. (1999): Frühaufklärungssysteme – Spezielle Informationssysteme zur Erfüllung der Risikokontrollpflicht nach KonTraG. In: Controlling 11(1999)4/5, S. 177-183.

Lindroth, R./Norrman, A. (2001): Supply Chain Risks and Risk Sharing Instruments – An Illustration from the Telecommunication Industry. In: Proceedings of the Logistics Research Network 6th Annual Conference. Heriot-Watt University 2001, S. 297-307.

Linnhoff, U./Pellens, B. (2002): Investitionsrechnung. In: *Busse von Colbe, W./Coenenberg, A.G./Kajüter, P./Linnhoff, U.* (Hrsg.): Betriebswirtschaft für Führungskräfte. 2. Aufl. Stuttgart 2002, S. 139-174.

Martha, J./Subbakrishna, S. (2002): Targeting a Just-in-Case Supply Chain for the Inevitable Next Disaster. In: Supply Chain Management Review (2002) September/October.

McGillivray, G. (2000): Commercial Risk Under JIT. In: Canadian Underwriter (2000) January, S. 26-30.

Melzer-Ridinger, R. (2000): Risikomanagement in der Beschaffung. In: *Birker, K./Pepels, W.* (Hrsg.): Handbuch Krisenbewußtes Management. Berlin 2000, S. 182-206.

Mikus, B. (2001): Risiken und Risikomanagement – ein Überblick. In: *Götze, U./Henselmann, K./Mikus, B.* (Hrsg.): Risikomanagement. Heidelberg 2001, S. 3-28.

Mohr, J./Spekman, R. (1994): Characteristics of Partnership Success: Partnership Attributes, Communication Behavior, and Conflict Resolution Techniques. In: Strategic Management Journal 15(1994), S. 135-152.

Norrman, A./Lindroth, R. (2002): Supply Chain Risk Management: Purchasers' vs. Planners' Views on Sharing Capacity Investment Risks in the Telecom Industry. Paper presented at the 11th International IPSERA Conference. Enschede 2002.

Otto, A. (2002): Management und Controlling von Supply Chains. Ein Modell auf Basis der Netzwerktheorie. Wiesbaden 2002.

Paulus, S. (2000): Risiken beim Einsatz von Informationstechnologie. In: *Dörner, D./ Horváth, P./Kagermann, H.* (Hrsg.): Praxis des Risikomanagements. Stuttgart 2000, S. 379-413.

Peck, H./Jüttner, U. (2002): Risk Management in the Supply Chain. In: Logistics and Transport Focus 4(2002)11, S. 17-22.

Pfohl, H.-C. (2002): Risiken und Chancen: Strategische Analyse in der Supply Chain. In: *Pfohl, H.-C.* (Hrsg.): Risiko- und Chancenmanagement in der Supply Chain. Berlin 2002, S. 1-56.

Picot, A./Schuller, S. (2001): Vertragstheoretische Interpretation des Risk-Management. In: *Lange, K.W./Wall, F.* (Hrsg.): Risikomanagement nach KonTraG. München 2001, S. 236-257.

Pritsch, G./Hommel, U. (1997): Hedging im Sinne des Aktionärs. In: Die Betriebswirtschaft 57(1997)5, S. 672-693.

Redl, E. (1995): Strategische Frühaufklärung für die Materialwirtschaft: Aus Schadensbegrenzung muß Schadensvermeidung werden. In: Beschaffung aktuell (1995)2, S. 50-55.

Reichmann, T./Form, S. (2000): Balanced Chance- and Risk-Management. In: Controlling 12(2000)4/5, S. 189-198.

Ritchie, B./Brindley, C./Morris, J./Peet, S. (2000): Managing risk within the supply chain. Paper presented at the 9th International IPSERA Conference. Ontario 2000.

Rogler, S. (2001): Management von Beschaffungs- und Absatzrisiken. In: *Götze, U./ Henselmann, K./Mikus, B.* (Hrsg.): Risikomanagement. Heidelberg 2001, S. 211-240.

Sheffi, Y. (2001): Supply Chain Management under the Threat of International Terrorism. In: The International Journal of Logistics Management 12(2001)2, S. 1-11.

Smeltzer, L.R./Siferd, S.P. (1998): Proactive Supply Management: The Management of Risk. In: International Journal of Purchasing and Materials Management 34(1998)1, S. 38-45.

Stölzle, W. (2000): Beziehungsmanagement – Konzeptverständnis und Implikationen für die Beschaffung. In: *Hildebrandt, H./Koppelmann, U.* (Hrsg.): Beziehungsmanagement mit Lieferanten. Konzepte, Instrumente, Erfolgsnachweise. Stuttgart 2000, S. 1-23.

Stölzle, W. (2002): Supply Chain Controlling – eine Plattform für die Controlling- und die Logistikforschung? In: *Weber, J./Hirsch, B.* (Hrsg.): Controlling als akademische Disziplin. Eine Bestandsaufnahme. Wiesbaden 2002, S. 283-309.

Stölzle, W./Heusler, K.F./Karrer, M. (2001): Die Integration der Balanced Scorecard in das Supply Chain Management-Konzept (BSCM). In: Logistik Management 3(2001)2/3, S. 73-85.

Svensson, G. (2000): A Conceptual Framework for the Analysis of Vulnerability in Supply Chains. In: International Journal of Physical Distribution & Logistics Management 30(2000)9, S. 731-749.

Tomkins, C. (2001): Interdependencies, Trust and Information in Relationships, Alliances and Networks. In: Accounting, Organizations and Society 26(2001)2, S. 161-191.

Wall, F. (2002): Betriebswirtschaftliches Risikomanagement und gesetzliche Anforderungen and das Risikomanagement. In: Zeitschrift für Planung 13(2002)4, S. 373-400.

Weber, J./Bacher, A./Groll, M. (2002a): Supply Chain Controlling. In: *Busch, A./Dangelmaier, W.* (Hrsg.): Integriertes Supply Chain Management. Theorie und Praxis effektiver unternehmensübergreifender Geschäftsprozesse. Wiesbaden 2002, S. 145-166.

Weber, J./Bacher, A./Groll, M. (2002b): Konzeption einer Balanced Scorecard für das Controlling von unternehmensübergreifenden Supply Chains. In: Kostenrechnungspraxis 46(2002)3, S. 133-141.

Weber, J./Weißenberger, B.E./Liekweg, A. (1999): Risk Tracking and Reporting. Vallendar 1999.

Werner, H. (2000): Die Balanced Scorecard im Supply Chain Management. In: Distribution, Teil 1: 31(2000)4, S. 8-11, Teil 2: 31(2000)5, S. 14-15.

Werner, H. (2002): Supply Chain Management. 2. Aufl. Wiesbaden 2002.

Wertz, B. (2000): Management von Lieferanten-Produzenten-Beziehungen. Wiesbaden 2000.

Wurl, H.-J./Mayer, J.H. (2001): Balanced Scorecards und industrielles Risikomanagement – Möglichkeiten der Integration. In: *Klingebiel, N.* (Hrsg.): Performance Measurement und Balanced Scorecard. München 2001, S. 179-213.

Zsidisin, G.A. (2001): Measuring Supply Risk: An Example from Europe. In: PRACTIX Best Practices in Purchasing & Supply Chain Management 4(2001)3, S. 1-6.

Zsidisin, G.A./Ellram, L. (1999): Supply Risk Assessment Analysis. In: PRACTIX Best Practices in Purchasing & Supply Chain Management 2(1999)4, S. 9-12.

Zsidisin, G.A./Panelli, A./Upton, R. (2000): Purchasing Organization Involvement in Risk Assessments, Contingency Plans, and Risk Management: an Exploratory Study. In: Supply Chain Management: An International Journal 5(2000)4, S. 187-197.

Supply Chain Controlling in der Praxis

Ulrich Lehner und Peter Florenz

Supply Chain Controlling bei Henkel

1. Einführung

    1.1. Controlling
    1.2. Supply Chain Management
    1.3. Supply Chain Controlling

2. Rahmenbedingungen des Supply Chain Controlling bei Henkel

    2.1. Die Henkel-Gruppe im Überblick
    2.2. Globalisierung und Aufgabenverteilung in der Supply Chain
    2.3. Supply Chain Vision und Strategie

3. Ansatzpunkte für das Supply Chain Controlling bei Henkel

    3.1. Definition des Bezugsrahmens
    3.2. Mapping der Supply Chain
    3.3. Festlegung der Aufgaben und Instrumente des Supply Chain Controlling
    3.4. Schaffung der organisatorischen Voraussetzungen

4. Fazit

Literaturverzeichnis

Prof. Dr. Ulrich Lehner ist persönlich haftender Gesellschafter und Vorsitzender der Geschäftsführung der Henkel KGaA in Düsseldorf.

Dr. Peter Florenz ist Mitarbeiter im Geschäftsführungssekretariat der Henkel KGaA in Düsseldorf.

1. Einführung

1.1. Controlling

Unter Controlling wird hier in einer prozessorientierten Betrachtung die zielgerichtete Steuerung/Regelung von betrieblichen Prozessen verstanden. Basierend auf einer betriebswirtschaftlichen Durchdringung der faktischen Abläufe (z.B. Physik/Chemie/Psychologie) des Controlling-Objektes werden Prozesse abgebildet, geplant, als Ist-Daten erfasst, einem Ist-Soll-Vergleich unterworfen und dann Maßnahmen zur Zielerreichung erarbeitet.

Es ist der für den Prozess verantwortliche Manager, der den Prozess zielorientiert steuert; er bedient sich gegebenenfalls arbeitsteilig eines Controllers. Wichtiger jedoch als die Existenz eines Controllers ist die Existenz der Erkenntnis der Notwendigkeit des Controlling.

Im Mittelpunkt des Controlling stehen die Planung und Berichterstattung als Basis der abweichungsorientierten Prozesssteuerung. Dies gilt für die laufenden Prozesse wie für den Prozess der Strukturgestaltung, der in Form von Projekten angegangen wird.

Das heißt, für die Steuerung der Supply Chain (Supply Chain Management) gilt genau wie für alle anderen Prozesse: Erst hat auf Basis der strategischen Analyse und Strategiefestlegung eine Strukturentscheidung der Abläufe zu erfolgen, dann werden die Systeme eingerichtet und darauf die laufende Steuerung aufgesetzt.

1.2. Supply Chain Management

Supply Chain Management (SCM) ist ein relevanter Wettbewerbsfaktor. SCM ist der abgestimmte Einsatz von Ressourcen, um alle Abläufe in der Supply Chain so zu gestalten, dass ein definierter Kundennutzen zu den niedrigsten Gesamtkosten erzielt wird (*Stölzle* (2002), S. 514-516). Servicekosten, Qualitätskosten, Prozesskosten und Bestandskosten sind zu optimieren, wobei die Optimierung jeweils die gefixten und die zu optimierenden Variablen definieren muss. Die niedrigsten Gesamtkosten dürften regelmäßig nur dann erreicht werden können, wenn Supply, Produktion, Distribution und Customer Service integriert geplant und integriert verantwortet werden. Nicht die separate Optimierung der Teilphasen ist der Weg zum Gesamtoptimum, sondern die integrierte Betrachtung aller innerbetrieblichen Aufgabenerfüllungsprozesse, basierend auf der Gesamtprozess-Analyse in der Dimension „factory floor" und in der Dimension „betriebswirtschaftlich – monetär". Die Optimierung setzt die Abbildung des Prozesses für Simulation und Berichterstattung voraus, das heißt der Realprozess findet seine Entsprechung in einem Informationsprozess, der den Realprozess idealer Weise modellhaft abbildet. Der monetären Erfassung des Realprozesses wird ergänzend der Geldzufluss vom Kunden und der Geldabfluss an den Lieferanten entgegengestellt, um den Gesamtprozess zu erfassen. Real- und Informationsprozess folgen dabei nicht nur den betrieblichen und betriebswirtschaftlichen Anforderungen, sondern vor allem der Kundenorientierung.

Es könnte somit gefordert werden, zur noch stärkeren Betonung der Kundenorientierung die Supply Chain als Demand Chain zu bezeichnen, da der gesamte Fluss durch die Supply Chain „demand-driven" ist.

Sieht man historisch differenzierend auf das Bezugsobjekt des Supply Chain Managements, die Supply Chain und ihre vier Subelemente
- Supply,
- Production,
- Distribution,
- Customer Service,

so ist festzustellen, dass historisch neben der getrennten Betrachtung der vier Subelemente die rohmaterial-, zwischenprodukt- und endproduktorientierte Optimierung des Warenflusses (Logistik) primärer Gegenstand des Managements war.

Heute steht die Optimierung der vier Subelemente als Module eines gesamtheitlichen Prozesses und deren Verknüpfung mit den externen Partnern im Mittelpunkt, wobei, dem Charakter der Supply Chain als Demand Chain entsprechend, die Ausgangsgröße Kunde stärker betont wird. Als Trend in der Entwicklung des SCM ist somit eine Auflösung der modularen Planung zugunsten einer integrierten Planung und entsprechenden Steuerung festzustellen, die noch stärker die vorlaufenden (Lieferanten) und nachlaufenden (Kunden) Wertschöpfungsketten verknüpft sowie die Outsourcing-Möglichkeiten der internen Supply Chain-Module überprüft. Dabei müssen die unterschiedlichen Unternehmensstrategien und -ziele der Vertikalpartner an den Endkundenbedürfnissen ausgerichtet und in der Supply Chain-Strategie berücksichtigt werden, um dem Ziel einer nachhaltigen Gewinnerzielung und Serviceerbringung zu genügen.

Auf diesem Wege der Vertikalpartnerintegration entstehen Wertschöpfungsketten-Partnerschaften, die zwar Effizienz- und Effektivitätspotenziale nutzbar machen, aber gleichzeitig zu einer signifikanten Erhöhung der Komplexität führen. Zudem erzwingt die angestrebte Verkürzung der Order-to-Delivery-Zeiten den Wechsel von einer bisher primär linearen Supply Chain zu einem interaktiven, viele Unternehmen und Organisationseinheiten integrierenden Netzwerk, in dem linear-iterative Prozesse durch Workflow-basierte, teilweise parallel erfolgende Aufgabenerfüllungsprozesse ersetzt werden (Abbildung 1).

Aus heutiger Sicht sind allerdings weder die gegenseitige Offenheit der Partner, die teilweise noch, insbesondere in einer nicht von einem der Vertikalpartner klar dominierten Supply Chain (wie vor allem in der Automobilindustrie), im traditionellen Vertikalkonflikt verharren, noch die implementierten IT-Systeme in ausreichender Weise gerüstet, um der künftigen Komplexität in dieser Form Rechnung zu tragen. Künftig werden umfassende Wettbewerbsvorteile von denjenigen Vertikalpartnern realisiert, die diese Komplexität schneller und besser beherrschen. Das optimierte Management der Netzwerk-Schnittstellen und nicht die optimierte Produktion oder Logistik ist die Basis für die Herausarbeitung von nachhaltigen Wettbewerbsvorteilen.

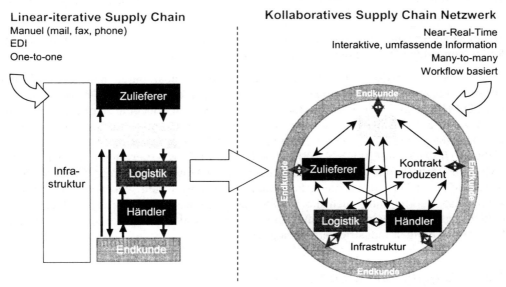

Abbildung 1: Komplexe Supply Chain Netzwerke ersetzen die traditionelle Supply Chain

Das Beziehungs- und Schnittstellenmanagement der Supply Chain ist somit ein immaterieller Wert (intangible asset), welcher jedoch bisher bilanztechnisch unsichtbar und in der Ergebnisrechnung nicht separat darstellbar ist (*Möller* (2002)). Genauso wie zunehmend Verhaltenssteuerungs- und Verhaltensinformationen des Managements Eingang in die Finanzkommunikation finden, ist zu vermuten, dass die Kapitalmärkte zukünftig auch nachhaltige intangible Wettbewerbsvorteile, die sich aus einer im Vergleich zum relevanten Wettbewerb nachhaltig optimierten Supply Chain ergeben, stärker bewerten werden.

Stand der Implementierung von Vertikalkettenpartnerschaften in der Praxis ist heute allerdings noch eine überwiegend produktions- und prozessoptimierende, unternehmensinterne Wertschöpfung, die sich, mehr oder weniger, dem Primat einer bedarfs- und marktorientierten Optimierung unterordnet. Das Ziel, Planung und Management der internen wie der externen Supply Chain einer integrativen Sicht unterzuordnen, bleibt bestehen. Verhaltensbezogene, technische und strukturelle Voraussetzungen werden uns eine optimale Nutzung ausgeprägter Supply Chain Netzwerke realistischerweise erst in einigen Jahren erlauben. Darüber hinaus stellt sich die Frage, wer diese Netzwerke steuern wird: der Hersteller, der Zulieferer, der Kunde, ein gemeinsam ausgewählter Service-Provider oder die noch vor kurzem im Rahmen der e-Business-Diskussion so hoch gepriesenen Marktplätze? Es ist wohl davon auszugehen, dass neben nachgewiesener Vertikalkettenkompetenz das jeweilige Machtverhältnis prägend sein wird. Rück- und Vorwärtsintegration der Marktpartner (z.B. Direktvertrieb, Handelsmarken) weisen bereits auf den Kampf um die Vorherrschaft in der an strategischer Bedeutung rasant zunehmenden Supply Chain hin.

Dabei ist es letztendliches Ziel des Supply Chain Managements, die Wettbewerbsfähigkeit in den beiden Dimensionen Kosten und Differenzierung zu erhöhen.

Differenzierung in der Vertikalkette ist vor allem erzielbar durch höhere Flexibilität aufgrund kürzerer Lieferzeit, höherer Verfügbarkeit und damit geringerem „out of stock" am POS (Point of Sale), letztlich durch einen höheren Servicegrad. Um diese Wettbewerbsvorteile zu realisieren, ist eine verbesserte Informationskoppelung mit den vor- und nachgelagerten Systemen im Sinne von ECR (Efficient Consumer Response) unverzichtbar (*Wildemann* (2003), S. 58ff). Insofern stellt ECR – vor allem „Downstream", zwischen Hersteller und Handel im Bereich der Fast Moving Consumer Goods (FMCG) – den richtigen Weg in Richtung kollaborativer Supply Chain Netzwerke dar. Zudem kann diese Verknüpfung auch die Belieferung mit abnehmer-/bedarfsgerechteren Produkten, das heißt abnehmerindividuell produzierten Produkten (Make to Order) erleichtern bzw. in einigen Industrien erst ermöglichen.

1.3. Supply Chain Controlling

Basierend auf dieser Analyse des Bezugsobjektes können folgende Aufgaben des Supply Chain Controlling nach unterschiedlichen Aspekten differenziert werden:
- nach zeitlichen Aspekten:
    - periodische Informationsversorgung
    - ad-hoc-Beantwortung von Anfragen und -Analysen
- nach dem Analyseobjekt:
    - Gesamtanalysen
    - Teilprozessanalysen
    - Einzelaspektanalysen
- nach dem Informationsempfänger:
    - Management-Information
    - Operator-Information.

Die dabei einzusetzenden Tools sind die allgemeinen Controlling-Tools, inhaltlich auf die Kosten- und Leistungsaspekte der Supply Chain zugeschnitten:
- Messen der Ist-Kosten an Target Costs, die per Benchmarking gewonnen werden
- Ermittlung von Kostentreibern, die im Rahmen der Prozesskostenrealisierung verursachungsgerechte Kostenzuordnungen erlauben, und insbesondere
- Leistungs-Kennzahlen im Balanced Scorecard-Ansatz (*Weber* (2002), S. 248ff; *Weber/Bacher/Groll* (2002), S. 145ff).

Wesentliches Element des Supply Chain Controlling sind zudem die zukunftsgerichtete Weiterentwicklung und Optimierung der ausgewählten Supply Chain Controlling - Konzepte und -Instrumente im Sinne einer Sicherstellung der Erreichung der Marktziele und der Finanzziele im Kunden- und Kostenwettbewerb. Demgegenüber sind in Zeiten niedrigerer Zinsen die Bestandskosten eher unter den Aspekten Liquidität und Handlingkosten als unter dem Aspekt der Zinskosten zu sehen.

Gegenstand des Benchmarking sind gleichermaßen die differenzierenden Leistungskennzahlen für Service und Qualität. Die Ziele, die man für Einsparungspotentiale im Kundenwettbewerb und im Kostenwettbewerb in Berateranalysen sieht, sind sehr weitreichende Benchmarks. Dies vor dem Hintergrund, dass ein erheblicher Teil der Gesamtkosten Supply Chain-Kosten und der größte Teil der Vermögensgegenstände Supply Chain-Assets sind. Ebenso kritisch ist bei Diskussion der Benchmarks der jeweilige Branchenbezug als Bewertungskriterium für die Angemessenheit der Benchmarks zu betrachten. So sind Supply Chain-Optimierungen bei virtuellen Gütern (z.B. Versicherungs- und Bankprodukten) tendenziell einfacher zu realisieren als bei physischen Gütern. Aber auch bei physischen Gütern sind Differenzierungen sinnvoll. Optimierungen sind bereits heute in der IT-Branche oder der Automobilindustrie weiter fortgeschritten als in der Konsumgüterindustrie. Gründe hierfür sind nicht zuletzt in der geringeren Konzentration, der höheren Portfoliokomplexität (hohe Anzahl von SKU – Stock Keeping Units), den traditionelleren Denk- und Verhaltensstrukturen und auch der tendenziell geringeren Wertschöpfung des einzelnen Produktes im FMCG-Sektor zu sehen.

Andererseits ist hier die Nutzung der Supply Chain als relevanter Wettbewerbsfaktor gerade aufgrund der höheren Realisierungsbarrieren tendenziell vielversprechender als bei virtuellen Gütern. Die hier noch bestehenden Potenziale zeigt auch eine aktuelle Studie von McKinsey und der Universität Münster (Institut für Supply Chain Management, ISCM) bei 40 der größten deutschen FMCG-Hersteller, die im Herbst dieses Jahres veröffentlicht wird. Demnach bestehen in der Supply Chain der großen Konsumgüterhersteller erhebliche Leistungsunterschiede und nur knapp 20% der Konsumgüterhersteller beherrschen der Studie zufolge ihre Supply Chain richtig.

Die bestehenden Defizite äußern sich aus dem Blickwinkel des Controllers sowohl in einer nicht hinreichenden Erfassung der Prozesskosten und Kostentreiber, als auch in einer erheblich zu verbessernden Messung und Nutzung von KPI's (Key Performance Indicators). Die Ergebnisse der McKinsey/ISCM-Studie bestätigen allerdings auch die in der Praxis nachgewiesene, relative Bedeutung eines effektiven Supply Chain Controlling als Mittel für die erfolgreiche Steuerung der Supply Chain. Insgesamt lassen sich als Ergebnis der o. g. Studie sowie aus Sicht von Henkel sechs Indikatoren für ein effizientes Supply Chain Management identifizieren:

- Kooperation
- Produktion
- Kunden- und Portfolio-Komplexität
- Organisation/Vertikalintegration
- Absatz- vs. Umsatzplanung
- Controlling

Wesentlichster Effizienzfaktor für die Supply Chain ist, entsprechend der Angaben der Praxis, ein kooperatives, partnerschaftliches Verhalten in der Beziehung zu externen Akteuren wie Kunden, Lieferanten und „outgesourcten" Organisationseinheiten. Besondere Bedeutung kommt einem intensiven persönlichen Kontakt der operativen Supply Chain Beteiligten der Partner (z.B. Customer Service, Logistik, IT) zu, um in der Praxis auftretende, nicht planbare Friktionen im Supply Chain Prozess unmittelbar zu vermeiden – am besten, bevor sie für die Supply Chain Performance wirksam werden können.

Die Optimierung der Produktionsprozesse ist angesichts der hohen Relevanz der Produktionskosten und des in Form von Fertigwaren und Rohmaterialien gebundenen Kapitals ein offensichtlicher Effizienzfaktor. Flexibilisierung der Produktion in Form von flexiblen Arbeitszeiten, der Kontrahierung von Outsourcing-Partnern für überdurchschnittliche Mengenanforderungen und einer modularen Produktionsinfrastruktur zur Verringerung der Rüstzeiten bei höherer Produktionsflexibilität senken gleichzeitig die Kosten und erhöhen die Servicebereitschaft.

Die Verringerung der Portfolio-Komplexität (Anzahl und Verschiedenartigkeit von Produkten und Kunden) wirkt in gleicher Weise. Wichtige Voraussetzung, in vielen Unternehmen gleichwohl nicht realisiert, ist eine transparente Erfassung und Zuordnung der Kosten, das heißt, eine produkt- und kundenbezogene Darstellung der Supply Chain-Prozesskosten. Leider begrenzt sich das Instrumentarium vieler Controller auf eine korrekte Abbildung der reinen Material- und Herstellkosten. Damit fehlt eine indikatorengetriebene Kostenzuordnung der Komplexitätskosten, die gerade bei Promotionsartikeln und Langsamdrehern den zusätzlichen Wertbeitrag jedes Artikels darstellen müsste.

Die Vertikalintegration aller innerbetrieblichen Supply Chain-Module in einen organisatorischen Verantwortungsbereich ist aus Planungs- und Steuerungssicht der Supply Chain ein weiterer Effizienzfaktor. Je geringer die Anzahl der am Steuerungsprozess der Supply Chain beteiligten Verantwortungsträger ist, desto geringer sind in der Tendenz die Reibungsverluste und Abstimmungskosten – innerhalb des Unternehmens sowie mit seinen externen Partnern.

Planzahlen für die Produktion sind die Treiber der Supply Chain. Sind solche Planzahlen in ihrer langfristigen oder kurzfristigen Bestimmung ungenau, werden der gesamte Supply Chain Prozess, die Infrastruktur und die Materialbeschaffung fehlgeleitet. Trotz dieser offensichtlichen, außergewöhnlichen Relevanz der Planung ist immer wieder festzustellen, dass sich die Planzahlen an den betriebswirtschaftlich erwünschten Ergebnissen der wirtschaftlichen Entwicklung des Unternehmens ausrichten, und nicht an den im Markt erzielbaren Mengen. Dies führt zu signifikanten Fehlplanungen in der Produktion und zumeist zu hohen Warenbeständen. Die Effizienz der Supply Chain hängt somit im besonderen Maße von einer Berücksichtigung getrennter Planungsprozesse für die marktlich bedingte Absatzplanung und die ergebnisbezogen erwünschte Umsatzplanung ab.

Dem Supply Chain Controlling wird in der Untersuchung insofern Bedeutung beigemessen, als es für die durchgängige Etablierung eines Kennzahlen- und Informationssystems mit unternehmensweiten KPI's und somit für die Schaffung einer Entscheidungsbasis verantwortlich zeichnet. Eine besonders hohe Supply Chain-Effizienz ist zu erreichen, wenn externe Partner mit in das Kennzahlensystem eingebunden sind und die Zielsetzungen mit einer erfolgsabhängigen Bezahlung der operativen Supply Chain Mitarbeiter verzahnt sind.

Auch wenn kritische Massen und Produktart wesentliche Einflussgrößen für die Supply Chain darstellen, so sind sie für sich genommen nicht leistungsrelevant, sondern genau wie informationstechnologische Systeme oder getroffene Make-or-Buy-Entscheidungen nur im Kontext der Gestaltung und Steuerung der Supply Chain Prozesse von Bedeutung.

Fokus des Supply Chain Controlling sollte deshalb die zieloptimale Abstimmung der vertikalen Supply Chain Prozesse sein. Dem hat sich auch die Definition von KPI's unterzuordnen, um zunächst offensichtliche Trade-offs in der separaten Verfolgung modularer KPI's, z.B. zwischen kurzen Lieferzeiten und höherer Produktverfügbarkeit einerseits sowie niedrigen Bestandsmengen andererseits, auf Basis der Gesamtprozessbetrachtung in eine zielentsprechende KPI-Hierarchie zu bringen. Gelingt dies, so kann gemäß eigener Erfahrungen in den letzten Jahren bei Henkel (hier am Beispiel der Logistikkosten), der traditionelle Widerspruch von „höheren Kosten für besseren Service" aufgelöst werden (Abbildung 2).

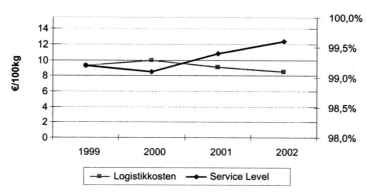

Abbildung 2: Beispielhafte Darstellung von Logistikkosten und Servicelevel im Zeitablauf

Dies auch zukünftig sicherzustellen, und zwar in wahrnehmbar besserer Form als der Wettbewerb, ist Aufgabe des Supply Chain Managements. Das Supply Chain Controlling hat die dazu erforderlichen Informationen und Analysen bereitzustellen.

2. Rahmenbedingungen des Supply Chain Controlling bei Henkel

2.1. Die Henkel-Gruppe im Überblick

Henkel ist ein weltweit tätiger Anbieter von Markenartikeln und Systemlösungen (*Lehner/Schmidt* (2003); *HenkelKGaA* (2003)). In diesen Bereichen hält die Henkel-Gruppe führende Positionen auf den internationalen Märkten. Um diese Stellung weiter auszubauen, wurde die Henkel-Gruppe im Jahr 2001, dem Jahr des 125. Firmenjubiläums, strategisch neu ausgerichtet (*Lehner/Schmidt* (2003); *HenkelKGaA* (2003)). Aus dem „Spezialisten für angewandte Chemie" wurde ein Unternehmen, dessen Zukunft auf Qualitätsprodukten mit starken Marken und zukunftsweisenden Technologien basiert. Teil dieser strategischen Neuausrichtung waren der Verkauf der Chemiesparte Cognis und der Anteile am Joint Venture Henkel-Ecolab. In diesem Zusammenhang wurden ferner einige Geschäftsfelder organisatorisch umgruppiert und zu neuen Unternehmensbereichen formiert. Die Henkel-Gruppe ist nunmehr in drei strategischen Geschäftsfeldern aktiv: Wasch-/Reinigungsmittel, Kosmetik/Körperpflege sowie Klebstoffe, Dichtstoffe und Oberflächentechnik. Für das zuletzt genannte Geschäftsfeld ist eine Aufteilung in Konsumenten- und Industriegeschäft zweckmäßig, so dass sich die strategischen Geschäftsfelder innerhalb der Henkel-Gruppe in vier global tätige Unternehmensbereiche gliedern (Abbildung 3):

- Wasch-/Reinigungsmittel (W),
- Kosmetik/Körperpflege (K),
- Klebstoffe für Konsumenten und Handwerker (A) sowie
- Henkel Technologies (T).

Der im Januar 2002 neu gebildete Unternehmensbereich Klebstoffe für Konsumenten und Handwerker unterstreicht die Führungsposition von Henkel im Markenartikelklebstoffgeschäft. Zugleich wurde das Industriegeschäft mit den Bereichen Industrieklebstoffe, Konstruktionsklebstoffe (Loctite) und Oberflächentechnik im ebenfalls neuen Unternehmensbereich Henkel Technologies konzentriert. Die Zusammenführung dieser drei industrienahen Systemgeschäfte erlaubt es, nicht nur die Märkte gezielter zu bearbeiten, sondern insbesondere den Know-how-Austausch zu verbessern und Kosten zu senken. Vervollständigt wird das Markenartikelgeschäft durch die Unternehmensbereiche Wasch- und Reinigungsmittel sowie Kosmetik und Körperpflege.

Abbildung 3: Kompetenzfelder der Henkel-Gruppe

Im Geschäftsjahr 2002 erzielte Henkel einen Umsatz von 9.656 Mio Euro und ein betriebliches Ergebnis (EBIT) von 666 Mio Euro. Bereinigt um Währungseinflüsse und Akquisitionen/Divestments stieg der Umsatz um 4,5%. Das betriebliche Ergebnis erhöhte sich um 10,6% (Abbildung 4).

Zu den operativen Geschäften kommen zwei wesentliche Finanzbeteiligungen hinzu: Henkel ist zu 28,9% an The Clorox Company, Oakland, Kalifornien (USA) und zu 28,1% an Ecolab Inc., St. Paul, Minnesota (USA), beteiligt. The Clorox Company ist ein multinationaler Hersteller und Anbieter von Konsumgütern für Einzelverbraucher und institutionelle Großkunden. Ecolab Inc. ist Weltmarktführer bei Produkten und Dienstleistungen für Reinigung, Hygiene und Schädlingsbekämpfung. Beide Unternehmen stellen insofern wichtige strategische Optionen für die Henkel-Gruppe dar.

Mit 262 Tochterunternehmen ist Henkel in über 150 Ländern mit Gesellschaften oder mit Produkten global präsent. Die Internationalität der Henkel-Gruppe kommt auch dadurch zum Ausdruck, dass etwa 75% der knapp 49.000 Mitarbeiter im Ausland beschäftigt sind. Damit ist Henkel eines der am stärksten international ausgerichteten Unternehmen in Deutschland. Weltweit größter Standort und Unternehmenssitz der Henkel-Gruppe ist Düsseldorf.

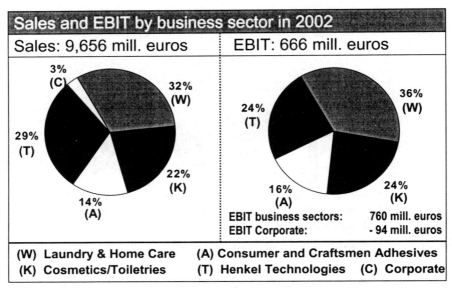

Abbildung 4: Umsatz und EBIT nach Geschäftsfeldern

Die internationale Bedeutung des Konzerns verdeutlicht auch die regionale Umsatzverteilung der Henkel-Gruppe (incl. 3% Corporate):
- 71% Europa (incl. Afrika, Nahost)
- 14% Nordamerika
- 4% Lateinamerika
- 8% Asien / Pazifik

2.2. Globalisierung und Aufgabenverteilung in der Supply Chain

Globalisierung zeichnet sich bei Henkel durch drei Kriterien aus: Sie ist
- weder Selbstzweck noch Zufalls- oder Gelegenheitsaktivität, sondern Zukunftssicherung,
- das Ergebnis strategischer Geschäftsanalysen und sie ist
- ausgerichtet auf den „Shareholder Value".

Henkel versteht unter dem Begriff „Shareholder Value" die Summe aller Maßnahmen zur stetigen Verbesserung der Wettbewerbspositionen der Geschäfte des Unternehmens, die zu profitablem Wachstum führt. Unserer Überzeugung nach dient die Erzielung von Shareholder Value nicht nur unmittelbar den Aktionären, sondern gleichzeitig allen Interessensgruppen. Sie sichert Entgeltzahlungen, verbessert langfristig die Beschäftigungssituation, bringt dem Staat Steuern ein und garantiert den Geschäftspartnern die Vorteile einer stabilen und profitablen Geschäftsbeziehung.

Shareholder und Stakeholder Value sind somit für Henkel ineinandergreifende, sich gegenseitig stützende Elemente einer auf soziale, ökonomische und umweltbezogene Zielsetzungen fokussierten, nachhaltigen Unternehmensstrategie.

Globalisierung resultiert bei Henkel aus der strategischen Analyse des jeweiligen Geschäfts. Das heißt, wir stellen uns die Frage nach dem „Muss" und der „Lust" einer globalen Präsenz (Abbildung 5). Der erste Typ („Muss") ist dadurch gekennzeichnet, dass die Globalisierung Pflicht ist, weil unsere Kunden es fordern. Wir müssen ihnen in ihren Geschäftsaktivitäten weltweit als Partner zur Verfügung stehen. Der zweite Typ („Lust") lässt sich so beschreiben, dass es aus Kostengründen vorteilhaft und wünschenswert ist, globaler zu agieren. Für diese Geschäfte ist die Globalisierung aus marktstrategischen Gründen jedoch weniger dringlich. Sie kann je nach Prioritätensetzung und Managementkapazitäten zurückgestellt werden. Früher oder später müssen aber die Größen- und Verbundvorteile genutzt werden.

In unserem Portfolio finden sich beide Arten von Geschäften. Bei industriellen Klebstoffen und der Oberflächentechnik ist Globalisierung ein Muss und hat daher Top-Priorität. In diesen Geschäftsfeldern ist Henkel weltweit führend. Unsere Kunden in diesen Muss-Geschäftsfeldern – z.B. die Automobil- und die Elektronikindustrie – sind global aufgestellt und wollen global beliefert werden. Globalisierung ist deshalb ein strategisches Muss und eine große Herausforderung, wenn wir in diesen globalen Märkten unsere führende Position behalten wollen. Dabei ist nicht die absolute Größe, sondern die Präsenz in den Zielregionen der Kunden entscheidend. Wachstumsregionen sind für uns vor allem der nordamerikanische und der asiatisch-pazifische Raum.

In anderen Kerngeschäften hingegen gibt es keinen Zwang zur Globalisierung. Unser Wasch- und Reinigungsmittelgeschäft und unser Kosmetikgeschäft sowie zu weiten Teilen auch unser konsumenten- und handwerkerbezogenes Geschäft mit Klebstoffen können sehr gut auf starker regionaler Basis geführt werden. Ein wesentlicher Grund hierfür sind die erheblichen regionalen Besonderheiten der Konsumpräferenzen und des Konsumentenverhaltens auf diesen Märkten. Deshalb werden die starken lokalen Marken ihre Bedeutung auch beibehalten.

Henkel ist heute ein Unternehmen, dass sich aus einer multi-domestic-Position zu einem transnationalen Unternehmen mit globalem Anspruch entwickelt hat. Hierbei hat Henkel typische Entwicklungsstufen durchlaufen (Abbildung 6): nach dem Ausbau der Geschäfte in Deutschland folgten zunächst der Export, dann lokale Agenten und Lizenznehmer, lokale Vertriebsgesellschaften und schließlich lokale Vollgesellschaften mit heute regionaler Einbindung und weltweiter Steuerung bei weiter hoher lokaler Selbständigkeit.

Abbildung 5: Strategie Globalisierung: „Muss oder Lust?"

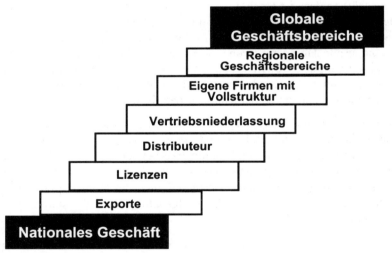

Abbildung 6: Stufen der Globalisierung

Den Internationalisierungsstufen vergleichbar haben sich das Supply Chain Management und das Supply Chain Controlling entwickelt. Von rein nationalen Supply Chains über nationale Supply Chains mit grenzübergreifender, den Export- und Lizenzabkommen folgender Logistik hin zu transnationalen Supply Chain - Konzepten mit einer klaren Aufteilung nationaler sowie internationaler Aufgaben.

Als national sind vorrangig Aufgabenerfüllungsprozesse im direkten Umgang mit den Kunden anzusehen (z.B. Sales Forecast sowie Customer Service und Downstream-Logistik). International sind – bei den bei Henkel zumeist vorliegenden nationenübergreifender Produktions-, Einkaufs- und Logistikfunktionen – vor allem Aufgaben des

Materials Managements, also der Konsolidierung der nationalen Mengenbedarfe sowie deren Produktionszuführung. Darüber hinaus ist ein ganz wesentlicher Aufgabenbereich in der Konzept- (Strategie) und Systementwicklung (Standardisierung) sowie dem Supply Chain Controlling selbst zu sehen (Abbildung 7).

Auch wenn die internationale Aufgabenverteilung in der Supply Chain noch nicht in einer alle Länder und Produktbereiche umfassenden Weise vollzogen ist, so sind die sich aus der Fokussierung auf standardisierungsfähige Aufgaben einerseits und marktbezogene Vor-Ort-Aktivitäten andererseits ergebenden Effizienzvorteile evident und führen zunehmend zu einer globalisierten Betrachtung der Supply Chain.

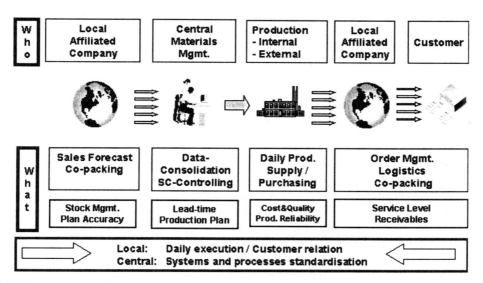

Abbildung 7: Aufgabenverteilung in der internationalen Supply Chain (Beispiel)

Darüber hinaus wird der beschriebene Vertikalkettenansatz einer horizontalen Abstimmung unterworfen. Das heißt, dem Primat der Business-Strategien der Unternehmensbereiche nachgeordnet, erfolgt eine Analyse der zwischen den Unternehmensbereichen erzielbaren Synergien – insbesondere zwischen den Konsumgüterbereichen Waschmittel, Kosmetik und Klebstoffe.

Aktuell ist bei Henkel vor allem der Bereich Einkauf mit einer unternehmensbereichsorientierten Key Account Struktur cross-divisional aufgestellt. Signifikante Potenziale werden deshalb durch eine noch weitergehende gemeinsame Nutzung der Ressourcen, insbesondere im Bereich des Lager- und Transportwesens, der IT sowie der lokalen Produktionsinfrastruktur, erwartet.

Der hier angesprochene Strukturwandel von nationalen, unternehmensbereichsspezifischen Strukturen und Prozessen zu multi-domestic sowie hierauf aufbauend zu transnationalen, bereichübergreifenden Gebilden, findet bereits heute Niederschlag in der Shared-Service-Organisation (SSO) von Henkel. Die Ziele des global angelegten Projektes im Bereich Finanzen, Controlling und Administration sind mit wenigen Worten zu beschreiben:

S = Standardisierung

S = Simplifizierung

O = Organisation.

Grundgedanke des zunächst auf Europa konzentrierten Projektes war es, die nationalen europäischen Gesellschaften in einen europäischen Verbund zu überführen. Die Geschäftsbereiche von Henkel verfolgten nicht mehr nur eine multi-domestic-Strategie und -Steuerung, sondern stellten ihre Strukturen europäisch auf. Die Änderung der Strategie der Geschäftsbereiche führte folgerichtig zu einer entsprechenden Änderung der diese Strategie unterstützenden Strukturen und Systeme. Dies bedeutete für den Finanzbereich zum Beispiel einen weltweit einheitlichen Kontenrahmen, einen Prozess zum Jahresabschluss, ein einheitliches IT-System und insgesamt nachhaltige Kostensenkungen.

Im Zuge des Projektes wurden vier kritische Erfolgsfaktoren identifiziert, die mittlerweile zu einer spürbaren Effizienzsteigerung des Finanz- und Rechnungswesens führen (*Lehner* (2003)):

- Vereinfachung der Struktur der europäischen Verwaltungseinheiten: von 37 Verwaltungsstandorten auf 8 Hauptverwaltungsstandorte in 2004. Dadurch haben sich die Verwaltungsstrukturen vereinfacht, die Personalstrukturen konnten angepasst werden und die Entscheidungsprozesse wurden deutlich schneller und einfacher.
- Process-Reengineering: In den Jahren 2001 und 2002 wurden die Hauptprozesse des Rechnungswesens als einheitlicher Standard konzipiert, europaweit auf Anwendbarkeit geprüft und auf einer SAP-Plattform implementiert. Die Controllingfunktion konnte auf einheitlicher Basis vereinfacht werden.
- Harmonisierung der Geschäftsprozesse: Ebenso wie die Prozesse im Finanz- und Rechnungswesen werden zurzeit die Logistik- und Produktionsprozesse harmonisiert und ebenfalls auf eine einheitliche SAP-Plattform gebracht. Dies führt zu Synergievorteilen für die Geschäftsbereiche, zu weniger Schnittstellen mit dem Finanz- und Rechnungswesen, zu integrierten Datenflüssen und damit zu einer deutlichen Verbesserung der Datenverfügbarkeit und -qualität.
- Vereinheitlichung der IT-Systemlandschaft: Analog zu den 37 Verwaltungsstandorten waren in 2000 in Europa im Finanzbereich noch 26 verschiedene IT-Systeme im Einsatz. Diese werden bis zum Jahre 2006 auf eine einheitliche SAP-Plattform verschmolzen sein und so der unternehmensinternen Integration und Internationalisierung der Supply Chain die erforderliche datentechnische Basis geben.

Nach dem erfolgreichen Start in Deutschland und in Europa gibt es nun Shared Service Projekte in Nordamerika, Asien-Pazifik, der Anden-Region und im Mercosur.

2.3. Supply Chain Vision und Strategie

Mit dem Ziel, die Supply Chain so zu gestalten, dass ein definierter Kundennutzen (=vereinbarte Produkt- und Servicequalität) zu den niedrigsten Kosten erzielt wird, werden Vision und Strategie der Henkel Supply Chain in zeitlichen Abständen überprüft und bei Bedarf mit den sich ändernden langfristigen Anforderungen abgestimmt. Die Supply Chain wird in dieser Prozessbetrachtung gesamtheitlich verstanden, von der Zulieferer-Integration über die internen und externen Transformationsteilprozesse bis hin zur Logistik zum Kunden und dem Order-Management im Bereich Customer Service.

Die Basis der Supply Chain Vision bildet das Ziel, „preferred supplier" unserer Kunden mit einer höchst effizienten Supply Chain zu sein. Erreicht wird dies durch:

- eine konsistente Strategie, ausgerichtet auf die Erzielung der Geschäftsziele, der Minimierung der Kosten und der Maximierung der Service-Qualität;
- ein effizientes Supply Chain Netzwerk mit internen und externen Aufgabenerfüllungsträgern, die uns als zuverlässige Partner ansehen und in die es sich lohnt, zu investieren;
- einen zuverlässigen Demand Forecast des Vertriebs, basierend auf einer kollaborativen Planung mit unseren Kunden;
- einer Auswahl unserer Zulieferer, die letztlich nicht nur Produktpreis und Produktqualität einbezieht, sondern auf Basis des „total delivered product cost"-Ansatzes erfolgt (= Einbeziehung der zuliefererspezifischen Supply Chain - Prozesskosten, wie etwa Rüst- und Administrationskosten, internationale Verfügbarkeit, engere Spezifikationsbandbreiten, geringe Reaktionszeiten);
- eine Optimierung der Prozess- und Bestandskosten durch stabilere, ungeplante Produktionszyklen zur Befriedigung von Kundenbedarfen vermeidende und flexiblere Produktionsprozesse und -strukturen;
- eine konsequente Nutzung der unternehmensbereichübergreifenden Economies of Scale zur Minimierung unserer Lager- und Transportkosten;
- eine Vereinfachung und weitergehende internationale Standardisierung unserer Prozesse, nicht zuletzt unterstützt durch eine Fokussierung auf die Kernkompetenzen (und folgerichtig dem Outsourcing von Peripherkompetenzen);
- eine „end-to-end"-Betrachtung für die gesamte Supply Chain, gegebenenfalls basierend auf einer, wie im Unternehmensbereich U-K (Kosmetik) und U-T (Technologies) bereits erfolgten, die gesamte Supply Chain umfassenden Verantwortungszuweisung;
- standardisierte Kostenrechnungssysteme, die die Prozesskosten abbilden können sowie durch IT-Tools zur Erhöhung der Transparenz und Entscheidungsunterstützung;
- eine hierauf aufbauende kritische Betrachtung der artikelspezifischen Supply Chain - Prozesskosten und nachfolgend der bestehenden Portfolio-Komplexität;
- konsistente, den internen sowie den externen Vergleich unterstützende Performance-Metriken (KPI's) und Zielsetzungen, die auch die externen Partner und Kunden mit einbeziehen.

Aus Sicht der Supply Chain Stakeholder sind diese Zielsetzungen und Anforderungen in einer erweiterten, vereinfachenden Darstellung zusammenzufassen und bieten damit den Orientierungsrahmen für das Supply Chain Management:
- Shareholder: minimale Kosten und maximaler ROCE (Return On Capital Employed);
- Zulieferer: planbare Mengen und verlässliche Partnerschaft;
- Kunden: Lieferung der gewünschten Produktqualität und -menge zum vereinbarten Zeitpunkt und Ort sowie eine einfache, friktionsfreie Geschäftsbeziehung;
- Mitarbeiter: attraktiver Arbeitsplatz und die richtigen Tools.

3. Ansatzpunkte für das Supply Chain Controlling bei Henkel

Die Bedeutung des Supply Chain Controlling bei Henkel lässt sich zuallererst an der bestehenden Komplexität des Geschäftes sowie an der finanziellen Wertigkeit für das betriebliche Ergebnis und die Bilanz ablesen.

Abhängig vom betrachteten Unternehmensbereich sind etwa 20% der Gesamtkosten als Supply Chain-bezogene Kosten anzusehen; unter Einbezug der Material- und Produktionskosten erhöht sich dieser Anteil sogar auf bis zu über 60%. Ähnliche Relevanz ist der Supply Chain unter dem Aspekt „Capital Employed" zuzurechnen, denn, wiederum unternehmensbereichbezogen unterschiedlich, sind bis zu 80% des gebundenen Kapitals durch die Supply Chain determiniert. Allein diese finanzielle Betrachtung unterstreicht nachhaltig die Existenzberechtigung eines ausgeprägten Supply Chain Controlling.

Die bestehende Portfolio- und Kundenkomplexität mit ca. 60.000 SKU's (Stock Keeping Units), ca. 200 Produktionsstätten (und ebenso vielen Toll-Manufacturern bzw. Co-Packaging Partnern), ca. 5.000 Zulieferern, ca. 130.000 Drop-Points und fast 2 Mio. Kundenlieferungen pro Jahr bestätigen den Existenzanspruch des Supply Chain Controlling zusätzlich. Dabei darf nicht vergessen werden, dass die Erhöhung der Serviceansprüche der Kunden und die Individualisierung der Konsumentenansprüche und deren Befriedigung durch Nischenmarketing ceteris paribus auf eine weitere Komplexitätssteigerung hinweisen. Die Daseinsberechtigung eines integrierten Supply Chain Controlling ist somit gegeben, auch wenn es häufig noch nicht als eigenständige Funktion etabliert ist.

Das Supply Chain Controlling bei Henkel ist an den strategischen Zielen des Unternehmens ausgerichtet. Ihm liegt das folgende grundsätzliche Vorgehen zugrunde:
- die Definition des gemeinsamen Bezugsrahmens im Hinblick auf den Geltungsbereich und das Bezugsobjekt des Supply Chain Controlling;
- das Mapping der Supply Chain, das heißt die Abbildung der Prozessschritte;
- die Festlegung der Aufgaben und Instrumente des Supply Chain Controlling;
- die Schaffung der organisatorischen Voraussetzungen.

Diese Schritte werden nachfolgend beschrieben. Darüber hinaus obliegt dem Supply Chain Controlling die zukunfts- und zielgerichtete Weiterentwicklung der Instrumente und Konzepte des Supply Chain Controlling.

3.1. Definition des Bezugsrahmens

Erfolgreiches Supply Chain Management bei Henkel zeichnet sich dadurch aus, dass es seine Fähigkeiten mit denen der Lieferanten und Kunden koordiniert, optimiert und damit übergreifend plant sowie steuert. Der für das Supply Chain Controlling relevante Geltungsbereich erstreckt sich entsprechend vom Lieferanten bis hin zum Kunden und bezieht, wie nachfolgend noch gezeigt wird, diese bereits teilweise in das existierende Controllingsystem ein. Damit ist der relevante Geltungsbereich definiert.

Bezugsobjekte des Supply Chain Controlling sind sowohl der Informations- als auch der Waren- und Geldfluss im gesamten Geltungsbereich. Innerbetriebliche, abteilungsbezogene Potenziale zur Effizienz- und Effektivitätssteigerungen sind heute zunehmend erschlossen. Die divisions- und unternehmensübergreifende Zusammenarbeit rückt deshalb in den Fokus. Wir sind überzeugt, dass derjenige, der diese Schnittstellen innerhalb der relevanten Industrie am besten gestaltet, nachhaltige Wettbewerbsvorteile erzielen kann. Internet und e-Commerce sowie die neueren Marktplatzkonzepte leisten dieser integrativen Entwicklung zusätzlich Vorschub und schaffen die notwendigen technischen Voraussetzungen (*Wildemann* (2003), S. 111ff).

Die aktuellen Herausforderungen für das Supply Chain Controlling sind unmittelbar aus dieser integrativen Betrachtung abzuleiten: aus der historisch gewachsenen Unterschiedlichkeit der Datenverfügbarkeit und der technischen Standards, aus den begrenzten Einflussnahmemöglichkeiten bei unternehmensübergreifender Betrachtung, aus den unterschiedlichen Verhaltens- und Denkweisen sowie schließlich aus den spezifischen Zielsetzungen der am Supply Chain- Prozess Beteiligten, die häufig nicht in einem komplementären, sich gegenseitig stützenden Zielzusammenhang stehen. Bei divisional organisierten Unternehmen, wie beispielsweise auch bei Henkel, wird die Festlegung des Bezugsrahmens dementsprechend durch eine zweidimensionale Betrachtung erschwert: den Vertikalkettenbezug innerhalb der selbständig am Markt auftretenden Unternehmensbereiche (bei Henkel z.B.: Waschmittel, Kosmetik, Klebstoffe, Technologie) sowie die Suche nach funktionsbezogenen, horizontalen Standardisierungs- und Synergiepotenzialen.

Unabhängig hiervon ergeben sich im Rahmen der Festlegung des Bezugsrahmens wesentliche Fragen, die vom Supply Chain Controlling zu stellen sind, will es seiner originären Unterstützungsaufgabe für das Management gerecht werden. Dies sind beispielsweise:
- Welche Geschäftspartner soll ich einbeziehen?
- Hält das ERP-System (Enterprise Resource Planning-System; bei Henkel SAP R/3) den neuen Anforderungen stand?
- Welche Rolle können Marktplätze und Extranets spielen?

- Wie werden Lieferanten bei zunehmender externer Verflechtung durch Outsourcing von Supply Chain- Aktivitäten koordiniert?
- Wie werden Kunden integriert?
- Was ist das richtige Produktionsstätten- und Logistiksystem?
- Was bedeutet im betrachteten Fall Supply Chain Management überhaupt?
- Welche Rolle spielt e-Business in der Supply Chain?
- Wie lassen sich die Unternehmensstrukturen und IT-Systeme den strategischen Anforderungen anpassen?
- Welches sind die spezifischen Nutzenkategorien?
- Welches sind die spezifischen Kosten?

Wird der Bezugsrahmen definiert und vom Supply Chain Controlling nach entsprechender Zeit Überprüfungen unterworfen, kommt es nicht auf die Reihenfolge der Fragen an, sondern vielmehr auf deren ehrliche und unternehmensstrategiekonforme Beantwortung. Dabei hilft es, sich des bereits dargestellten 3-S-Modells (Strategy -> Structure -> Systems) zu bedienen, um fehlleitende Rückschlüsse aus der Beantwortung der Fragen zu vermeiden.

3.2. Mapping der Supply Chain

Die Erfahrung zeigt, dass die Bestimmung des Bezugsrahmens für das Supply Chain Controlling, das heißt die Festlegung des Geltungsbereichs und des Bezugsobjektes, nicht hinreichend für ein effektives und effizientes Supply Chain Controlling ist. Vielmehr ist ein detailliertes Mapping der einzelnen Supply Chain Prozessschritte zur Aufdeckung der Optimierungspotenziale erforderlich. Dabei ist es zunächst von nachrangiger Bedeutung, ob zur Abbildung des Supply Chain Prozesses die erweiterte Value Chain von *Porter*, ein Supply Chain Mapping in Verbindung mit Beanspruchungs- und Belastbarkeitsprofilen oder das normierte SCOR-Modell Anwendung finden (*Weber* (2002), S. 189ff). Wichtig ist, dass kritische Pfade und Prozesse identifiziert werden, Transparenz geschaffen wird, die Schnittstellen der Zusammenarbeit widergegeben werden und ein einheitliches Verständnis des Mappings sowie der Begriffsbezeichnungen und Abläufe mit allen beteiligten Partnern herausgearbeitet wird.

Abbildung 8 zeigt beispielhaft ein Supply Chain Mapping, welches die Abstimmung der Vertriebs- und Produktionsplanung als erfolgskritischen Prozess darstellt.

Ein detailliertes Mapping parallel existierender und unternehmensbereichsspezifisch organisierter Supply Chains ermöglicht darüber hinaus dem Controlling neben der Optimierung der Vertikalprozesse das Aufzeigen horizontaler Synergiepotenziale, indem geprüft wird, ob gleiche Prozessschritte oder eingesetzte Instrumente einer Standardisierung zugeführt werden können. Hierbei ist es hilfreich, das Modell einer integrativen Supply Chain zu visualisieren und Anpassungsmöglichkeiten entsprechend der unternehmensbereichsspezifischen Zielsetzungen zu analysieren.

Supply Chain Controlling bei Henkel 159

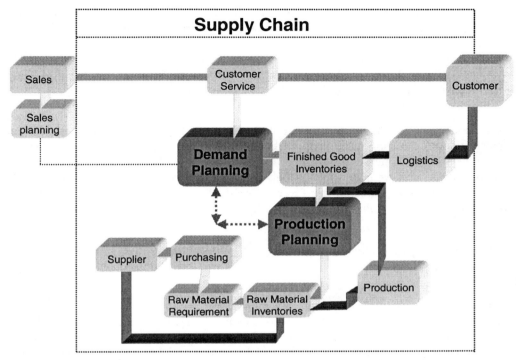

Abbildung 8: Mapping der Supply Chain (vereinfachte Darstellung)

Wichtig erweist sich bereits in dieser Stufe die Kenntnis der Erfolgsfaktoren der Supply Chain, damit diese bei der analytischen Darstellung der Supply Chain Prozesse und einer möglichen Zusammenführung ähnlicher Aufgaben sowie bei der späteren Festlegung der Aufgaben und Instrumente des Supply Chain Controlling entsprechend gewertet werden können. Auch wenn die Erfolgsfaktoren unternehmensbereichsspezifisch unterschiedlich ausgeprägt sein können, so zeigt die praktische Erfahrung bei Henkel die übergreifende Gültigkeit der folgenden Erfolgsfaktoren:

- nachhaltige Kollaboration der Beteiligten entsteht nicht nur durch Informationsaustausch und Transparenz, sondern, vor allem bei Kooperationen von unternehmensexternen Organisationseinheiten, durch eine gerechte Verteilung der Kosten und der Gewinne (*Wölfling* (2003), S. 410);
- es ist eine Netzwerkkultur zu schaffen, die nicht nur auf einem gemeinsamen Prozessverständnis aufbaut, sondern auch abgestimmte Bewertungsgrößen (KPI's) und Zielparameter einbezieht;
- die internen Strukturen und Prozesse müssen der geänderten Strategie folgen und nicht im traditionellen Muster abteilungsspezifischer Denkraster verharren; Systeme und Ressourcen müssen neu zugeteilt werden;

- internationale Standardisierung und Verknüpfung der IT-Systeme sind Voraussetzung für Effizienz (die wachsende Internationalität unserer Kunden, insbesondere im industriellen Bereich, lässt vielfach auch keine andere Möglichkeit offen);
- Rentabilität, persönliche Zufriedenheit der Akteure und neue Anforderungen sind in einen „Closed Loop" zu bringen, der die Wettbewerbsfähigkeit der Supply Chain demonstriert und die Beziehungen der Vertikalpartner und operativen Supply Chain Manager festigt.

Eine realistische, das heißt zuverlässige und valide Absatzplanung ist die Basis für ein kosten- und ergebnisoptimales Supply Chain Management und ist somit als Erfolgsfaktor (so selbstverständlich es scheint) besonders zu beachten. Dabei ist es für das Supply Chain Management weniger wichtig, die Absatzplanung möglichst früh zu erhalten, als vielmehr sicherzustellen, dass der Produktdurchlauf in der Supply Chain schnell und akkurat erfolgt (*Jones/Cheshunt* (2002), S. 30).

3.3. Festlegung der Aufgaben und Instrumente des Supply Chain Controlling

Ziel des Supply Chain Controllings bei Henkel ist es, zu einer Kosten- und Asset-Reduzierung sowie zur Erhöhung des Umsatzes beizutragen. Geringere Prozess-, Material- oder Transportkosten einerseits sowie Erlössteigerungen durch kürzere Bestellzeiten, größere Produktionsflexibilität oder perfekte Orderabwicklung andererseits erhöhen den betrieblichen Gewinn. Die gleichzeitige Reduzierung der Bestände, zunehmendes Outsourcing als Folge strategischer Make-or-Buy-Analysen und optimiertes Cash-Management in der Vertikalkette erhöhen den Kapitalumschlag. Beide Optimierungen führen so zu der von den Shareholdern erwünschten Steigerung des ROCE (Return On Capital Employed).

Zur Erreichung dieses Ziels ist es Aufgabe des Supply Chain Controlling, Zielabweichungen durch Soll-Ist-Vergleiche von Vorperiode, Ist und Plan aufzudecken sowie auf Verbesserungspotenziale durch das Aufzeigen von Problemfeldern und Lösungsansätzen hinzuweisen. Das heißt, das Supply Chain Controlling bereitet die existierenden Informationen zielgerichtet auf, führt Abweichungsanalysen durch und empfiehlt Projekte zur Performancesteigerung. Darüber hinaus obliegt ihm die Optimierung der eingesetzten Tools und Konzepte im Hinblick auf die zukünftigen Anforderungen, die sich aus einer Variation der Geschäftsstrategie oder einer strategischen Analyse der Umwelt (Veränderung der externen Einflussfaktoren) ergeben. Dabei stellt sich das Supply Chain Controlling nicht nur als Routinegeschäft dar, sondern ist gerade bei zukunftsgerichteten Analysen durch vielfältige Projektarbeit gekennzeichnet.

Deutlich hervorzuheben ist, dass das Supply Chain Controlling nicht nur auf Kostenreduzierungen fokussiert, sondern für uns eine Hilfe zur Herausarbeitung relevanter Wettbewerbsvorteile bildet. Auch das Aufzeigen unternehmensbereichsübergreifender Synergien und Verbesserungspotenziale zählt zum Aufgabenumfang. Für Henkel gehören beispielsweise der roll-out eines kunden- und kostenorientierten KPI-Konzeptes, die verursachungsgerechte artikelgenaue Abbildung der Supply Chain-Prozesskosten sowie ein zielgerichtetes Knowledge-Management zur Erhöhung des Know How-Transfers dazu.

Immanente Elemente des Supply Chain KPI-Konzeptes von Henkel sind das Logistik- und das Produktions-Controlling (sowie die entsprechenden KPI's). Allerdings wird das übergreifende Supply Chain KPI-Konzept entsprechend der Supply Chain-Definition auf die Vertikalkette in ihrer Gesamtheit bezogen. Folgerichtig ist die Analyse auf die bereits dargestellten Inputgrößen der Vertikalkette „Prozesskosten" und „Capital Employed" sowie die beiden Zielgrößen „Service Reliability" und „Complaint Level" fokussiert. Hierbei bezieht das Supply Chain Controlling von Henkel die Zielgröße „Service Reliability" auf die anspruchsvollere Größe „Order Lines" (statt Orders) sowie das „Complaint Level" sowohl auf die logistischen als auch auf die mit der Bestellung verbundenen sonstigen „Commercial Complaints". Dieser konzeptionelle Grundgedanke gilt länder- und unternehmensbereichsübergreifend. Die absolute Zielsetzung (z.B. Service Realibility > 98% der Orderlines) kann jedoch unternehmensbereichsindividuell, länderspezifisch und entsprechend der Kundenanforderungen variieren.

Das zur Zeit bei Henkel zugrunde gelegte Modell einer KPI-Hierachie unterscheidet zwei logische Ebenen (Abbildung 9). Zunächst sind dies die Basic Structure-KPI's, die auf die kurzfristig nicht oder nur im geringen Ausmaß zu beeinflussenden Größen fokussieren, sowie die Performance-KPI's, die als Messgrößen der Wirtschaftlichkeit und Serviceorientierung anzusehen sind. Basic Structure- wie auch Performance-KPI's sind wesentliche Informationen für das operative Supply Chain Management. Demgegenüber dienen die generellen KPI's (Prozesskosten, Capital Employed, Service- und Complaint Level) auf der zweiten logischen Ebene vorrangig der Unternehmensführung zur gesamtheitlichen Effektivitäts- und Effizienzbewertung.

Für den FMCG-Bereich von Henkel wichtige Basic Structure KPI's sind beispielsweise:
- Anzahl der SKUs
- Anzahl der Materialien
- Anzahl der Warenempfänger
- Anzahl der Lieferanten und Toll-Manufacturer
- Anzahl der Produktionsstandorte
- Anzahl der Lieferungen
- Anzahl der Lagerstandorte
- Anzahl der Aufträge
- Anzahl der Auftragspositionen
- Anzahl der Rechnungen
- Umfang der „frozen period" für die Produktion und somit der Lieferflexibilität

Beispiele für Performance–KPI's bei Henkel sind:
- Servicegrad beim Kunden (richtige Zeit, richtige Menge, richtiger Ort)
- Lieferzeit
- Reklamationsquote

- Produktionszuverlässigkeit
- Lieferantengenauigkeit
- Bestandsreichweiten
- Anteil Exline (= Lieferungen von Produktion ohne Zwischenlager an Kunden)
- Produktionsfrequenz
- Sendungsgröße zum Kunden
- Durchschnittliches Palettengewicht (= Ausnutzung der Paletten)
- Planungsgenauigkeit des Vertriebs
- Anteil EDI (Electronic Data Interchange) bei Bestellungen und Rechnungen

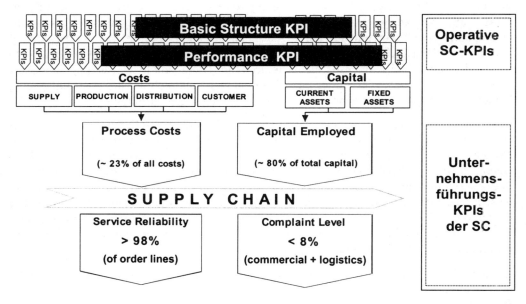

Abbildung 9: KPI-Modell

Basic Structure- und Performance-KPI's bilden in sich logisch verknüpfte Beziehungen ab und stehen in einem eindeutigen Hierarchieverhältnis, welches auf lokaler, regionaler und globaler Ebene sowie auf unternehmensbereichsspezifischer wie auch unternehmensweiter Ebene das Supply Chain Management von Henkel unterstützt. Die systemimmanente Hierarchiebildung und Gewichtung einzelner KPI's fördert die Transparenz und reduziert die Steuerungskomplexität. Erschwerend für das Supply Chain Controlling kommt hinzu, dass die etablierten Instrumente des Controlling bisher vorrangig unternehmensintern ausgerichtet sind und somit nur bedingt für den hier aufgezeigten, unternehmensübergreifenden Geltungsbereich der Supply Chain einsetzbar sind.

Die KPI's erlauben zusätzlich zur Erfolgsmessung ein unternehmensinternes (bereichsübergreifendes) sowie ein externes (unternehmensübergreifendes) Benchmarking.

Im Rahmen des externen Benchmarkings hat bisher vor allem der KPI-Vergleich der eigenen Supply Chain mit den KPI's der relevanten Industrie Optimierungsanalysen sowie zeitlich definierte Optimierungsprozesse begründet. Die Übertragung der eigenen Ist-KPI-Werte (= Status Quo), der Industrie-KPI-Werte (= Benchmarks) sowie gegebenenfalls der in Teilschritten zu erreichenden Zielwerte in eine KPI-Scorecard durch das Supply Chain Controlling erleichtert die Planung und Exekution zielgerichteter Verbesserungsprozesse. Abbildung 10 zeigt ein Beispiel für eine KPI-Scorecard anhand ausgewählter KPI's.

Category	Performance Indicator	Unit	2002	Target 2003	Target 2004	Target 2005	Consumer Goods Benchmarks[2]
Customer oriented	■ Customer service level (orders) modern channels	%					98-95
	■ Customer service level (order lines) modern channels	%					99,5-98
	■ Delivery time (Europe)	days					0,5-2
Internally focused	■ Sales Forecast accuracy	%					+/- 10-30
	■ Manufacturing cycles[1]	weeks					A: 1 B: 1 C: 2
	■ Plant customer service	%					99,5-98
	■ Inventory days of supply	days					38-55
	■ Accounts receivable	days					25-40
	■ Supply chain cost	%					7-11
	■ Processing cost improvement	%					5-8 p.a. continuously

1) A= 80% of value, B = 15% of value, C = 5% of value - classification to be finalized
2) 2002 values, high - medium performance; selected category

Abbildung 10: Beispielhafte Darstellung einer KPI-Scorecard mit ausgewählten KPI's

Das externe Benchmarking wird heute jedoch nicht mehr nur zu einem externen Vergleich der Supply Chain im Industrie-Kontext eingesetzt, sondern zunehmend mit externen Partnern auch zur Bewertung und kontinuierlichen Verbesserung der Zusammenarbeit. Unter Nutzung der technischen Möglichkeiten der Vernetzung nutzt beispielsweise das Unternehmen dm-drogeriemarkt in Deutschland sein Extranet zur Interaktion mit seinen Lieferanten und bildet dabei die für die Zusammenarbeit relevanten Schlüsselfaktoren des Erfolgs anhand von KPI's transparent und aktuell ab. Über entsprechende Zugangscodes können die in der Supply Chain mit dm verbundenen Organisationseinheiten so jederzeit die wichtigsten Ist-KPI-Werte im Vergleich sehen und gegebenenfalls Optimierungsprozesse einleiten.

Über ein drill-down können die Mitarbeiter, sofern die entsprechenden Berechtigungen vorliegen, im Management-Overview, der auf einen Blick die speziell ausgewählten

Faktoren darstellt, die Bewertungen einzelner KPI's durch den Handel (dm-drogeriemarkt) und durch den Hersteller (Henkel) abrufen (*Weber* (2002), S. 207ff). Zur Zeit stehen Henkel über dieses System alle lieferservicebezogenen KPI's zur Verfügung. Sämtliche anderen Daten werden intern bei dm-drogeriemarkt analysiert und dienen als Basis für den ca. zweimal im Jahr stattfindenden Business-Review zwischen den Partnern.

Zur Erstellung des Steuerungssystems wurden im betrachteten Fall zwischen dm-drogeriemarkt und Henkel zunächst alle relevanten KPI's als Teil der bestehenden ECR-Kooperation definiert. Aus Sicht von Henkel wurden beispielsweise folgende KPI's als bedeutsam für eine effiziente und effektive Zusammenarbeit gelistet:
- Kommunikation strategischer Mitteilungen
- Kompetenz der Ansprechpartner
- Informationsfluss
- Erreichbarkeit der Ansprechpartner
- Retourenabwicklung Filiale
- Retourenabwicklung VZ (Verteilzentrum / Zentrallager)
- Konditionsabrechnung
- Beurteilung Rechnungsdifferenzen
- Pünktlichkeit Zahlungseingänge
- Ablauf der Terminvergabe
- Wartezeiten am Wareneingang

Umgekehrt wurden durch den Kunden (dm-drogeriemarkt) folgende KPI's zur Bewertung und Steuerung vorgeschlagen:
- Vorabinformation Terminverschiebungen
- Vorabinformation Fehlartikel
- Qualität Stammdaten
- Zusammenarbeit Aktionen
- Zusammenarbeit Relaunches
- Zusammenarbeit Neueinführungen
- Zusammenarbeit Neuentwicklungen
- Musterzusendungen
- Flexibilität der Abläufe
- Informationsfluss/Kommunikation
- Kompetenz der Ansprechpartner
- Bearbeitungsqualität der Ansprechpartner
- Erreichbarkeit der Ansprechpartner

In den täglichen Steuerungsprozess haben zunächst aber nur einige ausgewählte KPI's Eingang gefunden, die heute kontinuierlich über das Extranet ausgetauscht werden:
- Lieferservicelevel (Henkel – Zentrallager – Filiale)
- Bestandsdaten
- Abverkaufsdaten

Darüber hinaus werden folgende Daten diskontinuierlich zwischen den Partnern ausgetauscht:
- Reichweite
- Mengentreue
- Termintreue
- Rechnungsqualität

Die separate Darstellung der handels- und herstellerbezogenen KPI's entspricht den jeweiligen Aufgabenerfüllungsprozessen. Im Rahmen der Abstimmung zwischen dm-drogeriemarkt und Henkel wird dabei nicht nur Wert darauf gelegt, dass die KPI's kompatibel und von den Partnern akzeptiert werden, sondern dass sie aufeinander aufbauend im Rahmen einer Zielhierarchie die effizienz- und effektivitätssteigernden Messgrößen ihrer jeweiligen Wichtigkeit entsprechend widerspiegeln.

Vergleichbare Systeme sind auch „upstream" in der Zusammenarbeit mit den Lieferanten etabliert. Um den sich im Zeitablauf ändernden Systemansprüchen der Nutzer Rechnung zu tragen, ist die Durchführung von Traceanalysen anhand der Internet-Logfiles (= Internet-Nutzungs- und Bewegungsdaten) dringend zu empfehlen. Sie liefern darüber hinaus wichtige Anhaltspunkte für die Relevanz der abgebildeten KPI's sowie für die Nutzungsfreundlichkeit der angebotenen Analysedaten (*Florenz/Weich* (2002), S. 239ff). Traceanalysen sollten deshalb mindestens einmal pro Jahr sowie nach jeder größeren inhaltlichen oder systemtechnischen Umstellung durchgeführt werden, um die Effektivität des eingesetzten Systems im Zeitablauf zu gewährleisten.

Die Nutzung vertikalpartner-einbindender Extranets bringt durch die integrative, prozessorientierte Betrachtung nicht nur Vorteile. Insbesondere aus IT-Sicht bestehen aufgrund der noch mangelhaften Standardisierung wesentliche Herausforderungen für die systemtechnische Einbindung (*Werner* (2002), S.151). Dabei ist hier weniger die Standardisierung technischer Interfaces angesprochen, als die Standardisierung der Dateninhalte (Artikeldaten). Die internationale Datenharmonisierung (IDH) ist aufwendig und hat bei Henkel bis zur endgültigen Durchsetzung mehrere Jahre benötigt. Sie wäre ohne eine zentrale Steuerung wahrscheinlich nicht, zumindest jedoch nicht im genannten Zeitraum realisierbar gewesen. Hierdurch wird es heute möglich, auf den SAP-Basissystemen sowie den Datenkonsolidierungssystemen bei Henkel aufsetzend, die KPI's der Vertikalprozessschritte sowie die bereichsspezifischen Controllingsysteme sukzessive in ein gesamtheitliches Controllingsystem zu überführen, welches im Zielzustand eine alle Vertikalprozesse umfassende Bewertung und Steuerung zulässt (Abbildung 11).

Ungleich schwieriger stellt sich die externe Datenharmonisierung ohne die Möglichkeit einer stringenten zentralen Steuerung über alle Unternehmen hinweg auf internationaler Ebene dar. Berater weisen gerade deshalb auf die enormen Einsparpotenziale in der unternehmensübergreifenden Supply Chain hin. Aus diesem Grund haben sich die FMCG-Hersteller und Handelspartner international in der GCI (Global Commerce Initiative) organisiert. Ziel ist eine weltweite Governance-, jedoch keine Executionfunktion. Dies bedeutet, dass in der GCI von Handel und Industrie gemeinsam Regeln diskutiert und verabschiedet werden, um durch eine internationale Standardisierung der Artikeldaten und eine Definition der Produktkategorien (= Clusterung der Produkte in eindeutige Produktgruppen) zu einer Simplifizierung der Vertikalprozesse in der Supply Chain beizutragen.

Dabei hat dieser Ansatz nicht nur Auswirkungen innerhalb der Supply Chain auf die datentechnische Zusammenarbeit, sondern beeinflusst sowohl das Category Management (Platzierung des Produktes im Regal) als auch das internationale Marketing (Positionierung des Produktes im Rahmen des kommunikativen Auftritts). Ein Beispiel mag dies verdeutlichen: Schokoladenstreusel werden in Deutschland in der Kategorie Backwaren geführt, in England oder in den Niederlanden jedoch in der Kategorie Brotaufstriche. Problematisch ist hierbei nicht die unterschiedliche internationale Ausgestaltung des Category Managements oder des Marketing-Ansatzes. Problematisch ist vielmehr, dass die unterschiedliche Kategorisierung einer durchgehenden internationalen Standardisierung der verbundenen Systeme und Datawarehouses entgegensteht. Neben der GCI sind hier vor allem auch die nationalen EAN-Organisationen sowie die Katalog-Anbieter nachhaltig gefordert.

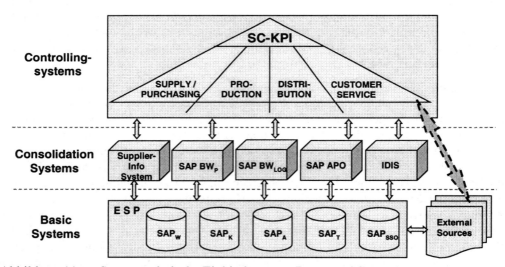

Abbildung 11: Systemtechnische Einbindung von Daten und Systemen

Standardisierung ist gleichfalls für die Anwendung der GCI-Scorecard erforderlich, die das permanente Supply Chain-interne Benchmarking durch ein kontinuierliches externes Benchmarking ergänzt, bei dem in anonymisierter Form je Land, Produktkategorie und Vertriebskanal vergleichende Informationen für Hersteller und Handel zur Verfügung gestellt werden (www.globalscorecard.net).

3.4. Schaffung der organisatorischen Voraussetzungen

Die Basis für das Supply Chain Controlling sind Transparenz und eindeutige Zuordnung von Aufgaben und Kosten der Leistungserfüllung. Henkel verfolgt als kundenorientiertes Unternehmen eine eindeutige Ausrichtung seiner Supply Chain an den Anforderungen der Kunden. Dies spiegelt sich in der divisionalen Struktur des Unternehmens wider und findet seine logische Fortsetzung in einem Aufbau der Supply Chain, der zunächst den geschäftsbereichsspezifischen Zielen zu dienen hat. So sind zur Zeit in den einzelnen Unternehmensbereichen bei Henkel unterschiedliche Integrationsstufen der Vertikalkette feststellbar. Beispielsweise liegt im Bereich Kosmetik die Verantwortung für die Materialwirtschaft und die Produktion in einer Hand, während diese im Unternehmensbereich Konsumentenklebstoffe separat verankert ist. Der technisch ausgerichtete Bereich U-T hat darüber hinaus auch die Logistik auf die spezifischen Bedingungen abgestimmt und in die Supply Chain integriert, während die anderen Unternehmensbereiche hier auf eine gemeinsam genutzte Service-Funktion zugreifen (Abbildung 12).

Diesen effektivitätsorientierten Zielen nachgeordnet erfolgt eine, im sich verstärkenden Kostenwettbewerb nachhaltig zu prüfende, effizienzbezogene organisatorische Betrachtung der divisionsübergreifenden, horizontalen Supply Chain Optimierungspotenziale. Diese haben bei den konsumentenbezogenen Unternehmensbereichen von Henkel bereits zu einer engen Kooperation auf dem Gebiet der Logistik geführt. Ebenso wurde der gesamte Bereich Purchasing bei Henkel über alle Unternehmensbereiche hinweg zentralisiert. Darüber hinaus werden im Rahmen des unternehmensbereichsübergreifenden Supply Chain Council bei Henkel durch einen systematischen Wissenstransfer Best Practice-Lösungen zwischen den Unternehmensbereichen diskutiert und weitere horizontale Synergien analysiert. Diese müssen sich nicht zwingend auf die organisatorische Zusammenfassung von Funktionen beziehen, sondern fokussieren vielmehr auf die Optimierungsmöglichkeiten durch die Vereinheitlichung von Konzepten, Systemen, Instrumenten und Richtlinien. Hierzu gehören beispielsweise die unternehmensweite Umsetzung eines Supply Chain Controlling- und KPI-Konzeptes, die abteilungsübergreifend konsistente Festsetzung der individuellen Erfolgsziele (= Teil der monetären Vergütung der Mitarbeiter), die Schaffung eines Systems zur verbesserten automatisierten Abbildung der Prozesskosten oder auch die Abstimmung der Quality Guidelines der Henkel Supply Chain, um Kunden, die von verschiedenen Unternehmensbereichen von Henkel Produkte beziehen, einen einheitlich hohen Qualitätsstandard in der Zusammenarbeit zu gewährleisten.

Das Supply Chain Controlling ist bei Henkel nicht unternehmensbereichsübergreifend aufgebaut, sondern bedient sich vielmehr, wie in Abbildung 13 erkennbar, sowohl in der Vertikal- als auch in der Horizontalbetrachtung der bereichseigenen Controllingfunktionen. Abstimmungen in der Vertikal- wie auch in der Horizontalebene sind Teil des strategischen Controlling und bilden die Basis für Überlegungen hin zu einem das unternehmensbereichsspezifische Supply Chain Controlling unterstützenden, bereichsübergreifenden Supply Chain Controlling.

4. Fazit

Das Supply Chain Management besitzt aufgrund seiner hohen Bedeutung für die Kostenseite der Unternehmen sowie aufgrund seiner Zielorientierung (= Kundenzufriedenheit) herausragende Bedeutung für den Unternehmenserfolg. Dabei treten abteilungsspezifische Optimierungen zunehmend in Wettbewerb und führen zu Trade-offs, die nur bei einer integrativen Betrachtung der Vertikalprozesse in der Supply Chain einer gesamtheitlichen Optimierung zugeführt werden können. In der jüngeren Vergangenheit werden die bisher vornehmlich unternehmensinterne Vertikalbetrachtung zudem auf die Zulieferer und die Abnehmer (hier: Handel) ausgedehnt und der Optimierungsprozess unternehmensübergreifend organisiert. Ebenso erfolgt mit dem Ziel, horizontale Synergien zu nutzen, bei divisional orientierten Supply Chains neben der Vertikalbetrachtung eine prozessstufenbezogene horizontale Analyse möglicher Synergiepotenziale.

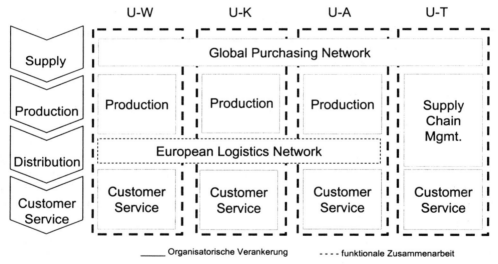

Abbildung 12:   Aktuelle Supply Chain Organisation bei Henkel (vereinfachende Darstellung)

Entsprechend ist es das Ziel des Supply Chain Controlling, dem Supply Chain Management nicht nur kosten- und ergebnisbezogene, unternehmensinterne Daten und Analysen zur Verfügung zu stellen, sondern auch unternehmensübergreifende sowie die Qualität des Kooperationsverhältnisses darstellende Steuerungsgrößen an die Hand zu geben.

Um die für die Analyse notwendige Transparenz zu schaffen, gehört zu den ersten Aufgaben des Supply Chain Controlling, den Bezugsrahmen, das heißt den Geltungsbereich (vom Zulieferer bis zum Abnehmer) und das Bezugsobjekt (Waren- und Geldfluss sowie Informationsfluss), zu definieren und die Prozessschritte, kritischen Pfade und Interdependenzen in einem Mapping der Vertikalprozesse abzubilden. Aufbauend auf der detaillierten Kenntnis der Supply Chain ist es nun Aufgabe des Supply Chain Controlling, dem Supply Chain Management die Effizienz- und Effektivitätspotenziale aufzuzeigen und im Zeitablauf zu überprüfen. Die organisationsübergreifende Sichtweise des Supply Chain Controlling legt dabei das Bild eines „grenzenlosen" Unternehmens zugrunde, welches sich strikt an der Optimierung des gesamtheitlichen Vertikalprozesses orientiert.

Darüber hinaus kommt dem Supply Chain Controlling die Aufgabe zu, die Weiterentwicklung der Supply Chain-Analyse- und Steuerungsinstrumente zu unterstützen und voranzutreiben. Hierzu gehören aktuell die weitere Implementierung von ECR-Ansätzen, die praxisnahe Weiterentwicklung von CPFR (Collaborative Planning, Forecasting and Replenishment), die Optimierung der bereits im Einsatz befindlichen SMI- und VMI-Konzepte (Supplier / Vendor Managed Inventory) oder auch das gerade für das Supply Chain Controlling besonders bedeutsame Intelligent Tagging, welches mithilfe eines jedem Produkt beigegebenen Chips jederzeit den Standort des Produktes ermöglicht und somit sowohl den Logistikprozess als auch die Verfügbarkeitsplanung im Regal und im Lager völlig neuen Optimierungsdimensionen zuführt.

In gleicher Weise sind die Optimierungsmöglichkeiten der elektronischen Marktplätze (= Exchanges) noch nicht ausgeschöpft. Grund hierfür ist nicht zuletzt die noch weiter verbesserungsfähige Bereitschaft der großen hersteller- oder handelsgetriebenen Marktplätze im FMCG-Bereich zu einer partnerschaftlichen, nachhaltigen Kooperation. Dabei sind es weniger die Konzepte und spezifischen Instrumente, die hier auf eine Nutzung warten, als vielmehr die sich aus einer Verringerung der Schnittstellen zwischen den Vertikalpartnern sowie aus einer Standardisierung im Sinne der GCI-Forderungen ergebenden Potenziale, die bei der wachsenden Marktkomplexität und -dynamik noch an Bedeutung gewinnen werden.

Mit der Sicherstellung der unternehmensinternen und -externen Optimierungspotenziale in der Prozesskette der Supply Chain bietet das Supply Chain Controlling Hilfe zur Herausarbeitung der Supply Chain als Wettbewerbsfaktor und noch viel Potenzial für die Realisierung von Kosten- und Servicen-Niveau-Verbesserungen.

Literaturverzeichnis

Florenz, P./Weich, M. (2002): Customer Intelligence: Innovative Instrumente zur Analyse und Steuerung von Kundenbeziehungen. In: *Horváth, P.* (Hrsg.): Performance Controlling: Strategie, Leistung und Anreizsystem effektiv verbinden. Stuttgart 2002, S. 223-244.

Henkel KGaA (2003): Geschäftsbericht 2002. Düsseldorf 2003.

Jones, D.T./Cheshunt, P.C. (2002): Creating a Customer-driven Supply Chain. In: ECR Journal 2(2002)2, S. 28-37.

Lehner, U. (2003): Globale Unternehmen brauchen globale Strukturen – Globalisierung als Mittel zur Leistungssteigerung und Kostenoptimierung. In: *Horváth, P.* (Hrsg.): Performancesteigerung und Kostenoptimierung – Neue Wege und erfolgreiche Praxislösungen. Stuttgart 2003 (im Druck).

Lehner, U./Schmidt, M. (2003): Überlegungen zur Neugestaltung der Planung bei Henkel. In: *Horváth, P./Gleich, R.* (Hrsg.): Handbuch Neugestaltung der Unternehmensplanung. Stuttgart 2003 (im Druck).

Möller, K. (2002): Wertorientiertes Supply Chain Controlling: Gestaltung von Wertbeiträgen, Wertaufteilung und immateriellen Werten. In: *Weber, J./Hirsch, B.* (Hrsg.): Controlling als akademische Disziplin. Wiesbaden (2002), S. 311-327.

Stölzle, W. (2002): Logistikforschung – Entwicklungszüge und Integrationsperspektiven. In: *Stölzle, W./Gareis, K.* (Hrsg.): Integrative Management- und Logistikkonzepte. Festschrift für Professor Dr. Dr. h.c. Hans-Christian Pfohl zum 60. Geburtstag. Wiesbaden 2002, S. 511-527.

Weber, J. (2002): Logistik- und Supply Chain Controlling. Stuttgart 2002.

Weber, J./Bacher, A./Groll, M. (2002): Supply Chain Controlling. In: *Busch, A./Dangelmaier, W.* (Hrsg.): Integriertes Supply Chain Management: Theorie und Praxis effektiver unternehmensübergreifender Geschäftsprozesse. Wiesbaden 2002, S. 145-166.

Werner, H. (2002): Supply Chain Management: Grundlagen, Strategien, Instrumente und Controlling. Wiesbaden 2002.

Wildemann, H. (2003): Supply Chain Management: Effizienzsteigerung in der unternehmensübergreifenden Wertschöpfungskette. TCW-Report Nr. 39. München 2003.

Wölfling, B. (2003): Supply Chain Management – Ubi venis, quo vadis? In: *Delfmann W./Reihlen, M.* (Hrsg.): Controlling in Logistikprozessen. Stuttgart 2003, S. 387-412.

Frank Hasselberg und Markus Wagner

Siemens Medical Solutions: High Speed Logistik und Supply Chain Controlling

1. Siemens Medical Solutions

2. High Speed Logistik als Objekt des Supply Chain Controlling

3. Instrumente des Supply Chain Controlling

4. Fazit und Ausblick

Anmerkungen

Literaturverzeichnis

Dr. Frank Hasselberg ist Geschäftssegmentleiter der Siemens Medical Solutions in Kemnath/Opf.

Markus Wagner ist Projektleiter für Supply Chain Management der Siemens Medical Solutions in Kemnath/Opf.

Siemens Medical Solutions: High Speed Logistik und Supply Chain Controlling 173

1. Siemens Medical Solutions

Siemens Medical Solutions gehört mit einem Umsatz von etwa 7,6 Mrd. Euro zu den größten Anbietern für medizintechnische Komplettlösungen. Die Standorte der weltweiten Aktivitäten von Siemens Medical Solutions sind schwerpunktmäßig in USA, Europa und Asien. Insgesamt arbeiten mehr als 30.000 Mitarbeiter an der Entwicklung, Produktion und dem Vertrieb unterschiedlicher medizinischer Lösungen. Das Produktspektrum reicht vom kleinen digitalen Hörgerät bis zu medizinischen Großgeräten, wie z. B. Computertomographen, Kernspintomographen und Röntgensystemen. Die Herausforderung der Zukunft liegt darin, medizin- und informationstechnische Lösungen für die Verbesserung der Arbeitsabläufe (Workflow's) in Krankenhäusern und Arztpraxen zu entwickeln.

Abbildung 1: Solutions von Siemens Medical

Abbildung 1 zeigt die Vielfalt medizintechnischer Lösungen von Siemens Medical Solutions. Durch die Integration der Health Services - Division, in der IT- Produkte für das Gesundheitswesen entwickelt werden, deckt Siemens Medical die ganze Breite medizinischer Lösungen ab. Dadurch ergeben sich neue Geschäftsmöglichkeiten, wie z.B. die Ausstattung ganzer Klinikabteilungen.

Ein zentraler Wettbewerbsfaktor bei Siemens Medical Solutions ist das Supply Chain Management. Bei Siemens Med wird es, wie später noch genauer zu beschreiben ist, als ganzheitlicher Prozess vom Kundenauftrag bis zur bezahlten Rechnung definiert. Er umfasst die entsprechend dem SCOR-Modell festgelegten Planungs- (Plan), Beschaffungs- (Source), Produktions- (Make) und Lieferprozesse (Deliver) sowie einen Aufarbeitungsprozess für Gebrauchsysteme (Return). Charakteristisch in der Branche ist eine zumeist kundenauftragsbezogene Fertigung in Kleinserie. Die Kunden erwarten kurze Lieferzeiten und exzellente Lieferqualität. Aus diesem Grunde wurde in allen Geschäftsgebieten ein 2-jähriges Aktionsprogramm „High Speed Logistik" durchgeführt, in dem grundlegende Verbesserungen in der gesamten Wertschöpfungskette erzielt wurden.

Exemplarisch konzentrieren sich die Ausführungen in diesem Beitrag auf die beiden Geschäftsgebiete Computertomographie (CT) und Components (CO), weil hier die Prozesse des Supply Chain Controlling konsequent umgesetzt wurden und Ausführungen zu den weiteren Geschäftsgebieten von Siemens Medical den Rahmen dieses Beitrags überstrapazieren würden.

Computertomographen sind weltweit die effektivsten Diagnostiksysteme mit sehr großer Anwendungsbreite. Sie ermöglichen eine umfassende und schnelle Diagnose auf der Basis von Röntgentechnologie. Am Standort Forchheim werden weit über 1.500 Computertomographen jährlich hergestellt. Das Werk gehört damit zu den weltweit größten Fertigungsstätten dieser Art. Entwicklung, Produktion, Marketing und alle weiteren Funktionen sind in dieser weltweiten Zentrale konzentriert. Vertrieb und Service der CT´s erfolgt dezentral in allen Ländern der Erde.

Das Geschäftsgebiet CO mit Standorten in Erlangen und Kemnath (Oberpfalz) hat den Charakter eines internen Lieferanten (Abbildung 2). Das Produktspektrum umfasst neben Elektronik-, Mechanik- und Hochspannungskomponenten auch die Fertigung und die komplette Logistik für Röntgensysteme im Auftrag anderer Geschäftsgebiete. Am Standort Kemnath arbeiten ca. 1.000 Mitarbeiter in fast allen betrieblichen Funktionen. Der jährliche Lieferumfang beinhaltet über 5.000 medizintechnische Komponenten verschiedenster Art, über 5.000 Großgeräte sowie 1.500 Komplettsysteme, die z. T. direkt beim Arzt vor Ort installiert und in Betrieb genommen werden.

Siemens Med Kemnath   Siemens Med Forchheim

Abbildung 2:   Standorte Kemnath und Forchheim

In beiden genannten Geschäftsgebieten wurde das High Speed Logistik - Programm konsequent umgesetzt.

Erfolg muss messbar sein. Die beiden Geschäftsgebiete haben daher ein permanentes Controlling der eigenen und übergreifenden Wertschöpfungsprozesse installiert. Effizientes Supply Chain Controlling überwacht die strategischen Erfolgsdimensionen Zeit, Kosten und Qualität parallel und fortlaufend mit Hilfe von Kennzahlen (*Horváth* (1996), S. 31). Dies ermöglicht eine ergebnisorientierte Steuerung der Supply Chain - Prozesse. Entscheidend hierbei ist, dass neben operativen Steuerungsinformationen auch strategische, prozessorientierte Kennzahlen zum Einsatz kommen.[1]

Der vorliegende Beitrag wird anhand des High Speed Logistik - Ansatzes aufzeigen, welche Instrumente und Verfahren in der Praxis des Supply Chain Controlling bei Siemens Medical Solutions eingesetzt werden. Zunächst wird das High Speed Logistik - Programm vorgestellt, anschließend werden Supply Chain Controlling und seine Instrumente im Rahmen dieses Projektes beschrieben.

2. High Speed Logistik als Objekt des Supply Chain Controlling

Erster Schritt im Rahmen der grundlegenden Veränderungen bei Siemens Medical Solutions war die Modifikation der Organisationsstrukturen.[2] Im Bereich Computertomographie wurde Ende der 90er Jahre eine prozessorientierte Organisation implementiert. Diese umfasst fünf zentrale Geschäftsprozesse (vgl. Abbildung 3). Diese Prozessorganisation erlaubt es, Geschäftsprozesse ganzheitlich zu betrachten und zu optimieren. Sie führt dazu, dass „Time to Market und „Time to Customer" zielgerichtet verbessert werden können.

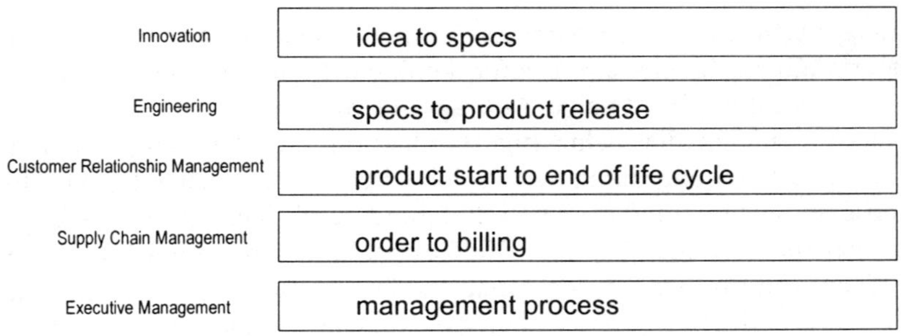

Innovation	idea to specs
Engineering	specs to product release
Customer Relationship Management	product start to end of life cycle
Supply Chain Management	order to billing
Executive Management	management process

Abbildung 3: Prozessorganisation bei Siemens Medical

Diese Ziele können nur erreicht werden, wenn in allen Teilprozessen gleichzeitig die Potenziale der Mitarbeiter freigesetzt und Verbesserungen rasch realisiert werden. Ressortegoismen und Teilprozessoptimierungen in den alten Abteilungen treten zurück. Im neuen „Auftrag bis Abrechnung" - Prozess dreht sich alles um die Erreichung von Kundenzufriedenheit.

Supply Chain Management wird in dieser Organisation vom bereits genannten Geschäftsprozess „Auftrag bis Abrechnung" geführt. Folgende exemplarische Teilfunktionen, die üblicherweise in isolierten Fertigungs- und Logistikabteilungen organisiert sind, gehören diesem an:
- Globales Kundenauftragsmanagement
- Material- und Lieferantenmanagement
- Produktion und Inbetriebnahme vor Ort

Auch im Geschäftsgebiet Components ist das Supply Chain Management im „Auftragsabwicklungsprozess" zusammengefasst. All die oben genannten Teilprozesse sind organisatorisch in die Hand eines Linienleiters pro Kunde gegeben. Die hohe Anzahl verschiedener Produkte und Kunden macht es erforderlich, bei CO in Kemnath über 15 verschiedene Linien zu organisieren.

1996 wurden bei CT die Konzepte und wesentlichen organisatorischen Voraussetzungen für das High Speed Logistik - Programm geschaffen. 1997 fanden gravierende Prozessveränderungen statt und bereits 1998 waren die ersten Verbesserungen erkennbar. Siemens CO war von Anfang an strategischer Partner von CT in allen High Speed Logistik - Aktivitäten.

Im Folgenden werden die einzelnen Teilprozesse der High Speed Logistik beschrieben.

Das Kundenauftragsmanagement ist für die umfassende Steuerung des Fertigungs- und Logistikprozesses verantwortlich. Ziel ist es hierbei, die Krankenhäuser und Ärzte zur vereinbarten Zeit mit dem gewünschten Produkt und in der geforderten Qualität zu beliefern. Die Mitarbeiter im Auftragsmanagement fühlen sich solange verantwortlich, bis der Kunde zufrieden ist.

Voraussetzung hierfür ist ein transparentes Fertigungssteuerungssystem, welches es dem Mitarbeiter ermöglicht, bereits am Telefon konkrete Liefertermine zu vereinbaren und zusätzlich eine Deadline für etwaige Auftragsänderungen einzuräumen. Das Auftragsmanagement ist somit für die rechtzeitige Produktion, die Steuerung des Dienstleisters sowie die Raumvorbereitung durch den Projektleiter vor Ort zuständig. Die Einsetzung von sog. „process ownern" und die Direktlieferung durch Siemens Med CT gewährleistet eine tagesgenaue Termineinhaltung. Die Gesamtdurchlaufzeit wird im Rahmen unseres Supply Chain Controlling für jede Anlage an bestimmten Messpunkten erfasst. Führt man sich vor Augen, dass für große Anlagen u. U. ganze Straßenzüge abgesperrt, Häuser abgedeckt und Kräne für die Einbringung der Anlage in den Kundenraum aufgestellt werden müssen, kann man sich vorstellen, weshalb die Termintreue von entscheidender Bedeutung für den gesamten Prozess ist. Durch die Direktlieferung vom Werk direkt

Siemens Medical Solutions: High Speed Logistik und Supply Chain Controlling

zum Kunden in das Krankenhaus wurde ein wesentlicher Beitrag für eine High Speed Logistik geleistet.

Materialverfügbarkeit ist die Grundvoraussetzung erfolgreicher Fertigungs- und Logistikprozesse. Bereits eine fehlende Schraube kann Zeitverzögerungen mit den oben beschrieben Auswirkungen nach sich ziehen. Auf Basis einer fundierten ABC-Analyse wurden Vorzugsmodelle für eine Sourcing-Logistik definiert (Abbildung 4).[3] Für A-Teile und A-Lieferanten wird konsequent eine Konsignationslogistik eingesetzt. Der Konsignationsanteil am Gesamtbestellwert bei CT ist 90%, bei CO über 60%. Bei der Lieferantenanbindung kommen verschiedenartige E-Kanban-Lösungen zum Einsatz. Dies geschieht z.B. mittels Webcams, die auf das Konsignationslager der Lieferanten gerichtet sind. Der Lieferant ist dadurch online zu jeder Zeit über Entnahmen aus diesem Lager informiert und kann selbststeuernd nachliefern.[4]

Für C-Teile und C-Lieferanten kommt ein Standardteilemanagement zur Anwendung, bei dem ein Dienstleister ein C-Teile-Lager direkt in den Produktionsbereichen von Siemens vorhält und betreibt (Konsignation). Durch diese Maßnahme konnten die Teilekomplexität und die Lieferantenstruktur bei Siemens Med CT und CO drastisch vereinfacht werden.

Für die B-Teile wird eine Vorratsbeschaffung betrieben. Ein SAP-basiertes Frühwarnsystem mit eingestellten Minimal- und Maximalbeständen beugt Überbeständen vor.

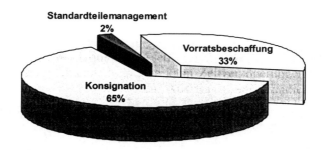

Abbildung 4:   Anteil der Beschaffungsmodelle Siemens Med CO am Gesamtbestellwert

Siemens CO gehört als strategischer Partner von Siemens Med CT zu den A-Lieferanten. Das erfordert ein klar strukturiertes Lieferantenspektrum mit entsprechenden Steuerungsmechanismen. Dies sei beispielhaft anhand der Nachschubsteuerung mittels Konsignationslogistik dargestellt. Sämtliche Sachnummern von CO werden in Konsignationslägern bei CT direkt neben den Produktionslinien gepuffert. Der CO-Mitarbeiter ist zu jeder Zeit online per Intranet über den Bestand seiner Produkte bei CT informiert (vgl. Abbildung 5). So vergeht zwischen Entnahme eines Gerätes bei CT und dem Auffüllen der Lagerfläche durch CO im Durchschnitt nicht mehr als 1 Tag.

Abbildung 5: Siemens CO - Konsignationslogistik mittels Webcam

Ebenso hat CO ausgewählte A-Lieferanten mittels Konsignationslogistik angebunden. Diesen wird ebenfalls per Webcam Einblick auf „ihre" Konsignationsfläche gewährt (siehe dazu beispielhaft eine Konsignationsfläche mit Anlagensteuerschränken eines CO-Lieferanten in Abbildung 6).

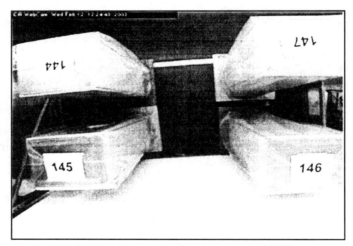

Abbildung 6: Konsignationslogistik mittels Webcam bei Siemens CO - Lieferanten

Ein wesentlicher Erfolgsfaktor sind Partnerschaften mit besonders wichtigen Beteiligten der Supply Chain wie z.B. Hauptlieferanten und Dienstleistern. Dazu gehören Fairness, Offenheit und Transparenz. Im Rahmen unseres Supply Chain Controlling führen wir eine monatliche Lieferantenbewertung durch.[5] Dort werden Logistik- und Qualitätsleistung unserer A-Lieferanten gemessen sowie Rationalisierungspotenziale durch Prozessverbesserungen erfasst (*o. V.* (1999), S. 22; *Hasselberg* (2001), S. 14). Alle Geschäftspartner in der Supply Chain vom Lieferanten über CO bis hin zu CT haben mittels einer internetgestützten Stückzahlprognose von zu produzierenden Computertomographen (Primärplanung) stets den gleichen Informationsstand wie CT selbst. Die in der ganzen Supply Chain genutzte Webcam – Anbindung des jeweiligen Lieferanten ermöglicht eine sog. „Visible Supply Chain", d.h. Siemens Med sieht online zusammen mit den betreffenden Zulieferern die Materialverfügbarkeit in den Konsignationslägern. Darüber hinaus sieht man die eigenen Lieferungen im Konsignationslager bei seinen Kunden. Damit vereinfacht sich nicht nur der Materialbeschaffungsprozess, sondern auch das Supply Chain Controlling erheblich.

In der Produktion wird rein auftragsbezogen produziert, d.h. die Fertigung startet erst bei Vorliegen eines Endkundenauftrages. Ziel ist es, in möglichst kurzer Durchlaufzeit das Medizinprodukt herzustellen und beim Kunden zu installieren. Deshalb wurden in der Produktion leistungsfähige Teamstrukturen geschaffen, deren Entlohnung an Prämiensysteme gekoppelt sind (*o. V.* (1998), S. 56). Kriterien sind hierbei Liefertreue, Lieferqualität und Durchlaufzeit. So wurden beispielsweise die Durchlaufzeiten bei Computertomographen und Durchleuchtungsanlagen mehr als halbiert. Die Liefertreue und Lieferqualität liegt bei 99%. Neben der Mitarbeiter-Ebene gibt es nur noch einen Teamleiter (flache Strukturen). Beide steuern sich Rahmen vorgegebener Liefertermine selbst. Diese Teamorganisation ermöglicht es, flexibel auf Produktionsschwankungen (bis zu +/- 40%) reagieren zu können. Wir sprechen hier deshalb von „atmender Fertigung".

Durch die Installation der Anlage vor Ort beim Kunden haben die Mitarbeiter aus der Produktion direkten Kundenkontakt. Das hat zwei Vorteile. Die Inbetriebnahme durch routinierte Fertigungsspezialisten erfolgt schneller. Früher wurden die Anlagen dezentral durch Servicepersonal in den Regionen installiert. Des weiteren ermöglicht diese Dienstleistung aus einer Hand schnelle Lernzyklen zwischen Produktion und Kundenbetrieb.

Im Rahmen von High Speed Logistik wurde auch das Fertigungslayout verbessert. Durch konsequente Modul- und Teilesatzbildung konnte nicht nur die Teilekomplexität in der Fertigung um 70% reduziert, sondern auch lieferanteneigene Konsignationsläger direkt neben den Produktionslinien platziert werden. Zusätzlich wurde die Flächenproduktivität erhöht. Im Rahmen eines Layout- und Materialflussprojektes in Kemnath (Projekt „IDEAL") wurde die Flächenproduktivität um über 200% erhöht. Die gesamte Fabrikstruktur weist klare Informations- und Materialflüsse auf („Ein-Ebenenmodell") und bezieht einen Logistikdienstleister in die Supply Chain mit ein.

Als weiterer zuverlässiger Partner in der gesamten Supply Chain erweist sich seit Jahren der Logistikdienstleister Hegele. Seit Beginn dieser Kooperation Anfang der 90er Jahre wurden die logistischen Prozesse kontinuierlich enger verzahnt. Aus diesem Grunde sind die Logistikzentren des Dienstleister in unmittelbarer Nähe zu Produktionsstandorten von Siemens Medical erbaut worden. Im Rahmen des High Speed Logistik - Projektes realisierte man so z.B. den offenen Versand von Systemen (Staubschutzhülle als einzige Verpackung) oder die Umstellung auf standardisierte Pendeltransportmittel. Hier konnten Einsparungen in Höhe von ca. 1 Mio. € pro Jahr erzielt werden. Hegele ist weiterhin auch Wertschöpfungspartner wichtiger Siemens-Lieferanten und betreibt für diese die Konsignationslogistik. Ferner verantwortet der Dienstleister den anspruchsvollen Prozess des europaweiten Transportes und der Einbringung und Montage der komplexen Großgeräte in den Krankenhäusern. Flexibilität und Qualität in der Materialversorgung ist für den Dienstleister dadurch eine Selbstverständlichkeit geworden. Ende 2003 wird der Dienstleister ein weiteres Logistikzentrum mit Standort in Kemnath errichten.

Zusammenfassend können als wesentliche Ergebnisse des vorgestellten Programms High Speed Logistik genannt werden:[6]
- Lieferzeitreduzierung von 22 auf 3 Wochen weltweit[7]
- Liefertreue und Lieferfähigkeit größer 99%
- Bestandsreduzierung um mehr als 60%
- Flächenreduzierung um mehr als 50%

3. Instrumente des Supply Chain Controlling

In den bisherigen Ausführungen haben wir wesentliche Elemente und Ergebnisse des Supply Chain Managements bei Siemens Medical Solutions beschrieben. Im Folgenden werden wir uns mit dem Controlling unserer Supply Chain beschäftigen. Wir verwenden dabei eine fokussierte Definition von Supply Chain Controlling, nämlich im Sinne einer umfassenden Steuerung und Koordination aller – internen und übergreifenden – (Logistik-) prozesse mit Hilfe einer logisch strukturierten Kennzahlensystematik und die Kommunikation der Daten an die Verantwortlichen sowie die betroffenen Mitarbeiter.[8]

Die bisherigen Ausführungen lassen bereits erkennen, welchen Stellenwert das Controlling in unserem Logistiknetzwerk einnimmt. Die genannten Ergebnisse lassen sich Scorecards entnehmen, die wir seit 1996 erheben. Fundamental ist dabei der Paradigmenwechsel von einem eher operativ geprägten Logistikcontrolling hin zum prozessorientierten Supply Chain Controlling zur Erzielung strategischer Wettbewerbsvorteile. Dabei muss neben der Orientierung am Kunden insbesondere eine konsequente Ergebnisorientierung zum Tragen kommen, die in Form kausaler Zusammenhänge zwischen den Kennzahlen verdeutlicht wird (*Stölzle* (2002), S. 14ff). Als Beispiel kann der Zusammenhang zwischen Lieferzeit und Geschäftserfolg genannt werden. Durch die im Rahmen von High Speed Logistik realisierte Lieferzeitverkürzung von 22 auf 3 Wochen konnten im Laufe der Zeit 10-15% zusätzliche Aufträge gewonnen werden. Damit wird deutlich, dass Supply Chain Management ein Wettbewerbsfaktor ist, der einen entscheidenden Beitrag zur erfolgreichen Geschäfts- und Ergebnisentwicklung von Siemens Medical Solutions leistet (*Hasselberg* (1999a), S. 164; *Hasselberg* (2001), S. 22).

Aus der Fülle der Verfahren zum Supply Chain Controlling bei Siemens Medical werden im Folgenden exemplarisch fünf Methoden vorgestellt. Diese hatten im Rahmen der High Speed Logistik besondere Bedeutung:

1. Balanced Scorecard (BSC): Das bei Siemens Med CO angewendete BSC-Modell sowie das Management-Informationssystem (MIS) am Standort Kemnath werden vorgestellt.

2. Total Cycle Time Measurement (TCT): Hier wird ein SAP-gestütztes Verfahren zur Generierung von Kennzahlen zur Prozessdurchlaufzeit, -qualität und zum Prozessergebnis beschrieben, das bei Siemens Med CT im Rahmen des High Speed Logistik - Projektes angewandt wurde.

3. Prozesskostenrechnung: Hier wird der Weg der Implementierung der Prozesskostenrechnung bei Siemens Med CT dargestellt.

4. Dienstleistercontrolling: In diesem Abschnitt erfolgt die Vorstellung der prozessorientierten Abrechnung und Prozesssteuerung zwischen Siemens Medical Solutions und dem Logistikdienstleister Hegele.

5. Lieferantenmanagement: Hier werden die Lieferantenbewertung und ihre zugrunde liegende Lieferantendatenbank sowie Beispiele für Lieferantenentwicklungspläne dargestellt.

3.1. Balanced Scorecard

Im Geschäftsgebiet CO wurde die BSC[9] in Form einer intranetgestützten Lösung realisiert. Diese stellt in erster Linie ein Führungsinstrument für das Management, aber auch für das Supply Chain Controlling dar. Die bereits erwähnten Linienleiter können auf sehr einfache und anschauliche Weise die für sie relevanten Daten (z.B. Qualitäts- und Lieferleistung ihrer Fertigungslinien) anzeigen lassen. Einige der BSC-Kennzahlen dienen überdies als Kriterium in den Zielvereinbarungen dieser Managementebene.

In der BSC wurden Strukturen geschaffen, die Ursache-/ Wirkungszusammenhänge (*Pfohl/Zöllner* (1991), S. 325) grundsätzlich für alle Mitarbeiter transparent machen. Hierzu wurden die Daten sowohl inhaltlich als auch in ihrer Präsentationsform an den Bedürfnissen und Aufgaben der Adressaten ausgerichtet (*Weber* (2002), S. 121). Da dieses Informationssystem darüber hinaus direkt aus dem Intranet erreichbar ist, wird der fundamentalen Bedeutung der Kommunikation innerhalb des Supply Chain Controlling hier auf sehr einfache Weise Rechnung getragen.

In Anlehnung an die strategische Ausrichtung von Siemens Medical Solutions wählte man die Perspektiven „people", „products", „processes", „customers" und „profit". Die Struktur der BSC wurde angesichts der integrierten Betrachtungsweise der gesamten Supply Chain so gestaltet, dass innerhalb der einzelnen Perspektiven SCM-relevante Kennzahlen enthalten sind (*Stölzle/Heusler/Karrer* (2001), S. 81).[10] Die vollständige Beschreibung der gesamten BSC würde an dieser Stelle zu weit führen. Wir werden uns auf die Darstellung Supply Chain - relevanter Aspekte beschränken. Die zentralen Inhalte eines Supply Chain Controlling innerhalb der BSC sind dabei die Liefertreue (On Time Delivery/ OTD) und die Quote fehlerfreier Lieferungen (First Pass Yield/ FPY).

Die in den oben genannten Perspektiven enthaltenen Unterstrukturen sind logisch miteinander verknüpft. Eine Navigation innerhalb der komplexen BSC-Strukturen ist leicht möglich. Für alle Kennzahlen stehen auf jeder Ebene und jeden Bereich die erforderlichen Daten schnell, zuverlässig und in einfacher Darstellung (v. a. Säulengrafik) zur Verfügung. Über- bzw. Unterschreiten klar definierter Zielwerte für alle Kennzahlen werden in Form einer Ampel-Funktion signalisiert. Im „grünen Bereich" liegende Scorecards bedürfen somit im Prozess des Supply Chain Controlling nicht unbedingt einer genaueren Betrachtung. Die Steuerungsfunktion kann sich voll auf die roten Werte (Zielsetzung nicht erreicht) konzentrieren.

Die Erfassung der notwendigen Daten erfolgt immer dort, wo diese im betrieblichen Ablauf anfallen. Diese dezentrale Vorgehensweise beugt unnötigen zusätzlichen Berechnungen, Redundanzen sowie Zeitverlust vor.[11] Die zeitnahe Erfassung wird durch eine Erinnerungsfunktion unterstützt, die für jede Kennzahl individuell eingestellt werden kann. Diese fordert die verantwortlichen Personen in der Organisation zeitnah per E-Mail zum Eintrag der jeweiligen Werte auf.

Im MIS-Tool wurden Algorithmen zur automatischen Generierung von Quartals- oder Jahreswerten hinterlegt. So ist es möglich, Abteilungs- zu Segmentwerten und diese auf Geschäftsgebietsebene zu aggregieren. Dies kommt insbesondere der Organisationsstruktur von Siemens CO zugute. Ein Supply Chain Controlling kann damit auf Geschäftsgebietsebene, auf Geschäftssegmentebene und auf Linienleiterebene erfolgen. Die automatische Aggregation ermöglicht somit eine schnelle Verfügbarkeit wichtiger Scorecards und erhöht gleichzeitig die Akzeptanz bei Nutzern und Entscheidungsträgern durch einen relativ aufwandsarmen Betrieb des Systems.

Basis der hier verwendeten BSC bildete die strategische Planung und Analyse im Geschäftsgebiet CO. Hieraus abgeleitet werden mehrere Master-Scorecards, die kontinuierlich in jedem Monat erhoben werden. Die Generierung der Daten erfolgt, wie beschrieben, dezentral in den Bereichen von CO. Die Zahlen werden in der CO-Zentrale zusammengefasst und zu einem CO-Wert aggregiert. Das Layout sowie die Berechnungsweise der einzelnen Scorecards sind exakt definiert. Somit sind zum einen die Vergleichbarkeit der Bereichswerte und zum anderen die problemlose Aggregation der Werte gewährleistet.

Master-Scorecards im Geschäftsgebiet CO sind z.B.:
- Performance der Supply Chain von CO gemessen durch die oben genannte Liefertreue/ OTD
- Qualität der Supply Chain von CO gemessen an dem oben genannten Grad fehlerfreier Lieferungen/ FPY
- Produktivität des Geschäftsgebietes CO gemessen an einer Produktivitätskennzahl in Relation zur Mitarbeiteranzahl

- Kundenzufriedenheit mit dem Geschäftsgebiet CO gemessen durch die monatlich stattfindenden Lieferantenbewertungen unserer Hauptkunden (die oben genannten OTD- und FPY-Werte spielen eine zentrale Rolle in diesen Bewertungen)
- Bestände in der Supply Chain von CO in Kombination mit den dazugehörigen Umschlagsfaktoren
- Prozessverbesserungen bei CO aus dem betrieblichen Vorschlagswesen, gemessen an der Anzahl und den Einsparungen umgesetzter Verbesserungsvorschläge der Mitarbeiter

Aus der exemplarischen Liste der Master-Scorecards wollen wir im Folgenden die bereits genannten OTD und FPY genauer beschreiben. Liefertreue wird bei Siemens dann erreicht, wenn die gemeinsam vereinbarte Lieferzeit zu unseren Kunden tagesgenau eingehalten wurde (die Messung und Bestimmung zentraler Kennzahlen des Supply Chain Controlling wird bei Siemens u. a. in der „Corporate Logistics Policy" und dem „Sourcing Logistics Framework" festgelegt). Bei vielen unserer Produkte beträgt diese Zeit 3 Arbeitstage, in besonderen Situationen sogar 1-2 Arbeitstage. Dies stellt hohe Anforderungen an die Supply Chain von CO angesichts der Tatsache, dass es sich bei den Siemens Medical - Produkten um komplexe kundenspezifische Lösungen handelt und wir im Kontext einer Kleinserienfertigung monatliche Schwankungen von bis zu 40% um einen geplanten Durchschnittsmonat bewältigen müssen. Trotz dieser schwierigen Bedingungen erreichen wir zur Zeit OTD-Werte von 98% - 100%.

Ein FPY von 100% ist erreicht, wenn der Kunde unser Gerät in Betrieb nimmt und kein Fehler auftritt. Gemessen wird der FPY durch das Verhältnis von fehlerfreien Lieferungen zur Anzahl der Gesamtlieferungen. Aufgrund der ausgeklügelten Abschlusstests unserer Geräte und Anlagen erreichen wir FPY-Werte von 97% - 100%. Besonders schwierig ist ein Wert von 100% FPY dort zu erzielen, wo komplexe Komponenten mit hohem Elektronikanteil erst im Kontext des Gesamtsystems unseres Kunden komplett funktionsgetestet werden können. Wir bemühen uns deshalb permanent in Zusammenarbeit mit unseren Kunden, solche Komponentenprüfungen zu entwickeln (Simulation einer Gesamtsystemprüfung), damit bereits bei uns Fehler entdeckt und behoben werden können. Dies führt zum Teil sogar dazu, dass wir Komplettsysteme unserer Kunden kaufen und als Prüf-Equipment in unsere Produktionen integrieren.

Die hohe Bedeutung der beschriebenen Kennzahlen OTD und FPY im Rahmen unseres Supply Chain Controlling lässt sich auch daran festmachen, dass beide Kennzahlen zentraler Bestandteil in den Zielvereinbarungen aller Mitarbeiter des Supply Chain Managements von CO sind. Diese Zielvereinbarungen werden schriftlich fixiert und jährlich erneuert. Im Laufe eines Geschäftsjahres erfolgen mehrere Feedbackgespräche zwischen Mitarbeitern und Vorgesetzten, in denen die Zielerreichung überprüft und ggf. Verbesserungsmaßnahmen entwickelt werden. Bei allen Vorgesetzten sind Incentive-Regelungen an die Erreichung von OTD und FPY gekoppelt. Damit soll durch hohe FPY- und OTD-Werte die Kundenzufriedenheit mit CO sichergestellt werden.

3.2. Total Cycle Time Measurement

Eine wesentliche Rolle bei der erfolgreichen Realisierung der High Speed Logistik bei CT hat ein konsequentes Prozessmanagement gespielt. Über Jahre hinweg wurde dabei die Methode des Total Cycle Time Managements angewandt. Auf eine umfassende Darstellung dieser Methode muss hier verzichtet werden.[12] Im Folgenden werden wir uns auf eine knappe Darstellung der zentralen Kennzahlen und Ergebnisse beschränken.

Im bereits genannten CT-Geschäftsprozess „Order to billing" wurden bei Siemens Med CT seit Mitte der 90er Jahre wöchentlich mehrere Teilprozesse des Supply Chain Managements gemessen, überwacht und Maßnahmen zur Optimierung entwickelt (*Hasselberg* (1999a), S. 163):
- Order Prozess (Auftragseingang bis Auftragsbestätigung)
- Backlogprozess (Anzahl der Auftragsänderungen vor Fertigungsstart)
- Beschaffungsprozess (Fehlteile und fehlerhafte Teile von Lieferanten)
- Produktionsprozess (Fertigungsstart bis Fertigungsende)
- Abwicklungsprozess (Fertigungsende bis Rechnungserstellung)

Für diese Teilprozesse wird die Cycle Time (dynamische Durchlaufzeit), FPY und OTD ermittelt. Sämtliche Messwerte werden an definierten Punkten in SAP/R3 erfasst und mit Hilfe eines ABAP-Programms in eine Datenbank oder die BSC übernommen. Dort erfolgt die Generierung der Kennzahlen. Zusätzliche Berechnungen entfallen ebenso wie Datenredundanzen.

Die Abbildung 7 zeigt das aggregierte Cockpit-Chart mit den wesentlichen Kennzahlen des Prozessmanagements auf Basis der TCT-Methode.

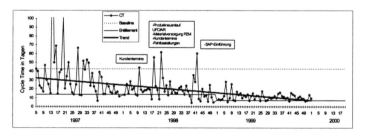
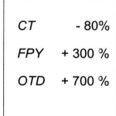
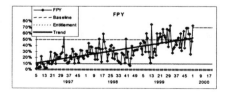
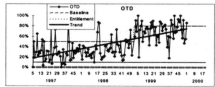

Abbildung 7: Total Cycle Time Measurement

Die Kennzahl CT steht für die dynamische Durchlaufzeit in der Supply Chain von Siemens Med. Sie wurde wie die Kennzahlen FPY und OTD jeweils wöchentlich gemessen. Im Betrachtungszeitraum 1997/ 1998 konnte die CT um 80%, der FPY um 300% und die OTD um 700% verbessert werden.

In der täglichen Praxis lief das TCT-Management folgendermaßen ab: In wöchentlichen Sitzungen wurden zunächst die Kennzahlen der jeweils letzten Woche und die Trends über die Zeit dargestellt sowie die Gründe für positive bzw. negative Entwicklungen diskutiert. Anschließend wurden Maßnahmen mit konkreten Verantwortlichen definiert, um negativen Entwicklungen bzw. Zielunterschreitungen sofort entgegenzusteuern. Handelte es sich um komplexere Probleme, wurde ein sog. Problemlösungsteam (PLT) installiert, in dem zunächst die Ursache-Wirkungs-Zusammenhänge des Problems mittels des sog. Ishikawa- oder Fischgräten-Diagramms erarbeitet, um anschließend konkrete und angemessene Maßnahmen zur Problemlösung entwickeln zu können. Die Ergebnisse aus den PLT's wurden in den wöchentlichen Sitzungen dargestellt und die Zielerreichung kontrolliert.

Die oben genannten Cockpit-Charts stellen die Aggregation aller Einzeldarstellungen für die fünf genannten Teilprozesse dar. In den wöchentlichen Sitzungen war es zumeist erforderlich, in die Tiefe zu gehen, um die eigentlichen Problemursachen in der Supply Chain identifizieren zu können. Das Cockpit-Chart zeigt weiterhin, dass ein sehr diszipliniertes und nachhaltiges Vorgehen über Jahre erforderlich war, um Prozesse zu stabilisieren und effizienter zu machen. Die positiven Ergebnisse sind: eine Reduzierung um 80% bei der Cycle Time[13], eine Verbesserung der OTD um 700% und des FPY um 300%. Weiterhin wird ersichtlich, dass sich die hohen Schwankungsbreiten bei der Cycle Time – als Indikator für Prozesse mit geringem Reife- und Professionalisierungsgrad – deutlich stabilisiert haben. In gleichem Maße wie sich die Supply Chain über die Jahre stabilisiert hat, ist auch das wöchentliche TCT-Meeting effizienter, d.h. kürzer und präziser geworden. Das kann als Zeichen für höhere Professionalität im Supply Chain Controlling und für erfolgreiche Umsetzung der High Speed Logistik gewertet werden. Die TCT-Methode hatte damit einen wesentlichen Anteil an den Ergebnissen der High Speed Logistik.

3.3. Prozesskostenrechnung

Traditionelle Methoden der Kostenrechung wie z.B. die Zuschlagskalkulation münden insbesondere in produktionsnahen und logistikintensiven Bereichen meist in hohen, aber wenig aussagekräftigen Zuschlagssätzen. Gerade einige der erfolgsrelevanten Aktivitäten werden dort unberechtigterweise als Hauptkostentreiber identifiziert (*Horváth* (1996), S. 39)[14]. Die Etablierung der Prozesskostenrechnung bei Siemens Med CT erfolgte parallel zum High Speed Logistik - Projekt, so dass wesentliche Erkenntnisse aus der Prozesskostenrechnung in das High Speed Logistik - Projekt Eingang finden konnten und umgekehrt.

Frühe Ansätze einer prozessorientierten Kostenrechnung[15] scheiterten in der Siemens AG vorwiegend an den mit den damaligen DV-Lösungen nicht beherrschbaren Datenmengen. Grundsätzlich stand man dieser Form der Kostenrechnung auch eher skeptisch gegenüber. Hier waren es die typischen Einstiegsbarrieren, wie z.B. der hohe Initiativaufwand sowie die fehlende Prozessorganisation, die dem Wandel entgegen standen.

Mit Gründung der prozessorientierten Organisationsstruktur legte man bei Siemens Med CT jedoch bereits den Grundstein für eine neue Philosophie der Kostenrechnung. Abteilungsübergreifende Aktivitäten waren bereits seit geraumer Zeit zu Geschäftsprozessen, wie z.B. im Supply Chain Management oder „order to billing" - Prozess zusammengefasst worden. Hierfür wurden Prozessverantwortliche benannt, welche die Aufgaben der bisherigen Kostenstellenleiter übernahmen. Anzumerken ist, dass Siemens Medical CT die gängige Terminologie nicht vollständig übernahm. Anstatt von Hauptprozessen spricht man von Teilprozessen; Teilprozesse werden als Aktivitäten bezeichnet.

Im Zuge dieser Umgestaltung wurde die Kostenstellenstruktur erheblich vereinfacht. „Prozess vor Kostenstelle" oder „Vermeidung eines zu hohen Detaillierungsgrades" waren hier wichtige Grundsätze. So entstanden in Summe 14 Kostenstellen für die gesamte Supply Chain von Siemens CT, die sowohl den Anforderungen der Prozesskostenrechnung sowie den Siemens-internen Richtlinien genügten. Folgende Verbesserungen konnten erzielt werden:
- Transparenz in den Teilprozessen
- Einfachere Prozesskostenermittlung
- Weniger Kostentreiber
- Weniger und einfachere Verrechnungen und Schlüsselungen zwischen Kostenstellen
- Verantwortlichkeiten auch für nicht personalführende Kostenstellen

Wie im Kapitel 3.2. dargestellt, erfolgt die Originärmessung der Prozesse in erster Linie über nicht-finanzielle Messgrößen. Man war sich jedoch darüber im klaren, dass eine prozessorientierte Organisation sowie diese Art der Prozessmessung allein kein effektives Kostencontrolling gewährleisten konnten. Daher hat CT 1997 begonnen, die Prozesskostenrechnung einzuführen.

Folgende Ziele wurden bei Siemens Medical Solutions mit dem Aufbau der Prozesskostenrechnung verfolgt:
- Kostensenkungsmaßnahmen erkennen und monatlich messen
- Prozesskostenrechnung als Entscheidungsinstrument in der F&E
- Prozessorientiert kalkulieren

Entscheidend für Verbesserungsmaßnahmen ist neben der Benennung von Verantwortlichen die kontinuierliche Messung des Erfolgs. Die Verantwortung liegt grundsätzlich bei den Prozessverantwortlichen. Eine fortlaufende Messung bedeutet, dass die Prozesskostenrechnung mit Ist-Daten gespeist werden muss. Bei Siemens Med CT geschieht dies über eine zusätzliche DV-Software, die über Schnittstellen mit dem ERP-System verbunden ist. Damit wird ein weitestgehend automatischer Update möglich. Als wichtigstes Ziel für die langfristige und flächendeckende Implementierung der Prozesskostenrechnung bei Siemens Medical ist die prozessorientierte Kalkulation und damit die Ablösung der klassischen Zuschlagskalkulation zu nennen. Jedoch: die gesamte DV-Struktur, alle gängigen Software-Tools sowie innerbetriebliche und gesetzliche Richtlinien basieren auf dem Prinzip der Zuschlagskalkulation. Eine Änderung, so dringend sie aus betriebswirtschaftlicher Sicht sein mag, wäre mit enormen operativen Problemen verbunden. Siemens Med CT hat sich diesen Umschwung dennoch zum Ziel gesetzt. Es ist davon auszugehen, dass über 90% der Gesamtkosten eines Produktes über Einzelkosten sowie produktnahe Prozesse kalkuliert werden können. Aufgrund der ausreichenden Verminderung geschlüsselter Kostengrößen erhält die Kalkulation eine entsprechende Aussagekraft.

Neben diesen stellten sich weitere Effekte ein. Zum einen unterstützen sich diese Form des Controlling und die Änderung der Organisationsstruktur nicht nur gegenseitig – sie bedingen einander sogar. Dies wirkte sich sehr positiv in der Umsetzung aus. Des Weiteren konnten dadurch zahlreiche Benchmarking-Studien durchgeführt werden, die den eingeschlagenen Weg weiter bekräftigten.

3.4. Dienstleistercontrolling

Im Rahmen des Supply Chain Management und Supply Chain Controlling bei Siemens Medical spielt das Dienstleistercontrolling eine sehr große Rolle. Dies findet seine Begründung in der breiten Einbindung des Dienstleisters Hegele in unsere Supply Chain - Aktivitäten. Bedingt durch die Kleinserienfertigung und die Erfordernis eines speziellen Know How im Umgang mit medizintechnischen Systemen hat sich Siemens Med für die Kooperation mit einem Logistikdienstleister (Single Sourcing) entschieden. Daraus ergibt sich natürlich, dass die Dienstleisterkosten einen sehr hohen Kostenblock in der Supply Chain darstellen, was eine besondere Aufmerksamkeit im Rahmen des Supply Chain Controlling erfordert. Der Dienstleister ist nahezu in jeden Teilprozess der Supply Chain eingebunden und konzentriert sich dabei auf die folgenden Handlungsfelder
- Lagermanagement
- Materialservice
- Verpackung & Versand
- Installation & Übergabe.

Neben der partnerschaftlichen Zusammenarbeit sowie einer hohen Produkt- und Prozesskompetenz des Dienstleisters ist die kontinuierliche Optimierung von Logistikkosten und -leistungen des Dienstleisters ein kritischer Erfolgsfaktor der High Speed Logistik. In diesem Sinne soll im Folgenden von Dienstleistercontrolling gesprochen werden.

Im Zuge der permanenten Verbesserung und Weiterentwicklung der Partnerschaft wurde deshalb ein kontinuierliches Dienstleistercontrolling eingerichtet. Dies basiert auf einer prozessorientierten Abrechnung des umfassenden Leistungsspektrums des Dienstleisters. Bewusst wurde auf eine Pauschalabrechnung der Leistungen, z.B. pro geliefertes Produkt, verzichtet. Vielmehr werden monatliche Rechnungen strukturiert nach Prozessen wie z.B. Wareneingang, Ein- und Auslagerungen oder Anzahl Transporte zum Kunden erstellt. Dadurch ist gewährleistet, dass beide Partner einen konkreten Überblick über den aktuellen Stand der Supply Chain - Aktivitäten besitzen, permanent Ansatzpunkte für Prozessverbesserungen erkennen und gemeinsam Maßnahmen für eine weitere Optimierung ableiten und deren Erfolg messen können.

Zentrales Element des Dienstleistercontrolling ist das nach Prozessen gegliederte Preisblatt (Abbildung 8). Wichtig bei der Erstellung war neben der Prozessorientierung die einfache Ermittlung der jeweiligen Mengengerüste.

Zu Beginn der Partnerschaft wurden zunächst sämtliche Prozesse zwischen Kunde und Dienstleister beschrieben und skizziert. Ferner erfolgten bei Bedarf Zeitaufnahmen beim Dienstleister. Jeder einzelne Prozessschritt ist mit einer exakten Zeit- bzw. Mengenangabe dokumentiert. Die Zeitstrecken werden an fest definierten Punkten in den ERP-Systemen beider Partner gemessen. Auf dieser Grundlage entstand ein Preisblatt, welches alle vergebenen Prozesse beinhaltet und diese mit konkret messbaren Zeiten oder Mengen hinterlegt hat. Für jeden Prozess wurde dadurch ein eindeutiger Preis definiert. Bei manchen dieser Preise wurden darüber hinausgehend jährliche Produktivitäten im Sinne von Preisreduzierungen verhandelt.

Prozess	Preis je Einheit	Menge bzw. Zeit	Preis gesamt
Materialhandling			
• WE (Anzahl WE´s aus SAP)	.....€	...	_____ €
• Transport intern	.....€	...	_____ €
• Lagern	.....€	...	_____ €
Lagerfläche	.....€	...	_____ €
Verpackung	.....€	...	_____ €
Transport	.....€	...	_____ €

Abbildung 8: Preisblatt

Das ERP-System des Dienstleisters hat eine SAP-Schnittstelle. Wareneingangs-, Bestands- sowie Lager- und Qualitätskontrolldaten unterliegen somit einem ständigen Austausch und sind transparent nachvollziehbar. Die Nachschubsteuerung erfolgt automatisch durch den Dienstleister in genau definierten und zeitlich hinterlegten Prozessen.

Die Kommunikation zwischen Siemens und dem Dienstleister läuft ziel- und prozessorientiert ab. Zusätzlich zu der notwendigen Kommunikation im Tagesgeschäft werden in wöchentlichen Gesprächen operative Logistikthemen direkt zwischen den Prozessverantwortlichen diskutiert. In einem monatlichen Jour Fixe werden grundsätzliche Themen und Probleme sowie notwendige Prozessveränderungen und Fragen der Preisgestaltung besprochen. An diesen Terminen nehmen neben Logistikern auch weitere erforderliche Funktionen, wie etwa die kaufmännische Abteilung, teil. Für strategische Themen gibt es immer wieder auch gemeinsame Workshops, in denen neue Möglichkeiten zur Verbesserung der Supply Chain diskutiert werden.

Im Ergebnis entstand eine Kooperation, in der sich die Siemens-Geschäftsgebiete auf ihre Kernkompetenzen konzentrieren können und Hegele sich als Spezialist für Logistiklösungen im Kontext der Medizintechnik einbringen kann.

3.5. Lieferantenmanagement

Die exzellente Steuerung der Beschaffungsfunktion (Sourcing) ist ein ganz entscheidender Aspekt eines erfolgreichen Supply Chain Controlling. Dies gilt insbesondere dann, wenn der Materialkostenanteil der Produkte sehr hoch ist und gleichzeitig die Pünktlichkeit der Lieferungen sowie ihre hohe Qualität als entscheidender Faktor einer kundenauftragsorientierten Produktion gelten.

Im Rahmen des High Speed Logistik - Projektes bei Siemens Medical wurden deshalb folgende Elemente des Lieferantenmanagements entwickelt und eingeführt (*Hasselberg* (2001), S. 12ff und *Hasselberg* (1999a), S. 154ff):
- Lieferantenbewertung
- Lieferantenauswahl
- CFT
- Lieferantenentwicklungspläne
- Operationsmeeting
- Lieferantendatenbank

Im Rahmen der Lieferantenbewertung wird vor allem die Leistung der besonders wichtigen A-Lieferanten einem kontinuierlichen Controllingprozess unterzogen. Alle A-Lieferanten werden hinsichtlich ihrer Logistik- und Qualitätsleistung sowie anhand der Entwicklung von Rationalisierungspotenzialen (gemessen an mindestens einer Preisreduzierung pro Jahr) bewertet. Daraus entsteht ein monatliches Ranking der Lieferanten. Jeder Lieferant bekommt mittels Serienbrief monatlich die Anzahl seiner Fehlteile, der defekten Teile sowie den aktuellen Platz im Lieferantenranking (Lieferant des Monats, Zitrone des Monats) übermittelt. Am Jahresende wird auf Basis dieser Monatsauswertungen der Lieferant des Jahres gekürt.

Die in der Lieferantenbewertung erhobenen Daten fließen außerdem in den Prozess der Lieferantenauswahl ein, der zur Entscheidungsfindung bei Lieferantenwechseln oder Produktneuanläufen dient. In einer gemeinsam entwickelten Lieferantenauswahlmatrix bewerten die Funktionen Logistik (im Sinne des Supply Chain Managements), Einkauf, Entwicklung und Qualität die zur Auswahl stehenden Lieferanten anhand eines umfassenden Kriteriensets und kommen somit zu einer gemeinsam getragenen Auswahlentscheidung.

Danach wird ein Geschäftspartnervertrag mit den Lieferanten geschlossen, wobei jede Funktion in speziellen Vertragsanhängen (Anhang Logistik, Qualität, Technik und Preise) die Art der Zusammenarbeit festschreibt. Dabei wird angestrebt, möglichst einheitliche Prozesse über alle Lieferanten zu etablieren, z.B. Konsignationslogistik mit allen A-Lieferanten. Dieser gemeinsame Lieferantenauswahlprozess trägt deutlich zur Überwindung von Teiloptimierungen und Ressortegoismen (z.B. geringster Preis vs. beste Technik) bei.

Im operativen Geschäft des Lieferantenmanagements wird die Zusammenarbeit der betrieblichen Funktionen in monatlichen Cross Functional Teams (CFT's) und in wöchentlichen Operationsmeetings organisiert. Inhalt des monatlichen CFT's sind beispielsweise aktuelle Liefer- und Qualitätsprobleme bei Lieferanten, neue Formen logistischer Anbindung oder anstehende Audits.

Daraus resultierende Maßnahmen sind beispielsweise Lieferantenentwicklungspläne. Diese werden für Lieferanten erstellt, bei denen noch Verbesserungspotenzial hinsichtlich qualitativer Anforderungen bzw. logistischer Anbindungsformen besteht. Dort wird festgehalten, bis wann welche Maßnahme gemeinsam mit dem Lieferanten umzusetzen ist.

Im Tagesgeschäft finden darüber hinaus die sog. Operationsmeetings statt. Veranstalter ist die Logistik. Teilnehmer sind neben Fertigung und Fertigungsplanung auch der Einkauf, die Entwicklung, der technische Service sowie wichtige Lieferanten. In diesen Besprechungen wird zunächst kurz über die laufenden Geschäftszahlen informiert (z.B. Umsatz, Auftragseingang, Forecast). Im Anschluss daran werden aktuelle Logistik- und Qualitätsfehler erörtert, die von Lieferantenseite verursacht wurden. Ebenso stehen technische Probleme beim Kunden auf der Agenda. Gemeinsam werden Verbesserungsmaßnahmen diskutiert und verabschiedet. Die Beteiligten haben bereits im Vorfeld die aktuellen Fehlteil- und Fehlerstatistiken über Inter-/ Intranet erhalten. Dadurch ist jeder Teilnehmer entsprechend vorbereitet und kann bereits in der Sitzung konkrete Maßnahmen oder Lösungen vorstellen. Insgesamt dauert dieses wöchentliche Operationsmeeting 30-45 Minuten. Es dient der schnellen Aussteuerung der Supply Chain bei Lieferanten- und anderen Problemen, ermöglicht eine direkte Kommunikation aller Betroffenen und liefert wesentliche Inputs für die Lieferantendatenbank.

In der Lieferantendatenbank werden alle genannten Daten lieferantenspezifisch aufbereitet und dargestellt. Dort sind die Qualitäts- und Logistikdaten differenziert nach Lieferant, Disponent oder Produkt enthalten und per Knopfdruck abrufbar. Evtl. auftretende Probleme können z. T. bereits zu einem sehr frühen Zeitpunkt sichtbar gemacht und Maßnahmen eingeleitet werden. Was heute so banal klingt, war früher das Wissen Einzelner bzw. nur als Schätzung erhältlich. Systematisiert und aufbereitet liefert eine solche Datenbank unerlässliche Informationen für das Controlling der Supply Chain.

Im Zeichen partnerschaftlicher Prozesse geht es bei all diesen Tools jedoch nicht um Kontrolle und Sanktion, sondern um Information, Kommunikation und den permanenten Anreiz zur Verbesserung.[16] Den Lieferanten wird deshalb Zugang zu seinen Daten in der Lieferantendatenbank ermöglicht.

Wie in den anderen Verfahren existieren auch hier Schnittstellen zur BSC. Logisch aufgebaut können Lieferanteninformationen dort beispielsweise schnell zur Klärung langer Lieferzeiten oder Ablieferproblemen beitragen.

4. Fazit und Ausblick

Zusammenfassend kann festgehalten werden, dass die High Speed Logistik einen großen Beitrag zum Erfolg der Siemens Medizintechnik beigetragen hat. Der Gesamtprozess vom Kundenauftrag bis zur bezahlten Rechnung und zur Kundenzufriedenheit wurde optimiert, die Lieferzeit deutlich reduziert, die Flexibilität von Fertigung und Logistik erhöht. Die Effizienzerhöhung der Gesamtkette von Siemens Lieferanten bis zum Endkunden kann heute deutlich schneller, transparenter und mit wesentlich weniger Beständen gesteuert werden. Die dargestellte Partnerschaft von Siemens Med CT mit dem internen Lieferanten Siemens CO stellt dabei ein gutes Beispiel für eine erfolgreiche Lieferantenintegration und eine enge Wertschöpfungspartnerschaft von Siemens Medical dar.

Für die Zukunft erscheinen zwei Aspekte des Supply Chain Controlling bei Siemens Medical von besonderer Bedeutung zu sein. Zum einen geht es weiterhin um die kontinuierliche Einzeloptimierung von Kosten und Leistungen in der gesamten Supply Chain. Dabei sind etwa gezieltes Bestandmanagement, Make-or-buy-Entscheidungen an der Schnittstelle zu Lieferanten und Dienstleistern sowie Durchlaufzeitverkürzungen in der eigenen Fertigung und Lieferzeitreduzierungen mit allen Logistikpartnern zu nennen. Dabei erfährt gerade im Supply Chain Management der Einsatz von E-Tools hohe Bedeutung. Derzeit planen wir für den Fall der klassischen Vorratsbeschaffung das System „ESiBuy" zu implementieren. Dieses Produkt setzt die Philosophie des Vendor Managed Inventory um, bei der die Lieferanten die dispositive Verantwortung ihrer Teile übernehmen. Innerhalb vorgegebener Minimal- und Maximalgrenzen steuert der Lieferant die Bestandshöhe, die beim Kunden Siemens Medical vor Ort liegt, selbst. Das internetbasierte System gewährleistet hierbei jederzeit den Online-Zugriff auf alle relevanten Daten, wie z.B. den aktuellen Ist-Bestand. Die Daten erhält „ESiBuy" über eine integrierte SAP-Schnittstelle. Die beschriebenen Webcam-Lösungen bleiben darüber hinaus weiterhin als Vorzugslösung für das Konsignationsgeschäft bestehen.

Zweitens hat sich Siemens zum Ziel gesetzt, über eine Prozessstandardisierung Synergiepotenziale zu nutzen. In dem sog. Prozesshaus stellt das „Supply Chain Management" neben „Customer Relationship Management" und dem „Product Lifecycle Management" einen der drei Kernprozesse der Unternehmensführung dar. Angelehnt an das SCOR-Modell wird SCM dabei als Prozessablauf Plan – Source – Make – Deliver – Return definiert (*Heinzel* (2001), S. 32ff; *SCC* (2003)). Im Kern geht es darum, für jede Geschäftsart bei Siemens (Produkt-/ System-/ Anlagengeschäft) die Prozesse geschäftsbereichsübergreifend sinnvoll zu beschreiben und zu standardisieren. Dabei lassen sich im Sinne des „Best practice" - Lernens gute Lösungen identifizieren und auf andere Bereiche übertragen. Gleichzeitig wird z.B. auch deutlich, welche EDV- oder ERP-Lösungen sich im Supply Chain Management bei Siemens sinnvoll standardisieren lassen und so zur Kostensenkung und Leistungssteigerung in der Siemens AG beitragen können.

Unsere Ausführungen sollten zeigen, dass das Agieren in einem Logistiknetzwerk das traditionelle Controlling-Verständnis vor neue Herausforderungen stellt. Der Wandel zum prozessorientierten Supply Chain Controlling verlangt nach mehreren Perspektiven. Die Balanced Scorecard eignet sich daher besonders als übergeordnetes Instrument der strategischen Steuerung. Die vielfachen Möglichkeiten ihrer Konzeption lassen Spielraum für die individuelle Strukturierung der Perspektiven. Ergänzt um eine überschaubare Anzahl weiterer integrierter Tools stehen dem Supply Chain Manager jederzeit tiefergehende Informationen zur Verfügung.[17] Um einen „information overload" zu vermeiden, repräsentiert das beschriebene Instrumentarium einen pragmatischen Ansatz, in dessen Fokus sich die wesentlichen Steuerungsinformationen für die jeweiligen Nutzer befinden. Wenn man Controlling nicht nur als Sammeln und Horten von Zahlen begreift, sondern es zur Steuerung seiner Prozesse benutzt und sich darüber hinaus nicht von Barrieren und Unternehmensgrenzen abhalten lässt, gelangt man zum ganzheitlichen und netzwerkorientierten Steuern der Prozesse im Sinne eines Supply Chain Controlling.

Anmerkungen

[1] Im traditionellen Verständnis des Logistikcontrolling wurden in erster Linie operative Kennzahlen erhoben, wohingegen neuere prozessorientierte Instrumente eher strategisch geprägt sind und v. a. unternehmensübergreifend ausgerichtet sind. Die Integration beider Sichtweisen als Unterstützungsfunktion im Aufbau von Wettbewerbsvorteilen gilt als unerlässlich: vgl. *Horváth* (1996), S. 36f; *Weber* (1991), S. 76ff.

[2] Zum High Speed Logistik - Projekt vgl. *Hasselberg* (1999a), S. 141ff; *Drickhamer* (2002), S. 47ff; *Hasselberg* (1999b), S. 54ff.

[3] Die Siemens-Vorzugsmodelle für die Beschaffung wurden im sog. Sourcing Logistics Framework (SLF) definiert. Das SLF ist eine Zusammenfassung von Begriffsdefinitionen, Grundsätzen und Beschaffungsmodellen, die sicherstellen, dass logistische Beschaffungsprozesse sowohl innerhalb des Unternehmens als auch mit externen Lieferanten möglichst zweckmäßig und weitestgehend einheitlich gestaltet werden.

[4] Die Webcam-Lösung wurde mit dem deutschen E-Procurement-Award 2001 ausgezeichnet (*o. V.* (2001), S. 1ff).

[5] Aufgrund des unternehmensübergreifenden Koordinationsbedarfs sowie einer natürlichen Tendenz zum Opportunismus der beteiligten Akteure eines Logistiknetzwerkes ergibt sich hier ein besonderer Anpassungsbedarf des Controlling-Instrumentariums: vgl. *Stölzle* (2002), S. 10.

[6] Der Erfolg dieses Programms hat dazu geführt, dass Siemens Medical Solutions mehrere Supply Chain Awards bekommen hat, u. a. Fabrik des Jahres (*o. V.* (1998), S. 52ff; *o. V.* (1999), S. 20ff), Global Award of Excellence in Operations (*o. V.* (1999), S. 20ff) und den World wide SCOR - Award (*Drickhamer* (2002), S. 49).

[7] Durch diese Kompetenz konnten im Laufe der Zeit 10-15% zusätzliche Aufträge gewonnen werden (*Weber* (2002), S. 28ff.; *Wildemann* (1999), S. 67; *Hasselberg* (1999a), S. 164). Eine hohe logistische Leistungsfähigkeit führt zu größeren und nachhaltigeren Wirkungen, als die reine Konzentration der Logistik auf ihre Servicefunktion und die damit verbundenen Kostenreduzierungen: vgl. *Weber* (2002), S. 28ff.

[8] Diese Art des Controlling als Führungsunterstützungsfunktion, insbesondere aber die Notwendigkeit der Koordination des Gesamtsystems sah man bereits 1992: vgl. hierzu *Küpper* (1992), S. 124ff.

[9] Das Konzept der Balanced Scorecard wird im logistischen Kontext bisweilen kontrovers diskutiert. Einen Überblick bestehender Forschungsansätze gibt *Weber* (2002), S. 190f.

[10] Die Konfiguration von BSC's geht zum Teil soweit, dass spezielle Konzeptionen für die Gesamtlogistik und deren Funktionsbereiche vorgeschlagen werden: vgl. *Weber* (2002), S. 233. Dies erscheint angesichts der ohnehin bestehenden Komplexität in den Ursache-Wirkungs-Zusammenhängen, v. a. aber mit Bedacht auf die Adressaten unterschiedlichster Prägung nicht sinnvoll. Für einen Vergleich der ursprünglichen mit logistischen Perspektiven vgl. *Weber* (2002), S. 44.

[11] Zu den Grundprinzipien logistischer Informationssysteme vgl. *Bowersox/Closs* (1996), S. 190ff.

[12] Vergleiche dazu ausführlich *Thomas* (1991), S. 107ff.

[13] Hierbei handelt sich nicht um die klassische Durchlaufzeit, sondern um eine komplizierte Berechnung der Geschwindigkeit einer Supply Chain; außerdem muss berücksichtigt werden, dass es sich bei diesem Wert um eine mathematische Aggregation der oben genannten Teilprozesswerte mittels multiplikativer Methode handelt: vgl. *Behnke/Niemand* (1998), S. 104f.

[14] Die folgenden Ausführungen sind ausführlich dargestellt bei *Behnke/Niemand* (1998), S. 99ff.

[15] Zur Prozesskostenrechnung vgl. *Coenenberg/Fischer* (1991), S. 21ff. Zur Prozesskostenrechnung im Supply Chain Controlling vgl. *Weber* (2002), S. 212ff.

[16] Die Bereitschaft, Informationen auszutauschen, ist eine der zentralen Kompetenzen in „World Class Logistics" - Unternehmen: vgl. *Pfohl* (1996), S. 17ff.

[17] Ein wissenschaftlich final diskutiertes, vollständiges Portfolio weiterer Instrumente und Tools steht überdies nicht zur Verfügung: vgl. *Stölzle* (2002), S. 12.

Literaturverzeichnis

Behnke, C.W./Niemand, S. (1998): Prozesskostenmanagement auf der Grundlage einer vorhandenen Prozessorganisation bei Siemens Med CT. In: *Horváth & Partner* (Hrsg.): Prozesskostenmanagement. 2. Aufl. Stuttgart 1998, S. 99-113.

Bowersox, D.J./Closs, D.J. (1996): Logistical Management – The Integrated Supply Chain Process. New York u.a. 1996.

Coenenberg, A.G./Fischer, T.M. (1991): Prozeßkostenrechnung – Strategische Neuorientierung in der Kostenrechnung. In: Die Betriebswirtschaft (DBW) 51(1991)1, S. 21-38.

Drickhamer, D. (2002): Medical Marvel. In: Industry Week 251(202)3, S. 47-49.

Hasselberg, F. (1999a): Siemens Computertomographie: High Speed Logistik – aktueller Stand und Entwicklungsperspektiven. In: *Pfohl, H.-Chr.* (Hrsg.): Logistik 2000 plus. Berlin 1999, S. 141-165.

Hasselberg, F. (1999b): Von 22 auf 3 Wochen Lieferzeit. In: Beschaffung aktuell (1999)10, S. 54-58.

Hasselberg, F. (2001): Erfolgreich praktiziertes SCM – Von 22 auf 3 Wochen Lieferzeit. In: *Dück, O.* (2001): WEKA Praxishandbuch PLUS: Materialwirtschaft und Logistik in der Praxis. Augsburg 2001, Kap. 7.4.1.

Heinzel, H. (2001): Gestaltung integrierter Lieferketten auf Basis des Supply Chain Operations Reference - Modells. In: *Walther, J./Bund, M.* (Hrsg.): Supply Chain Management. Neue Instrumente zur kundenorientierten Gestaltung integrierter Lieferketten. Frankfurt a. M. 2001, S. 32-58.

Horváth, P. (1996): Prozessorientierte Instrumente des Logistikcontrolling. In: *Pfohl, H.-Chr.* (Hrsg.): Integrative Instrumente der Logistik. Berlin 1996, S. 29-53.

Küpper, H.-U. (1992): Logistik-Controlling. In: Controlling 4(1992)3, S. 124-132.

o. V. (1998): Lieferzeit von 22 auf 3 Wochen eingedampft. In: Produktion – Sonderausgabe „Fabrik des Jahres" (1998)52, S. 52-56.

o. V. (1999): Mit Supply Chain durchschlagenden Erfolg. In: Produktion – Sonderausgabe „Fabrik des Jahres" (1999)52, S. 20-25.

o. V. (2001): E-Procurement-Award an Siemens Medical Solutions. In: Einkäufer im Markt (2001)14, S. 1-3.

Pfohl, H.-Chr. (1996): Integration in „World Class Logistics" - Unternehmen. In: *Pfohl, H.-Chr.* (Hrsg.): Integrative Instrumente der Logistik. Berlin 1996, S. 1-27.

Pfohl, H.-Chr./Zöllner, W. (1991): Effizienzmessung in der Logistik. In: Die Betriebswirtschaft (DBW) 51(1991)3, S. 323-339.

SCC (2003): Supply-Chain Operations Reference - Model Overview of SCOR Version 5.0. http://www.supply-chain.org/slides/SCOR5.0OverviewBooklet.pdf, 23.05.2003.

Stölzle, W. (2002): Supply Chain Controlling und Performance Measurement – Konzeptionelle Herausforderungen für das Supply Chain Management. In: Logistik Management 4(2002)3, S. 10-21.

Stölzle, W./Heusler, K. F./Karrer, M. (2001): Die Integration der Balanced Scorecard in das Supply Chain Management - Konzept (BSCM). In: Logistik Management 3(2001)2/3, S. 73-85.

Thomas, P. R. (1991): Getting Competitive. New York 1991.

Weber, J. (1991): Schnittstellenüberwindung durch Logistik-Controlling: Chancen, Stand und Entwicklung. In: *Horváth, P.* (Hrsg.): Synergien durch Schnittstellen-Controlling. Stuttgart 1991, S. 73-96.

Weber, J. (2002): Logistik- und Supply Chain Controlling. 5. Auflage. Stuttgart 2002.

Wildemann, H. (1999): Ansätze für Einsparpotentiale. In: Logistik heute 21(1999)4, S. 64-67.

Harald Gleißner

Supply Chain Controlling für die europaweite Endkundendistribution von Großgütern und Möbeln im Versandhandel

1. Supply Chain Controlling als Herausforderung im Versandhandel
2. Der Mergerprozess und die Marktbedingungen
3. Der Weg zu einem wirkungsvollen Planungs-, Steuerungs- und Kontrollinstrumentarium
4. Erkenntnisse
5. Ausblick

Literaturverzeichnis

Dr. Harald Gleißner ist Leiter des Bereichs Planung/Berichtswesen/Abrechnung für die Stückgut- und Großgutdistribution der Versandhandelssparte im KarstadtQuelle Konzern in Frankfurt/Nürnberg.

1. Supply Chain Controlling als Herausforderung im Versandhandel

Dieser Beitrag beschreibt die Ausgangssituation, den Integrationsprozess der logistischen Abwicklung von Großgütern und Möbeln sowie den Weg zur Implementierung eines umfassenden Supply Chain Controllings am Beispiel der Quelle AG und Neckermann Versand AG, der Versandhandelssparte im KarstadtQuelle Konzern. Mit der Integration der Versandabwicklung dieser Unternehmen im Bereich der Großgüter und Möbel hat das Supply Chain Controlling besondere Relevanz erhalten.

Supply Chain Controlling beinhaltet im vorliegenden Anwendungsfall Regeln und Aktivitäten zur Planung, Steuerung und Kontrolle des Warenflusses des Versandhandels. Der Warenfluss umfasst dabei den Weg vom Lieferanten über die versandhandelsgesteuerte Logistikorganisation bis zum Besteller. Das Supply Chain Controlling überwindet damit die Grenzen des bisherigen Regelberichtswesens und erweitert sich zu einem Instrumentarium der Steuerung und vorausschauenden Planung.

Die Implementierung des integrierten Supply Chain Controllings für die Großgüterabwicklung ist noch nicht abgeschlossen. Dennoch lassen sich aus den bisher gemachten Erfahrungen einige Erkenntnisse formulieren, die im Allgemeinen oder unter ähnlichen Bedingungen nützlich sein und den Supply Chain Controlling-Ansatz fördern können.

2. Der Mergerprozess und die Marktbedingungen

2.1. Entwicklung auf dem Versandhandelsmarkt

Das Marktsegment des Einzelhandels in Deutschland wird durch den stationären Vertrieb dominiert. Der Anteil des Versandhandelsumsatzes am gesamten Einzelhandelsumsatz liegt seit 1993 bis heute zwischen 5,8 und 6,0 Prozent und rangiert in diesem Zeitraum zwischen 20,8 und 21,3 Mrd. € p.a. (vgl. Abbildung 1). Im europaweiten Vergleich werden in Deutschland die höchsten Versandhandelsumsätze erzielt, gefolgt von Großbritannien und Frankreich. Das erklärt auch, dass mit Quelle, Otto und Neckermann, gemessen am Umsatz, die weltweit größten Versandhandelsunternehmen aus Deutschland kommen.

Die konjunkturelle Marktentwicklung im Einzelhandel mit seinen Segmenten „Stationär" und „Versand" wird derzeit als dramatisch eingestuft. Gleichwohl herrscht im Versandhandel eine stabilere Situation und eine geringere Anfälligkeit gegenüber konjunkturellen Störungen als im stationären Segment. Dies gründet sich auf eine traditionell stabilere Kundenbeziehung zwischen Versandhaus und Besteller.

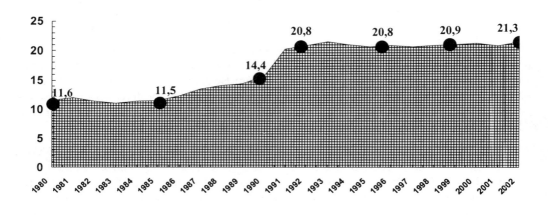

Abbildung 1: Umsatzentwicklung Versandhandel in Deutschland (Quelle: *BVH* (2003))

Diese Tatsache ist für den Versandhandel allerdings kein bequemes Ruhekissen, hat doch das Zugpferd der großen Universalanbieter, der auf ein breites Sortiment ausgelegte Gesamtkatalog, mit zurückgehenden Bestellvolumina zu kämpfen. Erfolgreich positioniert ist nach wie vor der Spezialversand, der auch von dem e-Business-Hype und seinem Absturz weitestgehend unbeschadet geblieben ist. In diesem Bereich, der sich durch auf Produkt- und Kundengruppen zugeschnittene Spezialkataloge auszeichnet, sieht die Branche ein ergiebiges Zukunftspotential, das verstärkt auch über das Medium Internet am Markt aktiv sein wird.

Die Abbildungen 2a-c zeigen außerdem, dass der Spezialversandhandel mit erheblich geringeren jährlichen Umsatzschwankungen zu kämpfen hat als der Universal- bzw. Sortimentsversandhandel.

2.2. Vom Handels- zum Dienstleistungskonzern

Mit der Zusammenführung der Karstadt AG und der Schickedanz Handelswerte GmbH & Co. KG zur KarstadtQuelle AG begann die Neuausrichtung des bisher reinen Handelsunternehmens zum integrierten Handels- und Dienstleistungskonzern (vgl. Abbildung 3). In der nachstehenden Abbildung sind die vier Geschäftsfelder Stationär- und Versandhandel, Dienstleistungen und Immobilien exemplarisch dargestellt. Innerhalb des Geschäftsfeldes Versand wurden ab Januar 2002 auch die Versandhandelsaktivitäten neu ausgerichtet. Unter Beibehaltung der bestehenden erfolgreichen Marken Quelle und Neckermann wurden Querschnittsaktivitäten zur Erfassung von Synergiepotentialen gemeinsam organisiert und unter einer einheitlichen Leitung zusammengefasst.

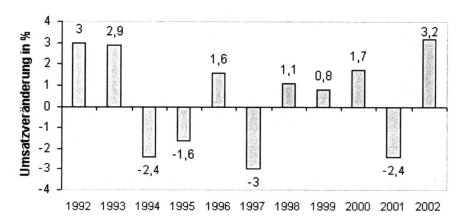

Abbildung 2a: Umsatzveränderungen im Versandhandel gegenüber dem Vorjahr (Quelle: *BVH* (2003))

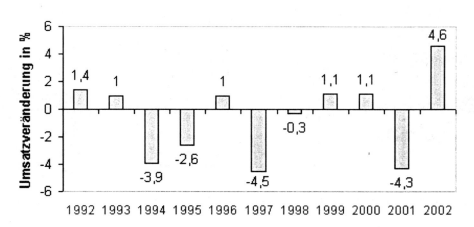

Abbildung 2b: Umsatzveränderungen im Sortimentsversandhandel gegenüber dem Vorjahr (Quelle: *BVH* (2003))

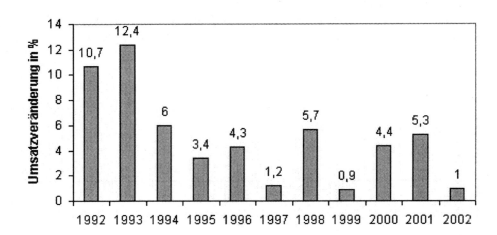

Abbildung 2c: Umsatzveränderungen im Spezialversandhandel gegenüber dem Vorjahr (Quelle: *BVH* (2003))

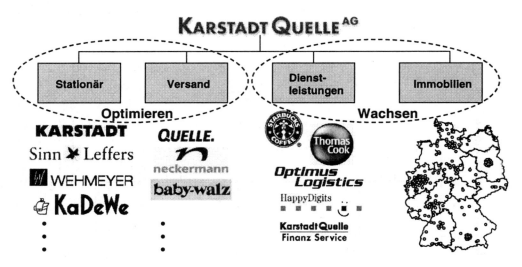

Abbildung 3:   Vom Handels- zum integrierten Handels- und Dienstleistungskonzern

2.3.   Integration der Versandhandelslogistik

Im Rahmen der Integration des Versandhandelsgeschäftes ist ein Schwerpunkt die gemeinsame Distribution von Großgütern (braune und weiße Ware, wie z.B. Waschmaschinen, Kühlschränke, Fernseher) sowie Möbeln (Kasten-, Polster-, Aufbaumöbel und Küchen). Zentraler Ansatz ist dabei zunächst die Zusammenführung paralleler Distributionskanäle sowie die Vereinheitlichung separater Abläufe und IT-Prozesse. Diese Phase geht über in eine Optimierung der bestehenden Lager- und Distributionsstrukturen. Hier sind allein aufgrund von Mengenkumulationen erhebliche Synergiepotentiale zu erwarten.

Die drei wesentlichen Distributionskanäle für die jeweiligen Sortimente sind in der Abbildung 4 zusammengefasst. Die Distribution „über Regionallager" für braune und weiße Ware und „ab Fabrik" für Volumenware und Möbel sind dabei historisch gewachsen und basieren auf unterschiedlichen Servicezusagen an den Kunden.

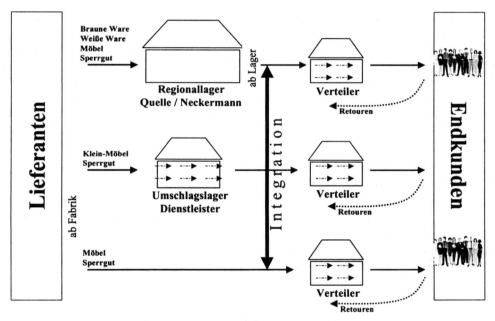

Abbildung 4: Distributionskanäle Großgut und Möbel

Eine besondere Herausforderung ergibt sich aus den bestehenden Netzwerkstrukturen in der Distribution. Diese setzen sich zusammen aus eigenen Abwicklungen, Konzerndienstleistern, Dienstleisterkooperationen sowie vielen Transportdienstleistern mit sehr unterschiedlichen Betriebsgrößen.

Weitere Herausforderungen für einen Umstellungsprozess resultieren unter anderem aus den Fristigkeiten der Vertragsverhältnisse mit den verschiedenen Dienstleistern, den Eigentums- und Mietverhältnissen bei den Logistikimmobilien, Verpflichtungen aus Betriebsvereinbarungen („Verzicht auf Outsourcing") gegenüber den Mitarbeitern und Betriebsräten sowie Sortiments- und Serviceunterschieden der Marken. Nicht zu verschweigen sind mergerinhärente Phänomene, die bei der Überwindung von Unterschieden in der Unternehmenskultur und deren Neukonstitution auftreten.

Schließlich verpflichtet eine konjunkturell schwierige Situation zu zurückhaltendem und sorgfältigem Umgang mit Investitionen und langfristiger vertraglicher Bindung. Damit stehen Grüne-Wiese-Planungen und vollständige Neuentwicklungen auf dem Pfad zu einer neuen Unternehmensstrategie nicht zur Verfügung.

3. Der Weg zu einem wirkungsvollen Planungs-, Steuerungs- und Kontrollinstrumentarium

Eines der wesentlichen Elemente des Integrationsprozesses ist die Bereitstellung von entscheidungsrelevanten Managementinformationen. Solche Managementinformationen dienen zunächst zur Steuerung der laufenden operativen Prozesse. Ihre kontinuierliche Verfügbarkeit und ihre rollierende Aktualisierung sind insbesondere in der Phase des Prozessreengineering wichtig. Darüber hinaus ist mit derartigen Controllinginformationen der Fortschritt der Integration zu messen und zu bewerten, um entsprechende Anpassungsmaßnahmen abzuleiten. Vor allem gilt es damit, die Synergieergebnisse auszuweisen und dem Finanzsystem des Unternehmens ergebniswirksam zur Verfügung zu stellen.

3.1. Steuerung und Berichtswesen in der Ausgangsstruktur

Zu Beginn des Mergerprozesses stand das Benchmarking der unabhängigen Abläufe der beiden Versandhandelshäuser Quelle und Neckermann im Vordergrund. Mit großem Aufwand wurde die Vergleichbarkeit von Leistungen und Kostenbestandteilen in den Logistikprozessen herbeigeführt. Insofern nichts Neues, sind doch nicht vorhandene bzw. nicht vergleichbare Informationen als Hauptprobleme des Supply Chain Controlling allgemein identifiziert (*Kummer* (2002)). Aus dem Vergleich konnten die „besten" Abwicklungen für die jeweiligen Sortimentsgruppen identifiziert und als Masterprozesse definiert werden. Neben der Sortimentsgruppe als Abgrenzungsmerkmal spielt im Versand auch der entsprechende Servicelevel eine determinierende Rolle.

Solche Servicelevels sind z.B. definiert als Lieferung
- innerhalb 24 Stunden,
- innerhalb 48 Stunden,
- auf Wunschtermin,
- nach Lieferung durch den Hersteller,
- mit Aufbauleistung bei Möbeln,
- mit Anschlussleistung bei Elektrogroßgeräten,
- mit Verpackungsmaterialentsorgung,
- mit Altgeräteentsorgung bei Elektrogroßgeräten.

Diese unterschiedlichen Servicelevels führen zu verschiedenen Ausprägungen der Supply Chain und auch speziell darauf abgestimmten Controllingmaßnahmen.

Schwerpunkte der ursprünglichen Berichterstattung der beiden Versandhäuser waren Kosten- und Leistungskenngrössen mit allerdings unterschiedlichen Schwerpunkten hinsichtlich einer Stückkostenbetrachtung bzw. einer Betrachtung auf die Logistikbudgeteinhaltung und der Ergebniswirkung. Hier standen sich nicht nur verschiedene Berichtsformate und Darstellungsformen gegenüber, sondern auch ein differierendes Aggregationsniveau und sehr unterschiedliche Verarbeitungszyklen, das heißt Berichtsintervalle. Schließlich ist zu erwähnen, dass die DV-technische Unterstützung beider Berichtswesensysteme sehr gering war. Die Daten wurden meistens aus umfangreichen Tabellenwerken von Host-Systemen herausgefiltert und nicht selten manuell weiterverarbeitet. In den gewachsenen Strukturen waren die Controllingsysteme häufig individuell auf die jeweilige operative Leitung zugeschnitten. Der dabei entwickelte Detaillierungsgrad schwankte zum Teil erheblich und war selten unmittelbar für den Benchmarkingprozess zu verwenden.

Im Bereich der Planung der Lieferkette wurden in der Ausgangsstruktur im Wesentlichen asynchrone Mengen- und Kostenplanungsprozesse durchlaufen. In Anbetracht einer relativ stabilen Situation in der früheren Distribution mit der Möglichkeit, Planungen unter hoher Sicherheit auf Vergangenheitswerten abzustützen, erschien dies auch praktikabel. Selbst die Saisonschwankungen galten durch ihre Regelmäßigkeit in den Zeitphasen Ostern und Weihnachten mit dieser Planungsmethode als gut beherrschbar. Unter den heutigen, immer schwieriger werdenden Marktverhältnissen und der Zunahme von spontanen, aktionsorientierten Marketingaktivitäten, zeigte die Methode schwere Defizite. Sie war durch ein rollierendes Planungssystem zu ersetzen.

3.2. Anforderungen zur Steuerung des neuen komplexen Distributionssystems

Das mit der Zusammenführung der Quelle-/Neckermann-Großgüterlogistik noch komplexer gewordene Distributionssystem erfordert ein übergreifendes Controllinginstrumentarium. Es hat zunächst die Kernaufgabe, die Umsetzung der neuen gemeinsamen Logistikstrategie zu unterstützen und den Gesamtüberblick über die Supply Chain herzustellen. Mit der dadurch erreichten Transparenz werden Vergleichsmöglichkeiten zwischen Teilen der Supply Chain und alternativen Abwicklungen ermöglicht. Dazu gehören auch die Identifikation von Schlüsselprozessen und -faktoren, Kostentreibern und Prozessengpässen. Aus den weit verzweigten Basissystemen muss eine gemeinsame Datenbasis mit einem übergreifenden Kennzahlensystem entstehen.

Die Entwicklung des Supply Chain Controlling - Ansatzes verläuft im vorliegenden Fall parallel zur Realisierung der Supply Chain - Strategie. Die Integration und Optimierung der Prozesskette in der Endkundendistribution lässt sich dabei in drei Phasen einteilen:

- Phase 1
  - Integration der verschiedenen Endkundendistributionsschienen
  - Optimierung der Lagerstandortstrukur
  - Reduzierung der Bestandhaltung und Ausbau von Cross-Docking-Belieferungen
  - Restrukturierung der Lagerbestandsorte und Klassifizierung der Lagerbestände nach ABC-Kriterien
- Phase 2
  - Integration der Europaauslieferung
- Phase 3
  - Konsolidierung der Beschaffungslogistik

Die Phase 1 bezieht sich im Wesentlichen auf die Optimierung des kundenseitigen Teils der Supply Chain, inklusive der Haupt- und Nachläufe. Nahezu ohne zeitlichen Verzug startet mit der Phase 2 die Integration der Europadistribution. Damit werden die ausländischen Tochtergesellschaften in den Kreislauf der Warenversorgung einbezogen. In der späteren Phase 3 wird die Beschaffungslogistik vollständig integriert. Erst dann liegt eine vollständige Abbildung der Supply Chain vom Hersteller bis zum Verbraucher vor. Mit Einbindung der Retrologistik für Retouren vom Verbraucher zurück bis zum Hersteller entsteht ein Kreislaufsystem.

Supply Chain Controlling fokussiert sich in der Phase 1 auf das Berichtswesen. Es geht zunächst um die verursachungsgerechte Abbildung dieser Leistungs- und Kostenkomponenten für die Endkundendistribution. Eine klare empfängerorientierte Ausrichtung der Controllingergebnisse, -daten und -informationen ist dabei notwendig. Damit sind sowohl die instrumentelle Nutzung für die unmittelbare operative Verwendung (Steuerung des Tagesgeschäftes), die konzeptionelle Nutzung zur Weiterentwicklung von Prozessen und Abläufen (strategische Planung) sowie letztlich auch die symbolische Nutzung (Interpretation und Begründung) zu Kosten und Leistungen des Großgüternetzwerkes möglich (*Risse et al.* (2003)).

Die Entwicklung läuft hier eindeutig von der bisher verfolgten, rein interaktiven Steuerungssystematik auf hohem Managementniveau hin zu einem mehr diagnostischen Steuerungssystem mit Analysemöglichkeiten innerhalb von Geschäftsprozessen. Damit können die Distributionsprozesse mit ihren einzelnen Arbeitsschritten für die mittlere operative Leitung transparent und schneller beeinflussbar gemacht werden.

Was die praktischen Anforderungen zur Integration des Berichtswesens anbelangt, wurden einige Grundsätze formuliert, die sich für die weitere Arbeit als überaus nützlich erwiesen haben.

Basisanforderungen zur Umsetzung:
- Integration der Anforderungen der Berichtsempfänger
- Konzeption eines Ordnersystems, um sämtliche relevanten Berichte des Großgüterbereiches für leitende Mitarbeiter verfügbar zu machen (im Intranet und ggf. auch in Papierform)
- Berichtsverteilung mittelfristig ausschließlich per e-Mail

- Ein Ansprechpartner als Koordinator (Aktualität, Verteilzeitpunkte, Änderungen)
- Informationsmanagement (gezielter Zugriff, Berechtigungen vergeben)
- Einheitlicher Auftritt der Berichte (CI)

Mit der Entstehung des integrierten Supply Chain Controllings geht auch die Umstellung der Abrechnungsmethodik gegenüber den eingesetzten Logistikdienstleistern einher. Das bedeutet, dass zukünftig alle Dienstleister über Gutschriftverfahren via EDI abgerechnet werden. Bereits seit geraumer Zeit gehören Leistungsinformationen in Form von EDI-Datensätzen mit Angaben zu Lieferumfang, Lieferart und Liefertermin zur Standardkommunikation mit dem Dienstleister. Auch der Rechnungsdruck für den Kunden und die Abrechnung mit dem Lieferanten sind bereits in dieses System eingebunden. Als letzter Schritt wird auch das Abrechnungsverfahren für alle Dienstleister automatisiert. Die Einsparungen im administrativen Bereich, sowohl bei den Versandhäusern, als auch bei den Dienstleistern, sind sehr hoch.

Eine besondere Anforderung stellt die Berücksichtigung der europaweiten Integration der Supply Chain dar. Zur Nutzung von Größendegressionseffekten geht man mehr und mehr dazu über – so es die landesspezifischen Besonderheiten zulassen – die Kunden europaweit aus einer Lieferquelle zu bedienen. Das heißt, dass die Produkte in den oben dargestellten, unterschiedlichen Lieferketten nicht nur die Endkunden in Deutschland, sondern auch die Endkunden in Frankreich, Holland, Belgien, Österreich oder der Schweiz erreichen müssen. Es handelt sich hierbei um ein Kreislaufkonzept, da die Großgüter und Möbel nicht mehr über eine Auslandszentrale laufen, sondern direkt über Cross-Docking-Hubs in den Kundenregionen verteilt werden, über die auch die Retourenrückführung abgewickelt wird. Trotz relativer Liberalisierung durch EG-Recht, erfordert dies die Überwindung einiger zusätzlicher Hürden. Eine der schwierigen Aufgaben ist, wie so oft, die Anbindung der verschiedenen IT-Schnittstellen an die Systeme der Tochtergesellschaften und der ausländischen Dienstleister. Zudem zeigen die langjährigen Erfahrungen bei der Distribution im europäischen Ausland, dass die Anforderungen im Umfeld der Endkundenzustellung in den einzelnen Ländern durchaus unterschiedlich sind. Diesen ist aus Gründen der Kundenakzeptanz auch Rechnung zu tragen. So sind zum Beispiel die Absatzmengenentwicklungen bei den europäischen Partnern nicht ohne weiteres mit für den deutschen Markt entwickelten Planungsansätzen berechenbar. Des weiteren werden landesspezifische Rüstmaßnahmen, wie z.B. Veränderungen der Elektroanschlüsse oder Anbringung von Sicherheitshinweisen in der Landessprache, die erforderlich sind, um Artikel auf ausländischen Märkten anbieten zu können, für zentral disponierte Waren ihrem Umfang nach häufig unterschätzt.

3.3. Zielstruktur des Berichtswesens

Für die Zielstruktur des zukünftigen Controllinginstrumentariums in der Supply Chain wurde eine Berichtsmatrix entwickelt (vgl. Abbildung 5). Diese Matrix ordnet das Informationsportfolio nach Berichtstypen, Nutzer/Hierarchieebenen, Ort in der Supply Chain und Unternehmenszugehörigkeit. Berichtstypen unterscheiden sich dabei durch

Inhalt und Art der Darstellung. Es gibt Tages-, Monats- und Jahresdarstellungen, Vergleiche und Benchmarking der Distributionsschienen, Kennzahlenblätter, tabellarische oder grafische Darstellungen. Der Detaillierungsgrad der Berichtstypen hängt ab von der Hierachieebene des Adressaten sowie von dessen Status (intern – externer Dienstleister).

Die Matrix ist als Prinzipzeichnung dargestellt. Exemplarisch wurden einige Berichtstypen eingetragen. Eine solche Matrix kann lediglich als ein generelles Vorgehensmodell empfohlen werden. Die Inhalte und Controllingberichte sowie ihre Darstellungsform sind unternehmensspezifisch zu definieren.

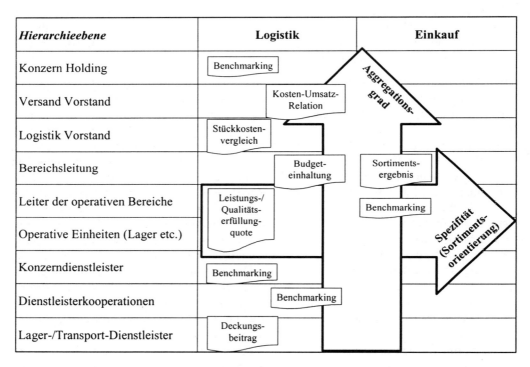

Abbildung 5:   Hierarchie-/Nutzermatrix im Berichtswesen

3.4. Migrationspfad und Entwicklungsphasen

Zu Beginn eines Mergerprozesses besteht häufig die Notwendigkeit, die Effizienz der selbständigen Supply Chains möglichst rasch einem Benchmarking zu unterziehen. Das Ergebnis eines solchen Logistik-Benchmarkings soll letztlich auch Erkenntnisse über die Gesamtrentabilität der Mergeraktivität liefern. Kernproblem ist allerdings, dass die vorhandenen Kennzahlen schlecht vergleichbar sind. Diese sind unternehmensindividuell und historisch gewachsen aufgebaut und basieren häufig auf sehr unterschiedlichen Inputgrößen und heterogenen Datenbasen. Damit ist in einer solchen ersten Vergleichsphase ein überdurchschnittlich hoher Aufwand zu betreiben, um annähernd aussagekräftiges Datenmaterial zu erhalten. Behindert wird ein solcher Prozess in der Regel zudem durch die Zurückhaltung der bisher selbständig handelnden und in Konkurrenzbeziehung stehenden Linienverantwortlichen.

Im weiteren Prozess des Mergers ist es dann besonders wichtig, den relevanten Bereich mit seinen bisher getrennten operativen Einheiten unter einheitlicher Leitung zusammenzufassen. Die Institutionalisierung einer übergreifenden Controllingfunktion ist der nächste sachlogische Schritt, um sich in Richtung der gemeinsamen Supply Chain zu entwickeln.

Diese Controllingverantwortung wird sich in der Folge mit nachstehenden Aufgabenschwerpunkten zu beschäftigen haben, die gleichzeitig den Migrationspfad aufzeigen:
- Verschaffung eines Überblicks über bisherige Strukturen, d.h. Prozessdarstellungen und Ablaufdiagramme bilden die Grundlage für jede Controllingaktivität.
- Schnelle Bereitstellung führungsrelevanter Informationen (Logistikstückkosten pro Warengruppe, Logistikkosten/Umsatzrelation, Umschlaghäufigkeit).
- Intelligente/ressourcensparende Zwischenlösungen schaffen.
- Beherrschung der Schnittstellen zu den unterschiedlichsten IT-Systemen wie Fakturier-, Auftragsabrechnungs-, Bestands-, Auslieferungs-, Abrechnungs- und Buchhaltungssysteme.
- Ablösung manueller Erfassungen und Auswertungen (Automatisierung), insbesondere im Bereich der Speditions- und Sonderabwicklungen.
- Datawarehouse-basierte Automatisierung des Datenabzugs aus den Basissystemen, der Datenaggregation und der Erstellung von Routineauswertungen ohne manuellen Eingriff.

Ähnlich der Festlegung von Masterprozessen für die physische Distribution müssen im Bereich Berichtswesen und Abrechnung der Großgüterlogistik Master-Berichtsformate definiert werden, die zur Abbildung der gesamten Supply Chain tauglich sind (vgl. Abbildung 6).

Gegen eine komplette Neuentwicklung des operativen Controllinginstrumentariums sprechen im Falle Quelle/Neckermann Zeit- und Kostengründe. Diese Entscheidung ist jedoch unternehmensspezifisch zu prüfen.

Durch einen Verzicht auf Neuentwicklung ist die Kontinuität der Berichterstattung sichergestellt, wenngleich nicht jede zweckmäßige Kennzahl oder Auswertung sofort verfügbar ist. Die fortlaufende Bereitstellung von Basisinformationen ist gerade in der ohnehin schwierigen Phase des Zusammenführens von hoher Bedeutung, um wenigstens grobe Fehlentwicklungen zeitnah erkennen zu können. Der weitere Aufbau des Informationsgehaltes der Berichterstattung muss in Folge durch sukzessive Weiterentwicklung realisiert werden.

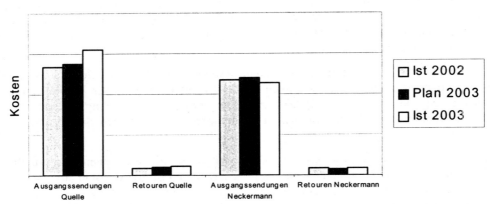

Abbildung 6: Beispiel eines Masterberichtsformats zu Logistikleistungen und -kosten

Auf Vorstandsebene wurde eine einheitliche Berichterstattung durch ein kontinuierliches Reporting zu den Leistungs- und Kostenkennzahlen eingeführt. Das Reporting erfolgt in turnusmäßigen Sitzungen mit Vorständen, dem Einkauf und deren operative Logistikleitung. Damit wird sichergestellt, dass die entwickelten Kennzahlen nicht nur in abstrakten Diagrammen vorgelegt werden, sondern auch in einer Präsentation mit Darstellung der Ursache-Wirkungs-Zusammenhänge gemeinsam interpretiert werden können. So können z.B. Veränderungen in den Logistik-Stückkosten aus Mengen- und Kostenveränderungen gleichermaßen resultieren. Die Mengenveränderungen ihrerseits können durch Veränderungen des Warenausgangs und /oder des Retourenaustausches verursacht sein. Um die genauen Ursachen der Veränderung zu identifizieren, sind etwa Kenntnisse der Entwicklung des Marktes, des Kundenverhaltens, der logistischen Retourenbedingungen und der Performance erforderlich. Dies ermöglicht es, unmittelbare Maßnahmen zu diskutieren und festzuschreiben.

Sobald sich die aussagefähigen Zwischenlösungen, die sich auf die bisher etablierten Berichtswege abstützen, stabilisiert haben, wird die Ablösung der manuellen Erfassung und Auswertung realisiert. Um den Prozess in Richtung Automatisierung voranzutreiben, ist es unerlässlich, die bestehende IT-Systemlandschaft mit ihren Input-, Verarbeitungs- und Output-Leistungen zu verstehen und in einer für das Supply Chain Controlling relevanten Art zu dokumentieren. Das heißt, die Datenschnittstellen müssen von den Controllingverantwortlichen beherrschbar gemacht werden. Beherrschbar in diesem Zusammenhang bedeutet einen ungehinderten Zugriff auf diese Systeme und Kenntnis über die Zeitdimension, die die Dateninhalte repräsentieren. Im Idealfall erfolgt der Zugriff über ein Datawarehouse.

Je älter die bestehenden Systeme sind, umso unwahrscheinlicher ist es, dass diese Komponenten zur zeitlichen Abgrenzung beinhalten, zum Beispiel um stichtagsgenaue Monatsabschlüsse zu ermöglichen. Ähnliches gilt für Routinen zur Abgrenzung von Leistungen und Kosten sowie die Ausweisung von Sondereinflüssen. Zu solchen Sondereinflüssen zählen etwa unerwartete Mengenschwankungen, Fehlbuchungen im Abrechnungsprozess oder zeitlich begrenzte Veränderungen von Konditionen. An dieser Stelle muss das Supply Chain Controlling auch die Aufgabe der laufenden Abgrenzung übernehmen. Eine genaue Kenntnis der Schnittstellen ist insofern von besonderer Bedeutung.

Nach der Optimierung der Schnittstellen folgt als nächster Schritt auf dem Weg zu einem funktionierenden Supply Chain Controlling die Einführung eines Datawarehouse (vgl. Abbildung 7). Die in der Versandsparte anzutreffende Komplexität der Abläufe und der IT-Systeme erschwert einerseits eine schnelle Realisierung und begründet andererseits die absolute Notwendigkeit für den Einsatz eines solchen Systems. Ziel ist es, die aufwändige und insbesondere personalintensive laufende Berichterstattung zu automatisieren und zur schnellen Reaktion auf Marktveränderungen logistische Ad-hoc-Analysen zu ermöglichen.

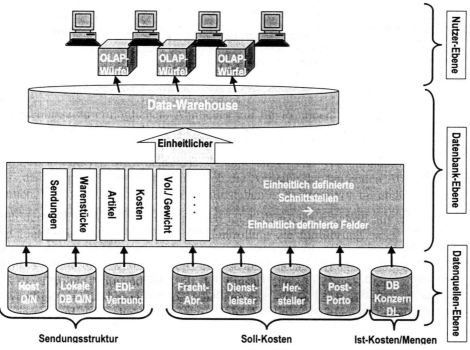

Abbildung 7:   Gesamtkonzept Datawarehouse

Zur Umsetzung des Datawarehouse-Konzeptes ist ebenfalls ein Vorgehensmodell in Stufen empfehlenswert. Das Konzept ist in Abbildung 8 dargestellt. Mit den einzelnen Stufen werden nach und nach die Schnittstellen der Systemlandschaft der Unternehmen integriert. Systemführer ist im vorliegenden Fall die gemeinsame Konzerngesellschaft für Logistik. Durch diese Entscheidung wurde auch die breite und markenneutrale Nutzbarkeit des Datawarehouse ermöglicht. Außerdem lassen sich in der Folge über diese Konstruktion ähnliche logistische Abwicklungen anderer Konzernunternehmen und möglicher Mandanten in die bestehende Supply Chain integrieren.

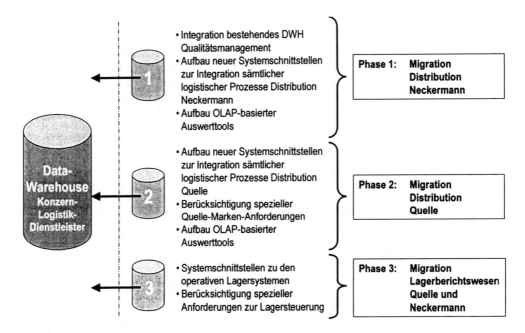

Abbildung 8: Stufenkonzept zur Einführung des Datawarehouse

Ein wichtiger Aspekt eines offenen Datawarehouse-Systems ist die Anbindung vor- und nachgelagerter Wertschöpfungselemente in der Supply Chain. So werden dort logistische Information der Lieferanten und der Dienstleister in der Endkundendistribution eingehen. Diese sind entweder direkt oder über die zentralen Systeme von Quelle und Neckermann angebunden. Gegenüber den Dienstleistern werden daraus die Leistungs- und die Kostenüberwachung durchgeführt sowie die Abrechnung des Leistungsentgeltes verfolgt und zeitraumbezogen abgegrenzt.

4. Erkenntnisse

Eine wesentliche Erkenntnis aus dem Mergerprozess ist, dass eine Prozessbetrachtung bei logistischen Abläufen heute unverzichtbar ist. Weiterhin hat sich gezeigt, dass eine Anpassung bestehender Kostenrechnungssysteme auf den Prozesskostenansatz dringend geboten ist, um die Sortimente im Handel mit einem verursachungsgerechten Logistikkostenanteil zu belasten. Diese Information muss dem Einkäufer bereits im Vorfeld zur Verfügung stehen, um ihm die Ergebniswirkung seiner Einkaufs- und Sortimentsplanung transparent zu machen. Im Umfeld zunehmender Aktionsgeschäfte wird dies immer kurzfristiger notwendig sein.

Auf der Seite der Endkundenbelieferung gewinnt das Leistungs-, Kosten- und Qualitätsbenchmarking zwischen den Dienstleistungspartnern zunehmend an Bedeutung. Auch hier sind aufwandsadäquate Vergütungsmodelle zu entwickeln, die einen Spielraum für den notwendigen Unternehmergewinn des Dienstleistungspartners erlauben. Die heutige Intransparenz bewegt sich häufig zwischen Extremen, die mitunter in drastischen Qualitätseinbrüchen oder gar in Insolvenzen einzelner Partner münden.

Für die Entwicklung eines Supply Chain Controlling unter konzernähnlichen Bedingungen lassen sich folgende Erkenntnisse zusammenfassen:
- Die Integration des Berichtswesens und der Datenlandschaft ist ein schwieriger Prozess, dem viel Zeit eingeräumt werden sollte.
- Der Fortschritt im Prozess wird erleichtert, wenn die handelnden Personen ein gemeinsames Verständnis über die Supply Chain im Allgemeinen und über das Supply Chain Controlling im Besonderen entwickeln.
- Der Schlüssel liegt bei den IT-Systemen im Allgemeinen und bei ihrer Kompatibilität und der Beherrschung der Schnittstellen im Besonderen (*Göpfert* (2003), S. 26).
- Für Kontinuität und Sicherheit bei Zugriff und Aggregation des Datenmaterials empfiehlt sich der Einsatz eines zentralen Datawarehouse.
- Eine Restrukturierung des bisherigen Controlling- und Reportinginstrumentariums ist, soweit Kontinuitäts- und Kostengesichtspunkte im Vordergrund stehen, gegenüber einer völligen Neuentwicklung zu präferieren.
- Lieferanten und Dienstleister sollten frühzeitig einbezogen werden, da auch die Anpassung ihrer Systeme einen ausreichenden zeitlichen Vorlauf erfordert.
- Eine Strategie der kleinen Schritte erhöht die Akzeptanz bei den Beteiligten.

5. Ausblick

Der Aufbau eines Supply Chain Controlling für die Großgüterlogistik wird bei Neckermann und Quelle als ein fortlaufender Prozess verstanden und ist noch nicht abgeschlossen. Aufgrund immer kürzerer Marktzyklen und rasch wechselnder Strategien der Marktbearbeitung unterliegt auch das Spektrum der Controllingaufgaben in der Supply Chain ständigen Veränderungen. Ein erfolgreiches Supply Chain Controlling wird sich in Zukunft auch dadurch auszeichnen, mit hoher Flexibilität solchen Veränderungen unmittelbar zu folgen.

In einer Supply Chain für Großgüter und Möbel sind in der bevorstehenden Projektphase die Beschaffungsprozesse vollständig zu integrieren und in den Controllingfokus mit aufzunehmen. Damit wird die Durchgängigkeit der Leistungs- und Kostenerfassung über die gesamte Supply Chain hinweg erreicht werden. Dies wiederum bildet die Grundlage für weitere Maßnahmen zur Kostenreduzierung und Leistungsverdichtung. Die Steuerung der Beschaffungsprozesse liegt heute in der Regel noch bei den Einkaufsbereichen. Eine Optimierung der Prozesse erfolgt aber nur punktuell und kommt ausschließlich dem betroffenen Sortiment zugute und generiert wenig gesamtheitliche Synergien. So werden mitunter Lieferungen aus gleichen Beschaffungsregionen mit unterschiedlichen Verkehrsträgern individuell vom Lieferanten veranlasst und ausgeführt.

Eine Einbeziehung der Beschaffungslogistik, einschließlich der Nachschubsteuerung, in den gesamten logistischen Prozessablauf und die Anbindung an ein zentrales Supply Chain Controlling könnte aber weit höhere Synergiepotentiale generieren; unter anderem durch Transportbündelung, Verstetigung der Lagerauslastung und stärkeren Einsatz von Cross-Docking-Abläufen.

Inwieweit sich Supply Chain Controlling nachhaltig im Konzernumfeld in der Großgüterdistribution durchsetzen und etablieren kann, wird auch von der Integration der Unternehmenskulturen abhängen. Voraussetzung dazu ist ein prozessorientiertes Selbstverständnis in allen Hierarchieebenen. Hier sind erfreuliche Veränderungen zu beobachten und versprechen eine positive Weiterentwicklung in der Zukunft.

Literaturverzeichnis

BVH Bundesverband des Deutschen Versandhandels e.V. (2003): Aktuelle Statistiken. Frankfurt a. M. 2003.

Göpfert, I. (2003): Zukunftsperspektiven des Supply Chain Controlling. In: *Hossner, R.* (Hrsg.): Jahrbuch der Logistik 2003. Düsseldorf 2003, S. 22-26.

Kummer, S. (2002): Stand und Entwicklungsperspektiven des Logistik-Controlling. In: *Arnold, D./Isermann, H./Kuhn, A./Tempelmeier, H.* (Hrsg.): Handbuch Logistik. Berlin 2002, Kap. D5.1.

Risse,J./Stommel, H./Zadek, H. (2002): Lieferkettenkennzahlen als Instrument für ein effizientes Supply Chain Controlling. In: *Hossner, R.* (Hrsg.): Jahrbuch der Logistik 2002. Düsseldorf 2002, S. 189-193.

Andreas Froschmayer

Supply Chain Solutions und „Logistik-Bilanz"

1. Von der Unternehmensstrategie zur Logistikstrategie
2. Erfolgsmaßstäbe von Logistik-Reorganisationsprojekten
3. Die Logistik-Bilanz als Instrument des Supply Chain Controlling
4. Rollen und Erfolgszurechnungen zwischen Industrie, Handel und Logistik-Dienstleister
5. Fazit: Sind Erfolgsmaßstäbe einer Supply Chain Reorganisation steuerbar?

Literaturverzeichnis

Dr. Andreas Froschmayer ist Bereichsleiter für Unternehmensentwicklung sowie Prokurist der Dachser GmbH & Co. KG in Kempten.

1. Von der Unternehmensstrategie zur Logistikstrategie

Im Umfeld moderner Volkswirtschaften professionalisieren Unternehmen und Unternehmensverbindungen ihre Fähigkeiten, Güter und Dienstleistungen effizient zu produzieren und zu vermarkten. Zunehmend entscheidet jedoch auch die Fähigkeit einer schnellen, kundengerechten und flexiblen Verknüpfung von Ressourcen in Netzwerken von Güter-, Informations- und Geldströmen über den Erfolg des Unternehmens.

Damit werden in der Diskussion um Inhalte von Strategien für Unternehmen und deren Netzwerkpartner zunehmend die Themen Supply Chain Management und Collaboration diskutiert sowie explizit vom Top-Management als Strategien der Unternehmen festgesetzt. Als Konsequenzen werden sich damit die Logistik- und Organisationsstrukturen verändern.

Das Infragestellen von Prämissen und der Versuch, vermeintliche Invarianzen in Logistiksystemen zu hinterfragen und erforderlichenfalls zu brechen ist ein wesentliches Merkmal strategischen Denkens (*Dietel/Seidel* (2002)). Eine notwendige Bodenhaftung ist dabei durch die Anwendung von Instrumenten und Methoden der strategischen Analyse und Planung sowie des Controllings erforderlich. Somit ist strategisches Denken – auch für logistische Fragestellungen – immer auch mit einem Controlling dieser logistischen Fragestellungen verbunden, um die Erfolgswirksamkeit der Strategie zu bewerten.

Logistische Strategien selbst haben dabei in jüngster Zeit einen Wandel durchschritten: Der Übergang vom Management von Logistik-Teilleistungen (Transport, Lager, Umschlag) zum Management von Supply Chain Netzwerken erfordert sowohl von Industrie und Handel als auch von Logistikdienstleistern ein hohes Maß an Innovationsfähigkeit und Komplexitätsverarbeitungskompetenz.

Um die Komplexität des Managements von Supply Chain Netzwerken zu reduzieren, werden neue Strategien erarbeitet, dies sich letztendlich auch in einem erweiterten Angebot an Dienstleistungen und Technologien niederschlagen, die sich auf die Handhabung dieser Herausforderungen beziehen. Auf der einen Seite können durch neue Technologien Geschäftsprozesse integriert und unternehmensübergreifend geplant werden. Auf der anderen Seite sind für die operative Abwicklung eines Managements einer Supply Chain auch neue Organisationsformen hilfreich.

Die innovativen Konzepte des Managements von Supply Chains können in den traditionellen Unternehmensstrukturen oftmals nicht ohne Folgeprobleme implementiert werden. Industrie und Handel suchen in der Strategieentwicklung deshalb nicht nur eine technologische Lösung, sondern parallel eine organisatorische Weiterentwicklung der Strukturen.

Die Logistik-Strategie manifestiert sich meist in der Frage nach den Kernkompetenzen des Unternehmens (ist Logistik Kernkompetenz oder nicht und wie hoch ist entsprechend der Outsourcing-Grad?), den Logistik-Funktionen, Aufgaben und Rollen, sowie der Gestaltung der Planung und Steuerung der Supply Chain.

Die Logistik (in diesem Sinne) ist demnach ein spezieller Führungsansatz zur Entwicklung, Gestaltung, Lenkung und Realisation effektiver und effizienter Flüsse von Objekten (Güter, Informationen) in unternehmensweiten und -übergreifenden Wertschöpfungssystemen.

Seit dem Siegeszug des Supply Chain Management - Ansatzes haben sich diese Gegebenheiten verändert. Das Management der Supply Chain und die bewusste Steuerung der Waren-, Informations- und Geldströme über alle Unternehmensteile und deren Grenzen hinaus führen zu einem zusätzlichen Bedarf an Controlling-Informationen und Systemen.

Bezeichnen wir Controlling nicht nur als Informationsfunktion, sondern als spezifische Form der Führung, so muss das Supply Chain Controlling im Stande sein, die Führung und Koordination einer Supply Chain zu ermöglichen.

Der Führungszyklus reicht dabei von der Willensbildung (d.h. einer Analyse des aktuellen Zustandes der Supply Chain und einem Reorganisationbedarf) über die Willensdurchsetzung (in Form von Projekten mit Unterstützung eines Change Managements) bis hin zur Ausführung (Ist-Datenerfassung, Sendungsverfolgung, Qualitätsreporting) und Kontrolle (Abrechnung, Schadensabwicklung).

Controller können daher auch als Navigator der Unternehmensführung bezeichnet werden, im Sinne eines Co-Piloten, der die Instrumente für den Sichtflug zur Verfügung stellt, auch wenn das Ziel unter einer Nebelwand versteckt erscheint.

Die Entwicklung eines Supply Chain Controlling hat dabei noch keine lange Vergangenheit. Während das transportierende Gewerbe lange Zeit von Tariftabellen beherrscht wurde, haben auch Industrie- und Handelsunternehmen nur langsam die Tragweite logistischer Entscheidungen in ihren Controlling-Systemen abgebildet. Meist waren es nur Transportkosten im Sinne der Zahlungen an den externen Dienstleister, die im Controlling gesteuert wurden, während z.B. alle organisatorischen Folgekosten von Logistikentscheidungen oder auch Kapitalbindungskosten von Beständen nicht im Fokus der Führungsentscheidungen lagen.

In diesem Beitrag soll vor allem das Controlling von Veränderungsprozessen in der Logistik diskutiert werden. Dazu werden zunächst Erfolgsmaßstäbe definiert, um dann in einer sogenannten „Logistik-Bilanz" eine spezifische Form der Darstellung vorzuschlagen. Nach einer kurzen Diskussion der Frage, wer Veränderungsprozesse einbringen und wer den Nutzen ernten kann, wird abschließend nochmals grundsätzlich über Erfolgsmaßstäbe und deren Messung diskutiert.

2. Erfolgsmaßstäbe von Logistik-Reorganisationsprojekten

Nähert man sich dem Logistik-Controlling als Unternehmensfunktion, die eine Unternehmensführung in der Steuerung des Unternehmens unterstützt, so stellt sich die Frage nach den Erfolgsmaßstäben, nach denen ein erfolgreiches Unternehmen beurteilt und reorganisiert wird. Denn nach diesen Erfolgsmaßstäben sind dann natürlich die Controlling-Daten und Berichte ausgerichtet. Im Folgenden werden deshalb einige Kategorien von Erfolgsmaßstäben dargestellt, die sich in der Anwendungspraxis herauskristallisiert haben, um Logistikprozesse zu steuern. Erkennbar werden diese Maßstäbe u.a. in den Zielen von Reorganisationsprojekten, da in der Zieldiskussion die Frage nach dem Erfolg einer optimierten Logistik gestellt wird.

Eine Weiterentwicklung eines Unternehmens im Sinne der Professionalisierung der eigenen Prozesse und der Austauschbeziehungen mit anderen Marktteilnehmern (Lieferanten, Produzenten, Dienstleistern, Vertriebsorganisationen, Kunden) kann als ständige Reorganisationsaufgabe bezeichnet werden. Neue Ideen, Konzepte und Anwendungen führen zu funktionalen Prozessveränderungen, neue Strategien zu oft fundamental anderen Marktangeboten.

Welchen Erfolg möchte das Management nun durch eine Weiterentwicklung oder Reorganisation der Logistik erreichen? Als Beispiele sollen hier genannt werden: Die Werthaltigkeit des Unternehmens durch eine effiziente und effektive und damit leistungsfähige Logistik sichern, eine Marktdifferenzierung durch Logistik-Services herbeiführen, eine hohe Qualität der Logistik als kaufentscheidendes Kriterium bei schnell drehenden Gütern erreichen, die Internationalisierung durch die Nutzung von globalen Logistik-Netzwerken beschleunigen. Operative Kenngrößen sind daneben auch die Qualität der Logistikleistung (Lieferzeit, Lieferfähigkeit, Liefertreue), die Logistikkosten selbst, Durchlaufzeiten und Bestandshöhen.

Neben den traditionellen Logistik-Kennzahlen ergeben sich jedoch weitere Erfolgsmaßstäbe, wenn der Blick auch über das eigene Unternehmen hinaus auf die gesamte Supply Chain gerichtet wird.

Supply Chain Controlling verfolgt das Ziel, rationalitätssichernd die Führung innerhalb einer Supply Chain zu gewährleisten (*Baumgarten* (2002), S. 120).

Durch die Konzeption der Planung und Steuerung der Supply Chain und unter Nutzung der Synergien einer Collaboration-Strategie können folgende Erfolgswirkungen erzielt werden:
- Economies of Scale: Durch die Analyse der Wertschöpfungskette über alle Prozesse hinweg werden Assets besser genutzt bzw. eingespart sowie eine Konzentration der Lagerfunktion auf wenige Standorte vollzogen, was zu erheblichen Größenvorteilen in den Transportmengen und zu Kosteneinsparungen in der operativen Umsetzung

führt. Zusätzlich wird durch Bündelungskonzepte in der Transportlogistik Sammelgutnutzen erzeugt.
- Economies of Speed: Durch die genaue Beobachtung der Warenströme (insbesondere auch Abverkaufsdaten) über Unternehmensgrenzen hinweg und die Transparenz über den Durchfluß von Gütern, kann die Geschwindigkeit in der Wertschöpfungskette steigen: Verhinderung von Liegezeiten, Beschleunigung des Warendurchlaufes und Erhöhung der Umschlagsgeschwindigkeit sind die betriebswirtschaftlichen Resultate.
- Economies of Scope: Die beteiligten Unternehmen bringen ihre Fähigkeiten in das Netzwerk ein, so dass die historisch entwickelten Funktionen Industrie, Handel, Logistik und Informationstechnologie in einer neuen und integrierten Konstellation in Form eines Supply Chain Networks integriert werden.

3. Die Logistik-Bilanz als Instrument des Supply Chain Controlling

Im Folgenden wenden wir uns nun einem eigenen Ansatz zu, der als „Logistik-Bilanz" bezeichnet wird und bei Dachser in der Argumentation über die Wirkungen von logistischen Veränderungen angewendet wird.

Dabei erscheint der Fokus auf eine Kosten- und Leistungsrechnung zu eng für ein Supply Chain Controlling. Im Sinne einer Balanced Scorecard sollten die Erfolgsmaßstäbe eher die unterschiedlichsten Kriterien bezeichnen. Da innovative Supply Chain Solutions insbesondere auch Wirkungen auf die Assets eines Unternehmens haben, möchte ich hier den Begriff „Logistik-Bilanz" erläutern:

Die Logistikbilanz soll die unterschiedlichen Erfolgsgrößen in einer Zusammenschau fokussieren. Die zentrale Maxime dabei ist, alle relevanten logistischen Prozesse, logistisch notwendige Assets und deren Kapitalwirkungen sowie deren Perfomance-Maßgrößen in einer Bilanz darzustellen. Zu dem Thema Supply Chain Solutions und „Logistik-Bilanz" wird aktuell ein Projekt im Rahmen einer Forschungskooperation zwischen der Dachser GmbH & Co. KG und der Universität Marburg bearbeitet, in dem die hier angesprochenen Ansätze weiter vertieft werden, insbesondere auch die Erfolgswirksamkeit von Reorganisationen in Supply Chains.

Das Unternehmen Dachser als internationaler Logistik-Dienstleister hat diese Idee in der eigenen Vision aufgegriffen: Die Vision von Dachser beginnt mit dem Satz: „Wir wollen die Logistik-Bilanz unserer Kunden verbessern".

Nähern wir uns den Instrumenten des Supply Chain Controlling, so lassen sich in einer Logistikbilanz folgende Kategorien feststellen:

Als Objekte können dabei u.a. folgende Themen einem Supply Chain Controlling unterzogen werden: Die Geschäftsfeldstruktur in Form von Umsatzstruktur oder Produktions- und Zuliefererstruktur, die Bestell- und Retourenstruktur in Form von Aufträgen, Sendungen und Rücklieferungen, die Infrastruktur und deren Kosten (Lagerstruktur, Bestände, Kosten und Mitarbeiter der Infrastruktur), die Prozessabläufe (Durchlaufzeiten, Qualitätskennzahlen, Prozessschwächen) sowie die IT-Struktur und deren Kostenprofil.

Die Ziele, die ein Unternehmen mit Hilfe eines Supply Chain Controlling in Form einer Logistik-Bilanz verfolgt, können dabei die Dimensionen Zeit, Kosten und Qualität thematisieren.

Als Mittel zur Umsetzung dieser Ziele ist dabei die Prozesskostenrechnung sehr hilfreich, jedoch wird erst eine unternehmensübergreifende Darstellung die gesamte Transparenz über die Supply Chain herbeiführen. Um dann auch unterschiedliche Perspektiven zu berücksichtigen, ist das Konzept der Balanced Scorecard als Instrument zu nennen, sowie (für einen externen Vergleich) auch das Benchmarking. Speziell für Supply Chain Controlling - Konzepte sollte auch das SCOR-Modell einbezogen werden. Über begleitende Analysen (Simulationen, Warenstromanalysen) werden die Prozesse transparent gemacht und sind damit einer Controlling - Betrachtung erst zugänglich.

Als Planungs- und Kontrollinstrumente können dabei u.a. die SWOT-Analyse, das Konzept der Erfolgsfaktoren, der Shareholder Value Ansatz, die Erfahrungskurve, das Target Costing, eine traditionelle Investitionsrechnung und die Wertschöpfungsketten-Analyse verwendet werden. Die Anwendung dieser Controlling-Instrumente führt wiederum zur Prozesskostenrechnung, der Kostenvergleichsrechnung, Deckungsbeitragsrechnung oder dem Zero Based Planning.

Um den Charakter der Bilanz nochmals zu erhärten, möchte ich anhand traditioneller Kennzahlen argumentieren: So stellt die Liefertreue den Grad der Übereinstimmung von zugesagtem und tatsächlichem Auftragserfüllungstermin dar. Das heißt, in dieser Kennzahl sind Aussagen über Zeiträume enthalten, sowie über die Beurteilung der Leistungsfähigkeit des Unternehmens aus der Außenperspektive des Kunden: Ist das Unternehmen lieferfähig, hat es eine positive Lieferbilanz im Zeitverlauf?

Weitere Hinweise auf den Bilanz-Charakter erhalten wir durch die Darstellung von Kategorien von Logistikkosten: Sie reichen von Gestaltungskosten (Logistiksystemgestaltung, Einführung logistischer Verfahren, Logistikziele vereinbaren, Verfahren pflegen) über die Planung (Absatzmengen, Produktionsprogramm, Investitionsprogramm), das Projektmanagement bis zum Auftragsprozess (Lieferbedingungen festlegen, Aufträge annehmen und bestätigen, Unterlagenversorgung bis zu den Kernfunktionen Wareneingang, Lagerung, Transport und Warenausgang).

Insbesondere bei der Thematik Durchlaufzeiten wird der bilanzielle Charakter überdeutlich: Eine Reduzierung der Durchlaufzeiten verkürzt zum einen die Lieferzeit, erhöht damit die Liefertreue und Lieferqualität und verringert zum anderen auch die Lenkungskosten, Handlingskosten, Lagerkosten und schafft damit eine Verringerung der Kapitalbindung im Unternehmen. Durch die Reduzierung des Bevorratungsrisikos wird mehr Planungssicherheit erreicht, was zu einer besseren Prozessbeherrschung führt (*Gollwitzer/Karl* (1998)).

Das Supply Chain Controlling in Form einer übersichtlichen dynamischen Logistikbilanz führt schließlich zu einer Maßnahmenplanung, die den Handlungsbedarf und Verbesserungspotenziale darstellt. Dabei kann z.B. in „Lohnende erste Schritte", „Später anpacken" oder „Mitnehmen bei wenig Aufwand" unterschieden werden. Entscheidend ist – wie bei so vielen Themen des Managements – die operative Wirksamkeit von Entscheidungen, d.h. die Umsetzung der Informationen und Empfehlungen, welche das Supply Chain Controlling liefert.

4. Rollen und Erfolgszurechnungen zwischen Industrie, Handel und Logistik-Dienstleister

Ein effektives Supply Chain Controlling ermöglicht eine Transparenz hinsichtlich der Erfolgsmaßstäbe von logistischen Aktivitäten über die Warenwirtschaftskette zwischen Industrie und Handel. Damit kann auch der Versuch unternommen werden, den Erfolgsanteil der Beteiligten zu definieren und verursachungsgerechte Erfolgszurechnungen zu ermöglichen.

Wer reorganisiert nun die Supply Chain und organisiert ein übergreifendes Supply Chain Controlling? Der Übergang vom Management von Logistik-Teilleistungen (Transport, Lager, Umschlag) zum Management von Supply Chain Netzwerken erfordert sowohl von Industrie und Handel als auch von Logistikdienstleistern ein hohes Maß an Austausch von Informationen und damit auch Transparenz als Grundlage eines Controlling.

Danach stellt sich weiter die Frage, wer für den Erfolg verantwortlich ist: Für logistische Fragen werden deshalb zunehmend auch neue Organisationsformen vorgeschlagen. Das Management und Controlling einer Supply Chain kann von einem Industrieunternehmen selbst übernommen werden. Diese Organisationsform hat traditionell in der Automobilindustrie wohl empirisch die höchste Ausprägung. Gerade in der Konsumgüterindustrie kann sie auch vom Handelskonzern ausgehen, als Beispiel sei die Metro MGL genannt, die ein Beschaffungslogistikkonzept für die Belieferung der Handelszentrallager und Outlets organisiert. In einzelnen Fällen kann diese Funktion auch an spezielle Logistikdienstleister ausgegliedert werden (Outsourcing). Hierfür entwickeln sich in der Branche der Logistikdienstleister auch neue Unternehmen mit speziellen Funktionen und Fähigkeiten (Fourth Party Logistics Provider, Lead Logistics Provider).

Die Verantwortung für ein übergreifendes Supply Chain Controlling kann nur derjenige übernehmen, der auch eine führende Rolle in der Supply Chain einnimmt. Damit erscheint die Rollenverteilung in einem Liefernetzwerk als wichtige Grundvoraussetzung für ein abgestimmtes Supply Chain Controlling über mehrere Teilnehmer hinweg.

Zunächst ist zu strukturieren, welche Rollenverteilung zwischen Industrie und Dienstleister zu wählen ist (Make or Buy). Darin eingeschlossen sind Fragen der Erzielung eines Mehrwertes des Gesamtsystems (Logistikqualität und Logistikkosten) und die Ausgestaltung der Bindungsintensität durch Verträge oder gemeinsame Gesellschaften.

Über die Rollenverteilung hinaus ergibt sich die Notwendigkeit der Integration der Supply Chain. Darunter subsumiert sind die Handhabung der Beziehungen zwischen Industrie-Netzwerken und Logistik-Dienstleistern, die Fragen der Ausgestaltung der Austauschrelationen (Aufgabenbereiche, gegenseitige Leistungsverrechnungen, finanzielle Abwicklung, Ertragsfeststellung und Allokation des Synergiegewinnes), der Transfer von Wissen und von Kapazitäten sowie Fragen der Kultur und Identität aus der Sicht der Teileinheiten und (sofern vorhanden) der zentralen Einheit.

Eine Definition der Rollenverteilung zwischen Industrie, Handel und Dienstleister führt letztlich zu einer Transparenz der logistischen Aufgaben und der Durchgriffsmöglichkeit der Teilnehmer für Veränderungsprozesse. In unserer Sichtweise ist dies eine Basisinformation für die Ausgestaltung eines übergreifenden Supply Chain Controlling. Schließlich wollen alle Teilnehmer wissen, welchen Beitrag sie selbst geleistet haben und zukünftig leisten können, um logistische Prozesse zu verbessern.

5. Fazit: Sind Erfolgsmaßstäbe einer Supply Chain Reorganisation steuerbar?

In diesem Beitrag wurde das Supply Chain Controlling insbesondere aus der Perspektive von Veränderungsprozessen beleuchtet. Dazu wurde u.a. der Begriff „Logistik-Bilanz" verwendet, um die Vielfältigkeit der Themenbereiche zu beleuchten, die zu steuern sind. Nun soll nochmals darauf Bezug genommen werden, wie Reorganisationsprozesse gesteuert werden können, welche Probleme beim Controlling logistischer Projekte auftauchen können und welche Rolle das Supply Chain Controlling einzunehmen vermag.

Veränderungsprozesse in logistischen Fragestellungen sind heute in allen Branchen an der Tagesordnung. Eine Verbesserung des „Supply Chain Planning" und eine Neudefinition der „Supply Chain Execution" wird entweder als Evolution oder als umfassende Reorganisation umgesetzt.

Eine der ersten Aufgaben des Supply Chain Controlling bereits in der Entstehungsphase eines Reorganisationsprojektes ist die Definition der richtigen Erfolgsmaßstäbe, um die „Performance" einer neuen Logistik-Konzeption auch steuern und den Erfolg mit dem Ausgangszustand vergleichen zu können. Somit bewegen sich die Führungsaufgaben von Supply Chains in einem Dilemma zwischen einer wachsenden Autonomie einzelner Unternehmenseinheiten bei gleichzeitiger Zunahme der Koordinations- und Integrationsnotwendigkeit. Das Prozessmanagement für die Ausgestaltung der Rollenverteilung und die Entwicklung der Integration der Supply Chain kann u.a. auch durch einen externen Moderator wahrgenommen werden.

Als Erfolgsmaßstäbe können neben den klassischen Themen Kosten, Qualität und Zeit (im Sinne von Durchlaufzeiten) insbesondere in logistischen Reorganisationsprojekten auch Fragen der Synergierealisierung in den Mittelpunkt rücken (z.B. unternehmensübergreifende logistische Bündelungsmodelle und deren Einsparungspotenzial, gemeinsame Kapazitäten/Lagernutzung und die daraus erfolgten Investitionseinsparungen, Collaboration zwischen Industrie und Handel im Sinne von CPFR-Anwendungsquoten). Weitere Motive für Reorganisationsprozesse können in der Nutzung von Flexibilitätspotentialen und Mobilisierungsmöglichkeiten, in der Risikostreuung des eingesetzten Vermögens und einer Stärkung der Machtpostion innerhalb der Wettbewerbskräfte begründet liegen.

Die Reorganisation, Integration und Steuerung einer Supply Chain über Unternehmensgrenzen hinweg erfordert sowohl auf der Ebene des Strategiebildung als auch in der Ausdifferenzierung auf Projektebene ein hohes Maß an logistischem und technologischem Wissen. Auch hier ist das Supply Chain Controlling eingebunden, um die Beteiligten mit den notwendigen (unternehmensübergreifenden) Informationen zu versorgen, Benchmarking-Daten zur Verfügung zu stellen und gegebenenfalls die Kommunikationsplattform zu bilden.

Während eines logistischen Veränderungsprozesses hat das Controlling darauf zu achten, dass sich die Kennzahlen in die richtige Richtung bewegen und auch das messen, was tatsächlich im Unternehmen oder im Unternehmensverbund reorganisiert wird. Gegebenenfalls müssen auch während des Prozesses Veränderungen in der Definition der Erfolgsmaßstäbe vorgenommen werden. So kann es vorkommen, dass in einem Projekt zwischen Industrie und Handel, das auf Technologie (z.B. Informationsplattform) ausgerichtet war, plötzlich durch Bündelungssynergien an einer gemeinsamen Quelle (Region mit mehreren Werken der Teilnehmer) enorme Kostensenkungen möglich werden. Darauf hat das Supply Chain Controlling zu reagieren. Die Thematik muss in das Kennzahlensystem aufgenommen werden, die entsprechenden Maßgrößen sind zu verfolgen, gegebenenfalls können auch ex ante Simulationen durchgeführt werden.

Der Erfolg selbst stellt sich dann ein, wenn die Teilnehmer des Reorganisationsprojektes (die ja oft aus verschiedenen Organisationen stammen) die notwendigen Kompetenzen einbringen, um solche Aufgaben zu bewältigen. Meist muss hierfür tiefes logistisches Fachwissen mit einer exzellenten Methodik des Projektmanagements und einem modernen Wissen über technologische Lösungen verknüpft werden.

Die Verknüpfung der komplementären Fähigkeiten zweier großer Konzerne ist das Geschäftsmodell der eCHAIN Logistics AG, eine Kooperation zwischen dem internationalen Logistik-Dienstleister Dachser GmbH & Co. KG und dem IT-Dienstleister CSC Ploenzke AG. Das Unternehmen reorganisiert logistische Warenketten für mittlere bis große Kunden mit innovativer Geschäftsauffassung durch die Konzeption von Warenflüssen und deren Steuerung mit Hilfe modernster Technik. Das Dienstleistungsportfolio ist darauf ausgerichtet, Geschäftsprozesse logistisch durchgängig zu gestalten und somit den Geschäftserfolg der Kunden zu erhöhen.

Die Zusammenführung der Fähigkeiten eines Logistik-Dienstleitsters mit den Möglichkeiten von Unternehmensberatungen und IT-Unternehmen führt zu einem Gesamtangebot, das für die Reorganisation und Steuerung von logistischen Netzwerken notwendig ist.

Der Erfolg von Supply Chain Netzwerken wird zukünftig u.a. davon abhängen, wie flexibel und wandlungsfähig die Organisationsform zur Steuerung und zum Controlling der Supply Chain ist, wie die Rollen der Beteiligten (Industrie, Handel, Dienstleister) verteilt sind, in welchem Maße die Integration erfolgt und schließlich, welche Produktivitätsschübe in der Logistik der gesamten Kette zu realisieren sind.

Damit hat sich auch die Aufgabe der Logistik-Funktion in Unternehmen und Netzwerken von Unternehmen grundlegend gewandelt: Während früher über Transportvergabe und Lagerkapazitäten gesprochen wurde, wandelt sich das Entscheidungsfeld von Logistikverantwortlichen in den Unternehmen bis hin zur Planung und Steuerung der gesamten Wertschöpfung, dem Management von Supply Chain Networks.

Literaturverzeichnis

Baumgarten, H. u.a. (2002): Management integrierter logistischer Netzwerke. Wien 2002.

Dietel B./Seidel D. (2002): Überlegungen zu einem allgemeinen Strategiebegriff. In: *Ringlstetter, M.J./Henzler, H.A./Mirow, M. (Hrsg.)*: Perspektiven der strategischen Unternehmensführung. Wiesbaden 2002, S.25-42.

Gollwitzer, M./Karl, R. (1998): Logistikcontrolling. München 1998.

Christian Schneider und Wolfgang Draeger

Stand des Supply Chain Controlling am Beispiel eines integrierten Logistikdienstleisters

1. Entwicklungen auf dem Markt für Logistikdienstleister und ihr Einfluss auf das Supply Chain Controlling

2. Ansätze eines Supply Chain Controlling für Logistikdienstleister

3. Schlussfolgerungen, Perspektiven und Herausforderungen für das Supply Chain Controlling

Anmerkungen

Literaturverzeichnis

Dr. Christian Schneider ist Leiter des Geschäftsbereichs Verkehr im Zentralbereich Controlling der Stinnes AG in Berlin.

Dr. Wolfgang Draeger ist Leiter des Globalen Produktmanagements Seefracht bei der Schenker AG in Essen.

1. Entwicklungen auf dem Markt für Logistikdienstleister und ihr Einfluss auf das Supply Chain Controlling

Im Zuge der Globalisierung und Internationalisierung erfahren die physische Transportleistung und der Markt für Logistikdienstleistungen[1] ein Wachstum, das deutlich über den Wachstumsraten des globalen Bruttosozialproduktes liegt (*Statistisches Bundesamt* (2003a); *Statistisches Bundesamt* (2003b); *Deutsche Bank Research* (2002), S. 3). Begünstigt durch attraktive Investitionsbedingungen und ein nahezu unerschöpfliches Reservoir an Arbeitskräften kommt es zu einer Verlagerung der Produktion insbesondere arbeitsintensiver Erzeugnisse von Nordamerika und Europa nach Asien mit Schwerpunkt China (*o. V.* (2003a), S. 6). Diese Entwicklung ist bei weitem noch nicht abgeschlossen. Sie ist eine der Ursachen für die künftig weiter zu erwartenden, überdurchschnittlichen Wachstumsraten im Gütertransport, insbesondere im Luft- und See-, aber auch im Landverkehr, als Weiterführung der Transportkette vom Hersteller zum Endverbraucher. Auch die zunehmende europäische Integration lässt ein Wachstum der internationalen Arbeitsteilung und ein Anschwellen der internationalen Verkehrsströme erwarten. Zusätzliche Treiber der Entwicklung in diesem Sektor sind unter anderem die Tendenz der Fokussierung auf Kernkompetenzen bei den Herstellern mit der Konsequenz des Outsourcings von Randaktivitäten wie Transport und Logistik. Aber auch die Entwicklung neuer Informations- und Kommunikationstechnologien wie das Internet mit der Option des Verkaufs für Hersteller und Händler über elektronische Marktplätze oder Portale lassen die Transportströme weiter anwachsen.[2]

Zugleich steigen die logistischen Anforderungen von Industrie und Handel. Es werden immer stärker integrierte Logistikkonzepte für Beschaffung und Distribution nachgefragt. Die reine Transportleistung verliert zunehmend an Bedeutung.[3] Diese Entwicklung stellt erhöhte Anforderungen an die Organisation und Abwicklung der logistischen Prozesse. Die logistischen Herausforderungen der Zukunft bestehen in der Disposition und Koordination physischer und kommunikativer Netzleistungen und ihrer Integration in unternehmensübergreifende Supply Chains. Flussoptimierung über komplexe Schnittstellen, das Erbringen von Value Added Services in der Beschaffungs- und Distributionslogistik, Bereitstellung von Realzeitinformationen über den Transportprozess und logistische Beratungstätigkeit kennzeichnen künftig das Aufgabenspektrum von Logistikdienstleistern (*Aberle* (2003), S. 280).

Die Verzahnung zwischen Logistikdienstleister und Auftraggeber nimmt permanent zu und reicht bis zur Schaffung von Organisationseinheiten des Dienstleisters beim Kunden. Dies erfordert mitunter erhebliche Investitionen in Assets, Hard- und Software. Der hohe Investitions- und Kapitalbedarf trägt wiederum maßgeblich dazu bei, dass der Druck in Richtung weiterer Konzentration der Unternehmen im Logistikbereich zunehmen und die Welle zukünftiger Akquisitionen und Marktbereinigungen ansteigen wird.[4]

Nur jene Dienstleister, die ein breites Spektrum logistischer Dienstleistungen anbieten, über ausgedehnte eigene Netzwerke, eine hochentwickelte IT und über entsprechende finanzielle Ressourcen verfügen, werden dauerhaft erfolgreich auf dem Markt agieren können (vgl. Abbildung 1). Auch wenn sich in einigen Marktsegmenten Dienstleister behaupten dürften, die sich auf bestimmte Leistungen spezialisiert haben, geht der Trend eher zu Anbietern, die in der Lage sind, den immer größer und einflussreicher werdenden Kunden ein Gesamtpaket an integrierten logistischen Dienstleistungen bestehend aus Beratung, physischem Transport, Lagerhaltung, Kommissionierung sowie Umschlag ergänzt um Informations- und wertschöpfende Serviceleistungen zu offerieren.[5] Diese integrierten Logistikdienstleister besitzen auch die besten Voraussetzungen dafür, erforderliche Supply Chain Management[6] Fähigkeiten zu entwickeln. Um als Logistikdienstleister die Rolle des Managers der Supply Chain ausfüllen zu können, muss ein Unternehmen in der Lage sein, Waren- und Informationsströme über mehrere Stufen der Wertschöpfung hinweg zu managen. Dafür dürften integrierte Logistikdienstleister der Stufe 3PL (Third Party Logistics Provider) bzw. LLP (Lead Logistics Provider) besonders prädestiniert sein, weil sie mit dem Vorteil einer eigenen logistischen Basis (Lager, Fuhrpark, Umschlagterminals und/ oder IT) ausgestattet sind und über Jahre hinweg gesammelte Erfahrungen und Know-how bei der Bewältigung komplexer logistischer Aufgaben verfügen.[7]

Intraorganisationales SCM: Netzwerklogistik	Interorganisationales SCM: Supply Chain Lösungen
Charakteristika	
Hoher Standardisierungsgrad	Hoher Grad an Individualisierung
Einheitliche Produkte/Dienstleistungen	Einzigartige Produkte/Lösungen
Weltweite Abdeckung	Abdeckung von Kunden- oder Industriesegmenten
Erfolgsfaktoren	
Optimierung der Netzwerke	Einbringung von Know-how
	Einsatz neuester Technologie

Abbildung 1: Intraorganisationales versus Interorganisationales Supply Chain Management (Quelle: *Schneider* (2003a), S. 11)

Im Rahmen des Supply Chain Management (SCM) muss zwischen der Steuerung der intraorganisationalen Supply Chain zum einen und der Steuerung der interorganisationalen Supply Chain zum anderen unterschieden werden.[8] Im ersten Fall geht es bei einem Logistikdienstleister vornehmlich darum, die im Rahmen der eigenen Netzwerke erbrachten Dienstleistungen wie Luft-, See- und Landverkehre über die gesamte Wertschöpfungskette hinweg zu standardisieren sowie hinsichtlich Qualität und Kosten zu optimieren. Die Wertschöpfungskette beinhaltet dabei neben der Abholung der Sendung beim Verlader (Vorlauf), die Transportplanung und Bündelung (Konsolidierung) der Fracht, den eigentlichen Hauptlauf per Land-, Luft- oder Seeverkehr, die Importabwicklung nebst Verzollung und schließlich die Auslieferung der Ware an den Empfänger. Im zweiten Fall gilt es, unternehmensübergreifende, individuell auf Kunden oder Kundensegmente zugeschnittene Supply Chain Management - Lösungen anzubieten. Da bei Logistikdienstleistern das Netzwerk die Basis des Erfolges ist, dürften nur jene Logistikdienstleister auch unternehmensübergreifende Supply Chains managen können, die auch in der Lage sind, ihr eigenes Netzwerk erfolgreich zu managen.[9]

Aufgrund der hohen Managementkomplexität erfordert Supply Chain Management immer auch ein entsprechendes Controlling. Controlling lässt sich dabei primär als managementunterstützende Informations-, Koordinations- und Rationalitätssicherungsfunktion definieren. Der Controller ist Dienstleister und Counterpart des Managers. Er hilft dem Manager insbesondere durch Informationsversorgung und Darstellung von Entscheidungsoptionen zur besseren Wahrnehmung seiner Führungsfunktion.[10] Supply Chain Controlling (SCC) sorgt insofern für die direkte Unterstützung, die Gewährleistung der Transparenz der Prozesse und die Mittel der Entscheidungsvorbereitung und -findung des Supply Chain Managements. Es umfasst die Steuerung der Informationsflüsse, Planungs- und Produktionsprozesse, die Koordination zwischen den Partnern sowie die Optimierung der Abläufe mit dem Ziel der Steigerung der Effizienz der zugrundeliegenden Supply Chain Prozesse.[11]

2. Ansätze eines Supply Chain Controlling für Logistikdienstleister

Vor dem Hintergrund der beschriebenen Entwicklungen müssen sich Logistikdienstleister den Herausforderungen des Supply Chain Controlling stellen. Im Folgenden werden deshalb Ansätze des Supply Chain Controlling bei einem integrierten Logistikdienstleister vorgestellt. Dabei hat das Supply Chain Controlling hier insbesondere die Aufgabe, durch Bereitstellen der dafür notwendigen Werkzeuge und Informationen dafür zu sorgen, dass sowohl eine Steuerung der eigenen Netzwerke (intraorganisationales SCC) als auch unternehmensübergreifender, kundenspezifischer Supply Chain Lösungen (interorganisationales SCC) erfolgen kann.

2.1. Intraorganisationales Supply Chain Controlling

Im Rahmen des intraorganisationalen Supply Chain Controlling wird in der Praxis eine Reihe von Tools eingesetzt. Dazu zählen in erster Linie wertorientierte Steuerungskonzepte, Kennzahlen und Kennzahlensysteme, Scorecards und Methoden wie Prozesskostenrechnung sowie Benchmarking.

Aufgrund ihrer Einsetzbarkeit sowohl auf Gesamtunternehmensebene als auch auf der Ebene nachgeordneter Organisationseinheiten lässt sich als übergeordnetes Instrument die Balanced Scorecard verwenden, die erst in den vergangenen Jahren in der Logistikdienstleistungsbranche Einzug gehalten hat.[12] Das Besondere an der Scorecard ist, dass die Leistungsmessung, das sogenannte Performance Measurement, nicht nur auf finanzwirtschaftliche Ziele beschränkt durchgeführt, sondern auch auf weitere, für die Leistungsbeurteilung relevante Dimensionen ausgeweitet wird. Traditionelle finanzwirtschaftliche Kennzahlen werden bei diesem Konzept durch weitere Bewertungsfaktoren (Perspektiven) ergänzt, um so die Ursachen des finanzwirtschaftlichen Erfolgs zu identifizieren.[13]

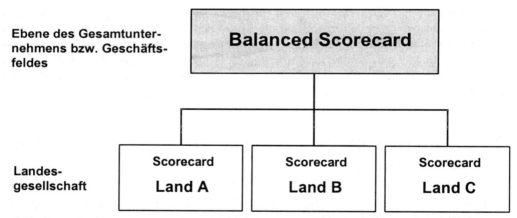

Abbildung 2: Steuerung auf verschiedenen Unternehmensebenen mittels Scorecard (Quelle: *Schneider* (2003a), S. 11)

Alle Kennzahlen der Scorecard werden über Ursache-Wirkungs-Beziehungen mit den finanzwirtschaftlichen Zielen des Unternehmens verknüpft. Dadurch werden einseitig auf die Vergangenheit bezogene und auf finanzwirtschaftliche Größen ausgerichtete Kennzahlensysteme und Zahlenfriedhöfe vermieden. Das Kennzahlensystem wird damit zum Bindeglied zwischen der Entwicklung einer Strategie und ihrer praktischen Umsetzung. Auf diese Weise geht die Scorecard über den Anspruch der Leistungsmessung deutlich hinaus, zumal mit ihrer Hilfe insbesondere die weit verbreitete Schwachstelle einer mangelnden Verknüpfung von Strategie und operativer Planung beseitigt werden kann.

Die gesamte Leistung eines Unternehmens wird als Gleichgewicht und Wirkungsverbund (Balance) aus mehreren Perspektiven auf einer übersichtlichen Anzeigentafel (Scorecard) abgebildet. Für den erfolgreichen Einsatz einer Scorecard ist es entscheidend, dass die richtigen, das heißt relevanten Einflussfaktoren bzw. Perspektiven ausgewählt werden. Ausgangsbasis bei der Entwicklung eines Scorecard-Kennzahlensystems sind dabei die Strategie und die Ziele des Unternehmens. Erst wenn klar ist, wohin die Richtung gehen soll, werden die Eckpunkte der Route festgelegt, und zwar top-down, herunter gebrochen auf jeden Geschäftsbereich (zum Beispiel Landverkehre), jedes Produkt bzw. jede Sparte (zum Beispiel nationaler und internationaler Landverkehr) und jede Einheit (zum Beispiel Landesgesellschaft bzw. Niederlassung). Auf der Ebene des Top-Managements geht es um die große Linie, etwa um die Bedürfnisse der Anteilseigner, die Ausschöpfung von Wachstumspotenzialen und die Verbesserung der internen Prozesse. Auf einem unteren Managementlevel stehen wesentlich operativer ausgerichtete Zielvorgaben, zum Beispiel Umsatzwachstum mit Kunde A um X Prozent, Steigerung der Termintreue bei Ablieferungen bzw. Zustellungen oder Erhöhung des Bildungsgrades je Mitarbeiter.

Ein entscheidender Vorteil der Scorecard ist, dass man sie auch zur Umsetzung einer wertorientierten Unternehmensführung verwenden kann. Hierzu muss allerdings auf Gesamtunternehmensebene herausgearbeitet werden, welches die relevanten Faktoren sind, die Einfluss auf den Unternehmenswert haben.[14] Diese sogenannten Werttreiber, bei einem Logistikdienstleister zum Beispiel die transportierten Volumina, die Qualität der Leistungen wie zum Beispiel die Termintreue, lassen sich dann auch in einer entsprechenden Scorecard verankern.

Wie eine Balanced Scorecard bei einem Logistikdienstleister aussehen kann, zeigt Abbildung 3 am Beispiel des Geschäftsfeldes Luft- und Seeverkehre der Schenker AG. Die dargestellte Scorecard – im Stinnes-Konzern Value Driver Cockpit genannt – beinhaltet finanzwirtschaftliche Kennzahlen (zum Beispiel Umsatz, Rohertragsmarge), ebenso wie Leistungs- (zum Beispiel Volumina, Tonnage) und Qualitätskennzahlen (zum Beispiel Tracking Performance). Insgesamt besteht die Scorecard aus elf Kennzahlen, deren Art der Erhebung und Ermittlung auf einem separaten Kennzahlenblatt definiert wird. Optisch ist die Scorecard in Form eines Cockpits mit farblichen Abstufungen so aufbereitet, dass Zielerreichungsgrade auf den ersten Blick ins Auge fallen: Grün bedeutet Zielerfüllung, rot hingegen Nichterfüllung. Dabei ist jedes Cockpit zweigeteilt und so aufgebaut, dass die Zielerreichung im Vergleich zum Vorjahr und im Vergleich zum Budget dargestellt wird.

Ein wesentliches Element einer erfolgreichen Netzwerksteuerung ist in der Realisierung von Economies of Scale, das heißt in der Erzielung von Kostenvorteilen durch Erreichen einer kritischen Masse durch Bündelung von Warenströmen, zu sehen (*Lange* (2000), S. 153; *Vahrenkamp* (1998), S. 70). Im Rahmen des Geschäftsfeldes Luft- und Seeverkehre einer internationalen Spedition bedeutet dies die Zusammenarbeit mit und die Bündelung von Volumina bei ausgewählten Dienstleistern. Da die Einkaufsbedingungen bei den Reedereien und Fluggesellschaften wesentlich von den verschifften Volumina, ihrer

Ausgewogenheit und Struktur abhängen, ist eine Bündelung der Mengen Voraussetzung, um als Logistikdienstleister kostengünstig und in hoher Qualität produzieren und damit wettbewerbsfähig bleiben zu können. Hierbei spielt nicht nur das mit einem Carrier global verschiffte Volumen eine Rolle, sondern auch die Menge je Relation bzw. Trade Lane und die Ausgewogenheit der Export- und Importströme. Im Rahmen von Trade Lane Entwicklungsprogrammen wird deshalb darauf hingewirkt, die Potenziale des jeweiligen Marktes auszuschöpfen und die insgesamt verschifften Volumina mit den ausgewählten Carriern zu steigern. Beides also, sowohl den Volumenanteil, der mit einem bestimmten Carrier transportiert wird, als auch die Volumenentwicklung je Trade Lane und die Ausgewogenheit der Verkehrsströme gilt es deshalb im Rahmen eines Supply Chain Controlling zu überwachen und zielgerichtet zu beeinflussen. Schließlich lassen sich die eigenen Volumina je Trade Lane ins Verhältnis zur insgesamt auf einem bestimmten Markt transportierten Menge setzen. Damit werden der eigene Marktanteil und die Stellung zum Wettbewerb ermittelt und verfolgt.

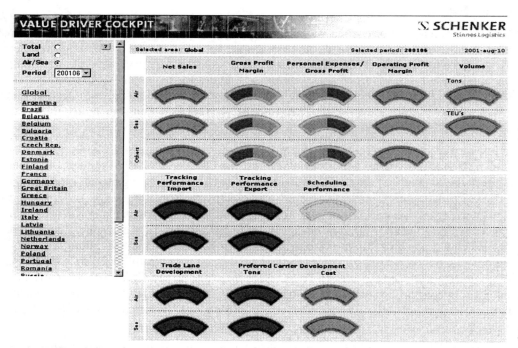

Abbildung 3: Beispiel einer Scorecard für das Geschäftsfeld Luft- und Seeverkehre (Quelle: *Schneider* (2003c), S. 220)

Neben der Auswahl präferierter Carrier dient auch die Entwicklung sogenannter Hub- und Spoke- bzw. Gateway-Systeme der Bündelung und Entwicklung von Volumina im Sammelgutverkehr. Zugleich sorgen derartige Systeme für einen Ausgleich von Nachfrageschwankungen. Die Bündelung von entsprechenden Volumina mit der Folge, regelmäßige Direktverbindungen aufbauen zu können, tragen außerdem zur Kostensenkung sowie zur Beschleunigung der Prozesskette bei und ermöglichen ebenfalls eine erhöhte Transparenz über die verschiedenen Stufen der Logistikkette hinweg.[15] Damit Hub- und Spoke- sowie Gateway-Systeme erfolgreich gesteuert werden können, ist jedoch ein detailliertes Controlling der Verkehrsströme notwendig. Dies schließt neben der Erfassung der Volumina auch die Überwachung der Laufzeiten und Servicequalitäten mit ein.[16] So ist es zum Beispiel im Bereich der Stückgutspedition eine absolute Notwendigkeit, die einzelnen Phasen des Prozesses von der Abholung bis zur letztendlichen Auslieferung in den jeweiligen Depots, den Niederlassungen bzw. beim Kunden zu erfassen und zu analysieren.

Weiterhin sind für die Auslastung eines Netzes Großkunden von entscheidender Bedeutung. Mit Hilfe von Key Accounts lässt sich die Grundauslastung des Netzes in bestimmten Märkten und Relationen sichern bzw. erhöhen. Dies hat ebenfalls entscheidenden Einfluss auf die erzielbaren Einkaufsraten und damit auf die Preisgestaltung und Wettbewerbsfähigkeit der Dienstleistung. Freilich birgt eine zu starke Abhängigkeit von wenigen Kunden auch hohe Risiken. Vor diesem Hintergrund ist es unabdingbar, den Anteil der Großkunden an Umsatz, Rohertrag und Volumina regelmäßig zu ermitteln und gegebenenfalls darauf Einfluss auszuüben.

Heutzutage werden Logistikdienstleister im Rahmen der internationalen Verflechtung der Produktionsprozesse und ihrer straffen Gestaltung immer mehr dazu gezwungen, zeitdefinierte Produkte und Leistungen anzubieten. Deshalb kommt insbesondere der Überwachung des Servicegrades sowie der Tracking und Tracing Quality Performance im Rahmen der Netzwerksteuerung eine wachsende Bedeutung zu. So ist es beispielsweise für den Logistikdienstleister wichtig zu wissen, ob der in Anspruch genommene Carrier die Ware wie vertraglich vereinbart verschifft hat. Im Falle der Luftfrachtspedition wird so zum Beispiel die Uplift-Performance der Fluggesellschaften überwacht. Dabei wird gemessen, ob eine Sendung wie gebucht abgeflogen wurde. Im Bereich der Seehafenspedition werden, insbesondere in der containerisierten Linienschifffahrt, von den Reedereien Informationen über die Verladung der gebuchten Ware (Rollover-Ratio) und die Laufzeiten von Liniendiensten abgefordert und ausgewertet.

Eine zuverlässige, das heißt pünktliche Transportabwicklung bis hin zur Auslieferung an den Endempfänger ist ein entscheidendes Qualitätsmerkmal. Dies gilt ebenso für die schadensfreie Abwicklung der Sendungen. Zur Beurteilung des Servicegrades eines Carriers ist insofern auch die Schadensquote je Carrier heranzuziehen. Neben der Pünktlichkeit, Zuverlässigkeit oder Schadenshäufigkeit werden aber auch die Konkurrenzfähigkeit der Verschiffungsbedingungen (Rate und Nebenbedingungen) im Vergleich zu anderen Anbietern, die Frequenz der Abfahrten bzw. Abflüge, das Kapazitätsangebot oder die Qualität des Customer Service überwacht und analysiert. Beim Kundenservice geht es vor allem um die Korrektheit und Schnelligkeit der Datenerfassung, Buchung und Dokumentation sowie um die Art und Weise der Reaktion auf Reklamationen.

Im Rahmen der Überwachung der Tracking & Tracing - Performance wird vornehmlich die Datenqualität dahingehend überwacht, ob die relevanten "Events" von Vorgängen wie "picked up", "departed", "arrived " und "delivered" gesetzt wurden. Dies ist Voraussetzung dafür, dass bei Prozessabweichungen rechtzeitig eingeschritten werden kann. Gegebenenfalls muss dabei die Kette derartiger Events entsprechend der Kundenbedürfnisse erweitert und sogar auf Teilaktivitäten herunter gebrochen werden.

2.2. Interorganisationales Supply Chain Controlling

Bieten Logistikdienstleister unternehmensübergreifende Supply Chain Lösungen an, stellt der reine physische Transport nur noch eine Facette des gesamten Dienstleistungsbündels dar. Im Vordergrund stehen hingegen neben der Lagerhaltung weitere Mehrwertdienste, sogenannte Value Added Services, wie etwa das Bereithalten von Bestandsinformationen, Bestell- und Inventurmanagement, Qualitätsprüfung, Übernahme von Montagearbeiten im Lager oder das Betreiben von Call-Centern. Neben dem Aufbau von Know-how zur Entwicklung von Supply Chain Management - Produkten ist dabei insbesondere die Fähigkeit zur Steuerung unternehmensübergreifender Unternehmensverbünde im Sinne eines Systemführers gefordert.

Konkret kann eine Supply Chain Lösung so aussehen, dass für ein bestimmtes Kundensegment, also einen bestimmten Industriesektor, wie etwa der Automobil- bzw. Automobilzulieferindustrie, eine Dienstleistung angeboten wird, die neben dem Purchase Order Management, die Bündelung (Konsolidierung) der Fracht, die Transportplanung, den Luft- und Seetransport, die Export- und Importabwicklung einschließlich Verzollung sowie die Just-in-Time Anlieferung ans Werk beinhaltet. Neben den Warenströmen müssen dabei insbesondere auch Informationsströme koordiniert und gesteuert werden.

So steuert Schenker beispielsweise die Zulieferung aller Teile aus Europa für die Fertigung der A-Klasse von Mercedes-Benz in Brasilien.[17] Über den in Juiz de Fora gelegenen Produktionsstandort wird die Versorgung der südamerikanischen Werke sichergestellt. Schenker übernimmt dabei den Großteil der Organisation, Gestaltung und Kontrolle der Informations- und Güterflüsse entlang der von Europa nach Südamerika reichenden Supply Chain. Ausgangspunkt ist die Produktionsplanung und der Bedarf an Materialien im Werk in Brasilien. Die Zubehörteile, die teilweise von Lieferanten und teilweise von Mercedes-Benz stammen, werden zunächst in einem Consolidation Center in Bremerhaven gebündelt. Dort werden sie auch verpackt, in Container verstaut und im Regelfall verschifft.[18] In Brasilien angekommen, werden die Teile in einem Deconsolidation Center ausgepackt, verzollt, gelagert und im Bedarfsfall Just-in-Time zum Produktionsstandort geliefert. Der gesamte Warenfluss wird über IT abgebildet. Der Auftraggeber Mercedes-Benz erhält eine permanente Rückkoppelung über einzelne Prozesse und Prozessschritte. Diese umfasst beispielsweise Informationen über

- die Einhaltung der Lieferpläne für alle Materialien,
- die Lagerbestände im Consolidation und Deconsolidation Center,
- Pünktlichkeit, Vollständigkeit oder Beschädigungen von Wareneingängen im Consolidation und Deconsolidation Center sowie
- die Korrektheit und Vollständigkeit aller Daten und Dokumente.

Supply Chain Controlling am Beispiel eines integrierten Logistikdienstleisters 237

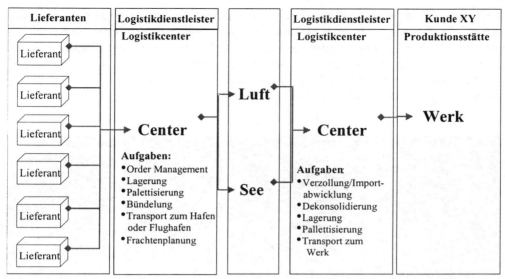

Abbildung 4: Beispiel einer integrierten Supply Chain Lösung (Quelle: *Schneider* (2003b), S. 8)

In Hannover betreibt Schenker auf einer Fläche von 36.000 Quadratmeter ein Logistik- und Produktionsversorgungszentrum für die Nutzfahrzeugsparte von Volkswagen.[19] Um Volkswagen kontinuierlich mit Material versorgen zu können, führt Schenker dort Montageteile von einem knappen Dutzend Zulieferunternehmen zusammen. Durchschnittlich rund 130 LKW steuern dafür werktäglich den Wareneingang bei Schenker an. Hier werden die einzelnen Artikel datentechnisch erfasst, teilweise umverpackt, auf Vollständigkeit und Unversehrtheit kontrolliert, zwischengelagert und sequenzgerecht für die Produktion bereitgestellt. Für diesen Materialfluss unterhält Schenker ein Warehouse-Management-System, mit dem Kleinladungsträger in einem vollautomatischen Kleinteilelager sowie Großladungsträger in Palettenregalen und Blocklagern gesteuert werden. Die Materialanlieferung erfolgt Just-in-Time. Zu diesem Zweck sind die IT-Systeme von Schenker und Volkswagen vernetzt. Physisch ist das Produktionsversorgungs- und Logistikzentrum von Schenker über eine Brücke direkt mit den Montagebändern von Volkswagen verbunden. Über diese Brücke pendeln Elektrowagen und versorgen die Produktion.

Schenker ist auch für den Transport der Teile von den Zulieferern ins Produktionsversorgungszentrum verantwortlich und erbringt dort zusätzlich produktionsnahe Mehrwert-Dienstleistungen. Beispielsweise werden in Hannover Außenspiegel zusammengesetzt und montiert oder Fahrzeug-Innenverkleidungen aus Halbfertigprodukten mit einer Stanzanlage in die endgültige Form gebracht und auf das jeweilige Fahrzeugmodell abgestimmt.

Der gesamte Prozess vom Transport bis hin zur Anlieferung der Teile ans Band wird mittels verschiedener, vornehmlich qualitäts- bzw. leistungsorientierter Kennzahlen – teilweise auf Wunsch des Kunden, teilweise auf eigenen Bedarf hin – überwacht und gesteuert. Dazu zählen beispielsweise Schadensstatistiken, prozessorientierte Fehlerkosten, Kennzahlen über Reklamationen, Abweichungen bei Lagerbeständen oder Fehlerhäufigkeiten bei ausgetauschten Daten.

Abbildung 5: Materialfluss der Produktionsversorgung von Mercedes-Benz in Brasilien durch Schenker (Quelle: In Anlehnung an: *o. V.* (2000), S. 130)

Gerade interorganisationales Supply Chain Management erfordert wegen der hohen Managementkomplexität den Einsatz entsprechender Controlling-Tools. Bei der Entwicklung und Gestaltung von unternehmensübergreifenden Supply Chain Controlling – Lösungen stellt sich dabei insbesondere die Frage, in welcher organisatorischen Form dies erfolgen kann. Entweder werden die Aufgaben dezentral auf die einzelnen Partner verteilt oder zentral beim Systemführer gebündelt. Sofern der Logistikdienstleister der Organisator der Logistikkette ist, spricht vieles dafür, diese Aufgabe bei ihm anzusiedeln.

Um Supply Chain Controlling in unternehmensübergreifenden Netzen betreiben zu können, ist die Integration der IT-Systeme, eine übereinstimmende Definition und Messung gemeinsam genutzter Steuerungsgrößen und gegebenenfalls der Aufbau einer unternehmensübergreifenden Prozesskostenrechnung erforderlich (*Göpfert/Neher* (2002b), S. 36). Dazu müssen zunächst auch die erforderlichen aufbau- und ablauforganisatorischen Voraussetzungen geschaffen werden.

Obwohl bzw. gerade weil sich eigene Controlling-Instrumente wie zum Beispiel das Supply Chain Operations Reference (SCOR) - Modell, das Collaborative Planning, Forecasting and Replenishment (CPFR) - Modell oder das Target Costing für Supply Chains derzeit erst in der Entwicklung befinden,[20] werden bislang neben grundlegenden Kosten- und Leistungsdaten ausnahmslos herkömmliche Kennzahlen und Kennzahlensysteme für die Steuerung und Prozessoptimierung von unternehmensübergreifenden Supply Chains verwendet. Dazu zählen – wie dargelegt – beispielsweise Kennzahlen über Schäden bzw. Fehlmengen, Informationen über Lieferverzögerungen, Meldungen über Sendungsstati oder Lagerbestände.

3. Schlussfolgerungen, Perspektiven und Herausforderungen für das Supply Chain Controlling

Der Markt für Logistikdienstleistungen ist gesamthaft betrachtet ein Wachstumsmarkt. Während auch in dem klassischen Bereich von Transport, Lagerhaltung und Umschlag infolge fortschreitender Globalisierung und anderen Einflussfaktoren mit weiterem Wachstum gerechnet werden kann, ist in dem Bereich Value-Added Services und vor allem in dem Bereich des unternehmensübergreifenden Supply Chain Managements eine überproportionale Expansion zu erwarten. Von dieser Entwicklung dürften insbesondere jene Logistikdienstleister profitieren, denen es gelingt, hohe Netzwerkkompetenz mit Supply Chain Management Fähigkeiten zu verbinden. Für sie bietet sich die Möglichkeit, sich durch ihr Know-how und ihre Methodenkompetenz vom Wettbewerb zu differenzieren und neue Märkte zu erschließen.

Basis für eine effiziente Netzwerksteuerung und damit für ein wirksames Supply Chain Controlling als wesentliche Komponente eines erfolgreichen Supply Chain Managements ist, dass Prozesse soweit wie möglich standardisiert werden. Darüber hinaus erfordert die Steuerung der Netzwerke vor allen Dingen das Vorhandensein einer einheitlichen IT[21], mit der möglichst die komplette interne Wertschöpfungskette abgebildet werden kann. Dabei gilt es zu berücksichtigen, dass bei global operierenden Netzwerkdienstleistern eine hohe Anzahl von Schnittstellen und Beteiligten zu koordinieren und optimieren ist. Dies kann nur durch ein modernes, einheitliches und flexibles IT-System garantiert werden. Standardisierte und alle Dienstleistungen einschließende IT-Systeme mit modularem Charakter sind conditio sine qua non bei der Bewältigung der Anforderungen des Supply Chain Management, insbesondere wenn es um die Beherrschung unternehmensübergreifender Informationsflüsse und Controlling-Prozesse geht. Unkompliziertes „Andocken" von Kundensystemen direkt oder über Portale erleichtert die Vernetzung des Datenaustausches, das Controlling sowie die Abstimmungsprozesse mit dem Kunden und seinen Zulieferern. Vorteile haben dabei in puncto Standardisierung von Prozessen und IT jene Dienstleister, die auf ein eigenes umfangreiches Netz zurückgreifen können und im wesentlichen nicht auf Agenten und Kooperationspartner angewiesen sind.

Große Datenmengen ohne Herausstellen der ausschlaggebenden, für den Erfolg der Leistungserstellung relevanten Erfolgsfaktoren, sogenannter Key Performance Indikatoren, bergen jedoch die Gefahr, von den wirklichen Problemen abzulenken. Insofern muss hinsichtlich der Bereitstellung von aufbereiteten Managementinformationen zwingend ein „soviel wie nötig und soweit verdichtet wie erforderlich" anstelle eines „soviel wie möglich" gelten. Dies verlangt die Festlegung und Definition der für jede Funktion und jede Managementebene relevanten Erfolgsfaktoren.[22] Nur im Abweichungsfall ist es dann erforderlich, dass die entsprechende Managementebene über Zugriffsrechte Einblick und Auswertungsmöglichkeiten über alle für sie relevanten und für die Entscheidungsfindung notwendigen Grunddaten besitzt.

In den vergangenen Jahren legten die führenden Logistikdienstleister ihren Focus vor allem darauf, ihre Netzwerke und deren Leistungsfähigkeit auszubauen. Im Zuge dessen haben sie auch entsprechende Controlling-Instrumente zur Steuerung dieser Netzwerke entwickelt und verfeinert. Die Balanced Scorecard, der selektive Einsatz von Kennzahlen und Kennzahlensystemen, Benchmarking von Prozessen innerhalb des Unternehmens bzw. gelegentlich auch mit dem Wettbewerb sowie vereinzelt die Nutzung der Prozesskostenrechnung[23] sind die hierfür üblicherweise eingesetzten Werkzeuge. Hingegen steckt der Aufbau integrierter, unternehmensübergreifender Supply Chains und damit das Controlling derartiger Leistungs- und Verbundbeziehungen erst in den Anfängen. Ursache hierfür dürften neben mangelnder Konsens- und Kooperationsbereitschaft zwischen den Akteuren insbesondere das Problem einer mangelnden unternehmensinternen Prozessintegration sein. Noch zu oft sind also geteilte Verantwortung, zu viele Prozessschritte und Schnittstellen sowie die mangelnde IT-Integration die Ursachen für Probleme.[24] Insbesondere aber Vertrauen und Offenheit sind Grundvoraussetzungen für langfristig stabile und erfolgreiche, unternehmensübergreifende Wertschöpfungspartnerschaften.[25]

Trotz aller Hemmnisse, die es zu überwinden gilt, liegen in der unternehmensübergreifenden Steuerung von Supply Chains enorme Chancen und Potenziale für die Zukunft. Für alle darin involvierten Parteien bietet interorganisationales Supply Chain Management die Möglichkeit zur Optimierung von Prozessen und zur Reduzierung von Kosten. Es trägt damit in wesentlichem Maße zum Erfolg der Leistungserstellung und zur Verbesserung der Wettbewerbsfähigkeit der daran partizipierenden Partner bei.

Supply Chain Management erfordert aufgrund der hohen Managementkomplexität notwendigerweise ein entsprechendes Controlling. Erst Controlling schafft die Voraussetzungen, bislang noch ungenutzte Potenziale zur Steigerung von Produktivität und Wirtschaftlichkeit innerhalb der Supply Chain zu erschließen. Infolgedessen wird das Supply Chain Controlling in Zukunft erheblich an Bedeutung gewinnen. Da das Controlling unternehmensübergreifender Supply Chains zudem noch in den Kinderschuhen steckt, bietet es bis auf weiteres ein herausforderndes Arbeitsgebiet für Wissenschaft und Praxis.

Anmerkungen

[1] Der Begriff Logistikdienstleister wird nicht einheitlich definiert (vgl. *Bretzke* (1999), S. 220ff; *Aberle* (2000), S. 470). Gemeinsam ist Logistikdienstleistern, dass sie logistische Dienstleistungen wie Transport, Lagerhaltung oder Warenumschlag für ihre Kunden erbringen. Im Wesentlichen setzt sich der Markt für Logistikdienstleister aus Speditionen und Transportunternehmen zusammen (vgl. hierzu insbesondere *Klaus/Müller-Steinfahrt* (2000)). Speditionen sind dabei Unternehmen, die es gewerbsmäßig übernehmen, Güterversendungen durch Frachtführer für Rechnung eines anderen im eigenen Namen zu besorgen. Der Spediteur ist insofern meist nicht selbst Frachtführer. Kritisch zum Begriffswirrwarr darüber, was überhaupt unter Logistik zu verstehen ist: *Hocke/Steffen* (2003).

[2] Zur Entwicklung der Märkte für Transportwirtschaft und Logistik und ihre Ursachen vgl. *Aberle* (2003), S. 276-278; *Rothengatter* (2003), S. 308-314; *Barwig* (2003), S. 324-327; *Zentes/Morschett* (2003), S. 420; *Lange* (2000), S. 45ff; *Deutsche Bank Research* (2002).

[3] Der Bedeutungszuwachs integrierter Logistikkonzepte wird auch in der Literatur einhellig geteilt: vgl. stellvertretend für viele *Aberle* (2003) und *Heinrich* (2003). Nichtsdestotrotz werden auch in Zukunft konventionelle Leistungsangebote wie Transport, Lagerung und Umschlag den größten Anteil an Logistikdienstleistungen ausmachen (*Zentes/Morschett* (2003), S. 421).

[4] Über die Ursachen und Entwicklungen hin zu weiteren Zusammenschlüssen und Akquisitionen informieren – basierend auf empirischen Untersuchungen – ausführlich: *Bjelicic* (2002); *Bjelicic* (2003); *Ernst & Young* (2002).

[5] Ähnlich argumentiert beispielsweise: *Aberle* (2003), S. 281. Ausführlich befassen sich mit den strategischen Optionen von Logistikdienstleistern *Lieb* und *Lange*. Sie unterscheiden drei mögliche Strategien: (1) Fokussierung auf den Ausbau des Netzwerkes (Netzdienstleister). (2) Konzentration auf das Angebot hoch entwickelter integrierter logistischer Systemlösungen ohne eigenes Netzwerk (Supply Chain Management - Logistikdienstleister). (3) Kombination von Netzwerkmanagement-Kompetenzen mit

hochentwickelten Supply Chain Management - Leistungen (Vollsortimenter): vgl. *Lieb/Lange* (2003), S. 451ff.

[6] In der Literatur finden sich unterschiedliche Definitionen des Begriffes Supply Chain Management. Auf eine Aufzählung und Abgrenzung dieser unterschiedlichen Definition wird hier verzichtet. Stellvertretend sei auf *Göpfert/Neher* (2002a), S. 34f verwiesen, die die unterschiedlichen Definitionsansätze systematisieren. Übereinstimmendes Merkmal der meisten Definitionen ist die ganzheitliche Fluss- und Prozessorientierung über Unternehmensgrenzen hinweg.

[7] So sieht beispielsweise *Ihde* den Spediteur als Organisator von Supply Chains: vgl. *Ihde* (1991), S. 38. Ähnlich sieht es *Aberle* (*Aberle* (2003), S. 282), der allerdings den Kreis der Unternehmen, die sich dafür eignen, auf Großspeditionen begrenzt. Auch werden Marktchancen von 4PL-Anbietern, die bislang in Reinkultur ohnehin nicht existieren, eher gering eingeschätzt: vgl. bspw. *Aberle* (2003), S. 284. Auch *Zentes* und *Morschett* (*Zentes/Morschett* (2003), S. 429) sehen Spediteure für die neue Aufgabe bestens gerüstet. Vgl. zu Definition und Begriffsabgrenzung von 3PL, 4PL und LLP beispielsweise *Lindner/Benz* (2002), S. 3; *Deutsche Bank Research* (2002), S. 43f.

[8] Ausführlich zu Unterschieden zwischen von Netzwerkmanagement – hier als intraorganisationales SCM bezeichnet – und interorganisationalem SCM – also unternehmensübergreifendem Prozessmanagement: *Lange* (2000), S. 160ff.

[9] Zur Begründung für die These, das Netzwerk bilde die Basis für den Erfolg, siehe auch *Wörnlein* (2002), S. 3; *Stabenau* (2003), S. 393f; *Lange* (2000), S. 280.

[10] Zu Aufgaben und Funktion des Controlling siehe insbesondere: *Internationaler Controller Verein e.V.* (2001), S. 3ff sowie *Franz/Kajüter* (2002) und *Weber/Bacher/ Groll* (2002a), S. 147f.

[11] Zu Begriff und Aufgaben des Logistik-Controlling stellvertretend für viele: *Weber/Blum* (2001); *Stölzle* (2001); *Weber/Bacher/Groll* (2002b); *Hieber/Nienhaus* (2002). Einen Überblick über die verschiedenen Begriffsabgrenzungen, Zielsetzungen, Aufgaben und Instrumente des Supply Chain Controlling geben: *Göpfert/Neher* (2002a), S. 36ff.

[12] Siehe zum Stand der Verbreitung auch: *Kohler/Köhler* (2002), S. 6; *Placzek/Köhler* (2003), S. 3; *Schneider* (2002a), S. 44; *Eicker/Lelke/Blum* (2003), S. 22f.

[13] Zum Einsatz der Balanced Scorecard als Instrument der strategischen Unternehmensführung in der Logistik ausführlich: *Stölzle* (2001); *Kohler/Köhler* (2002).

[14] Zur Notwendigkeit und Vorteilhaftigkeit der Nutzung einer Scorecard als Instrument zur wertorientierten Unternehmensführung siehe insbesondere: *Wittich* (1999). *Stölzle* äußert sich kritisch dazu. Er präferiert eher eine Verknüpfung mit dem Stakeholder Value Ansatz: vgl. hierzu ausführlicher mit weiteren Nachweisen *Stölzle* (2002), S. 15. Eine detaillierte Erläuterung, wie das Konzept der wertorientierten Unternehmens-

führung im Stinnes Konzern für den Geschäftsbereich Verkehr umgesetzt wird, findet sich in *Stinnes AG* (2001), S. 18ff.

[15] Vgl. zur Ausgestaltung des Luftfracht-Hub-Systems bei Schenker auch *Schmeling* (2003), S. 27.

[16] Eine Darstellung von Kennzahlen zum operativen Controlling in der Luft- und Seefrachtspedition findet sich bei: *Schneider* (2003c). Für den Bereich Lagerhaltung und Landverkehre findet sich eine Darstellung bei *Boecker* (1999); *Boecker* (2001); *Boecker* (2002).

[17] Vgl. hierzu ausführlich *o.V.* (2000), S. 127ff.

[18] Nur ausnahmsweise erfolgt der Transport per Flugzeug.

[19] Vgl. hierzu auch *o. V.* (2003b); *Obst* (2003), S. 18f.

[20] Zu den in der Literatur diskutierten Instrumenten des Supply Chain Controlling siehe insbesondere *Göpfert/Neher* (2002a), S. 37; *Göpfert/Neher*, (2002b); *Weber/Bacher/Groll* (2002a); *Weber/Bacher/Groll* (2002b); *Weber/Bacher/Groll* (2002c); *Weber/Bacher/Gebhardt/Voss* (2002); *Jehle/Stüllenberg/Schulze im Hove* (2002), S. 21f. Bricht man das SCOR-Modell jedoch auf finanzwirtschaftliche Größen – insbesondere den Umschlag des Working Capital – herunter (vgl. *Ceccarello u.a.* (2002)) – wird mit derartigen Kennziffern durchaus intensiv bei Logistikdienstleistern gearbeitet (vgl. *Schneider* (2002b)).

[21] Vgl. hierzu auch *Seifert* (2003), S. 36-37.

[22] Dieses Prinzip vertreten auch *Reichmann* und *Palloks-Kahlen* (*Reichmann/Palloks-Kahlen* (2003), S. 75ff), die Kennzahlensysteme nach dem Drill-down-Prinzip fordern.

[23] Dass die Prozesskostenrechnung nur gelegentlich Verwendung findet, bestätigen auch *Bacher/Groll* (2003), S. 36.

[24] Zu einem ähnlichen Ergebnis kommen *Göpfert* und *Neher* (*Göpfert/Neher* (2002b), S. 38ff; *Göpfert/Neher* (2002b)). Siehe auch *Jehle/Stüllenberg* (2001), S. 210; *KPMG AG* (2001), S. 20 und 24; *Pittiglio Rabin Todd & Mr. Grath* (2003); *Keebler* (2001), S. 339f; *Seifert/Kümmerlen* (2003), S. 6.

[25] Zu einem ähnlichen Ergebnis kommen beispielsweise *Göpfert/Neher* (2002c); *Heinrich* (2003), S. 158; *Schick* (2002).

Literaturverzeichnis

Aberle, G. (2000): Transportwirtschaft – Einzelwirtschaftliche und gesamtwirtschaftliche Grundlagen, 3. Auflage. München, Wien 2000.

Aberle, G. (2003): Volkswirtschaftliche Bedeutung des Logistiksektors: Strategien der Verkehrsunternehmen und ihr Wandel zu Logistikdienstleistern. In: *Merkel, H./Bjelicic, B.* (Hrsg.): Logistik und Verkehrswirtschaft im Wandel – Unternehmensübergreifende Versorgungsnetzwerke verändern die Wirtschaft. Festschrift für Gösta B. Ihde. München 2003, S. 275-290.

Bacher, A./Groll, M. (2003): Prozesskostenrechnung. Zusammen die Kosten im Griff – In der Supply Chain ist eine effektive Kostenoptimierung nur möglich, wenn die gesamte Kette betrachtet wird. In: Logistik Heute (2003)3, S. 36-37.

Barwig, U. (2003): Wohin steuert die Verkehrspolitik im Güterverkehr? In: *Merkel, H./Bjelicic, B.* (Hrsg.): Logistik und Verkehrswirtschaft im Wandel – Unternehmensübergreifende Versorgungsnetzwerke verändern die Wirtschaft. Festschrift für Gösta B. Ihde. München 2003, S. 323-336.

Bjelicic, B. (2002): M & A Trends in Global Transportation. DVB Group Industrial Research (Hrsg.). Frankfurt a. M. 2002.

Bjelicic, B. (2003): Der Wandel der Unternehmensstrukturen in der globalen Verkehrswirtschaft. In: *Merkel, H./Bjelicic, B.* (Hrsg.): Logistik und Verkehrswirtschaft im Wandel – Unternehmensübergreifende Versorgungsnetzwerke verändern die Wirtschaft. Festschrift für Gösta B. Ihde. München 2003, S. 291-306.

Boecker, E. (1999): Qualitätsmessung – Messlatte für die Spedition In: Logistik Heute (1999)7-8, S. 75-76.

Boecker, E. (2001): Distributionslogistik-Controlling. In: Deutsche Verkehrszeitung (2001)58, S. 3.

Boecker, E. (2002): Warehouse Controlling – Die Profitkiller unter der Lupe. In: Deutsche Verkehrszeitung (2002)123, Sonderbeilage Logistik, S. 54.

Bretzke, W.-R. (1999): Überblick über den Markt an Logistik-Dienstleistern. In: *Weber, J./Baumgarten, H.* (Hrsg.): Handbuch Logistik – Management von Material- und Warenflussprozessen. Stuttgart 1999, S. 219-225.

Ceccarello, G. u.a. (2002): Financial Indicators and Supply Chain Integration: An European Study. In: Supply Chain Forum – An International Journal 3(2002)1, S. 44-52.

Deutsche Bank Research (Hrsg.) (2002): Sonderbericht Verkehr in Europa – Privatisierung und Wettbewerb unverzichtbar. Frankfurt a. M. 2002.

Eicker, S./Lelke, F./Blum, M. (2003): Kennzahlengestützte Geschäftssteuerung bei Anbietern von Dienstleistungen in den Branchen Logistik, Entsorgung und Instandhaltung – Ergebnisse einer empirischen Untersuchung. Executive Summary. Arbeitsberichte der Wirtschaftsinformatik. Universität Duisburg-Essen, Institut für Informatik und Wirtschaftsinformatik, Lehrstuhl für Betriebliche Kommunikationssysteme. Duisburg 2003.

Ernst & Young (Hrsg.) (2002): European Deal Survey 2002 Logistics – Mergers & Acquisitions in the Logistics Industry 2002. Berlin 2002.

Franz, K.-P./Kajüter, P. (2002): Zum Kern des Controlling In: *Weber, J./Hirsch, B.* (Hrsg.): Controlling als akademische Disziplin. Wiesbaden 2002, S. 123-130.

Göpfert, I./Neher, A. (2002a): Supply Chain Controlling. Wissenschaftliche Konzeptionen und praktische Umsetzungen. In: Logistik Management 4(2002)3, S. 34-44.

Göpfert, I./Neher, A. (2002b): Controlling-Instrumente – Mangel an Wissen und Vertrauen. Eine Untersuchung des Lehrstuhls Logistik der Universität Marburg widmet sich dem aktuellen Stand des Supply Chain Controlling. In: Logistik Heute (2002)7-8, S. 36-37.

Göpfert, I./Neher, A. (2002c): Beziehungscontrolling – Vertrauen macht stark. Die Optimierung der Wertschöpfungskette gelingt nur, wenn alle Glieder kooperativ zusammenarbeiten. In: Logistik Heute (2002)7-8, S. 38-39.

Heinrich, C.E. (2003): Supply Chain Management – Von der statischen Kette zum dynamischen Netzwerk. In: *Merkel, H./Bjelicic, B.* (Hrsg.): Logistik und Verkehrswirtschaft im Wandel – Unternehmensübergreifende Versorgungsnetzwerke verändern die Wirtschaft. Festschrift für Gösta B. Ihde. München 2003, S.149-159.

Hieber, R./Nienhaus, J. (2002): Supply Chain Controlling – Logistiksteuerung der Zukunft? In: Supply Chain Management (2002)4, S. 27-33.

Hocke, W./Steffen, M. (2003): Die Sprache der Logistiker – Babylon lässt grüßen. In: Internationale Transport Zeitschrift 65(2003)12, S. 42-43.

Ihde, G.B. (1991): Transport, Verkehr, Logistik: gesamtwirtschaftliche Aspekte und einzelwirtschaftliche Handhabung. 2. Auflage. München 1991.

Internationaler Controller Verein e.V. (Hrsg.) (2001): Leitbild und Ziele. Gauting/München 2001.

Jehle, E./Stüllenberg, F. (2001): Kooperationscontrolling am Beispiel eines Logistikdienstleisters. In: *Bellmann, K.* (Hrsg.): Kooperations- und Netzwerkmanagement. Berlin 2001, S. 209-230.

Jehle, E./Stüllenberg, F./Schulze im Hove, A. (2002): Netzwerk-Balanced Scorecard als Instrument des Supply Chain Controlling. In: Supply Chain Management (2002)4, S. 19-25.

Keebler, J.S. (2001): Financial Issues in Supply Chain Management. In: *Mentzer, J.T.* (Hrsg.): Supply Chain Management. Thousand Oaks 2001, S. 321-345.

Klaus, P./Müller-Steinfahrt, U. (2000): Die "Top 100" der Logistik. Eine Studie zu Marktgrößen, Marktsegmenten und Marktführern in der Logistik-Dienstleistungswirtschaft. Hamburg 2000.

Kohler, M./Köhler, U. (2002): Die Balanced Scorecard erobert die Logistik – Ergebnisse einer empirischen Erhebung der Technischen Universität Darmstadt und der Miebach Logistik GmbH. In: Deutsche Verkehrszeitung (2002)59, S. 6.

KPMG Consulting AG (Hrsg.) (2001): Electronic Supply Chain Management. Neue Potenziale durch eBusiness erschließen – Eine Studie zum Stand des Supply Chain Management in Deutschland. München 2001.

Lange, U. (2000): Supply Chain Management und Netzwerkmanagement aus der strategischen Sicht des Logistikdienstleisters am Beispiel eines multimodalen Vollsortimenters. Diss. Duisburg 2000.

Lieb, T.C./Lange, U. (2003): Strategien und Organisationsstrukturen global integrierter Logistikdienstleister In: *Merkel, H./Bjelicic, B.* (Hrsg.): Logistik und Verkehrswirtschaft im Wandel – Unternehmensübergreifende Versorgungsnetzwerke verändern die Wirtschaft. Festschrift für Gösta B. Ihde. München 2003, S. 445-460.

Lindner, A./Benz, M.U. (2002): Die Herren des Netzwerkes – Der Lead Logistics Provider (LLP) positioniert sich als speditionelle Alternative zum 4PL. In: Deutsche Verkehrszeitung (2002)91, S. 3.

Obst, M. (2003): Automobillogistik – Direkte Verbindung. In: Logistics – Das Magazin des Stinnes-Konzerns 13(2003)2, S. 18-19.

o. V. (2000): Fallstudien Schenker Logistics Services: Management einer Supply Chain zur Automobilfertigung in Übersee. In: *Buxmann, P./König, W.* (Hrsg.): Zwischenbetriebliche Kooperationen auf Basis von SAP Systemen – Perspektiven für die Logistik und das Servicemanagement. Berlin u.a. 2000, S. 127-157.

o. V. (2003a): Key Numbers – East-West Cargo Flow Analysis. In: Containerisation International (2003)7, S. 6-7.

o. V. (2003b): Neues Produktionsversorgungszentrum für Volkswagen Nutzfahrzeuge – Schenker sichert Zulieferung mit Lichtwellenleiter-Technologie. Pressemitteilung der Schenker AG vom 16. Mai 2003.

Pittiglio Rabin Todd & Mc. Grath (Hrsg.) (2003): Wie steht's um das Thema Supply Chain Management. In: Logistik Spektrum 15(2003)1, S. 15-16.

Placzek, T./Köhler, U. (2003): Balanced Scorecard für die Logistik. In: Deutsche Verkehrszeitung (2003)29, S. 3.

Reichmann, T./Palloks-Kahlen, M. (2003): Führung in der Logistik mit Kennzahlen. In: *Merkel, H./Bjelicic, B.* (Hrsg.): Logistik und Verkehrswirtschaft im Wandel – Unternehmensübergreifende Versorgungsnetzwerke verändern die Wirtschaft. Festschrift für Gösta B. Ihde. München 2003, S. 69-87.

Rothengatter, W. (2003): Entwicklungsperspektiven für den europäischen Güterverkehr. In: *Merkel, H./Bjelicic, B.* (Hrsg.): Logistik und Verkehrswirtschaft im Wandel – Unternehmensübergreifende Versorgungsnetzwerke verändern die Wirtschaft. Festschrift für Gösta B. Ihde. München 2003, S. 307-322.

Schick, C. (2002): CPFR – Vertrauen steht immer am Anfang. In: Deutsche Verkehrszeitung (2002)123, Sonderbeilage Logistik, S. 56.

Schmeling, U. (2003): Schenker AG – Mehr Erfolg in der Luftfracht mit neuem Hub-System. In: Internationale Transport Zeitschrift 65(2003)25-26, S. 27.

Schneider, C. (2002a): Balanced Scorecard: Erfolg lässt sich messen. In: Internationale Transport-Zeitschrift 64(2002)41, S. 44-45.

Schneider, C. (2002b): Controlling von Working Capital bei Logistikdienstleistern. In: CM Controller Magazin 27(2002)6, S. 540-546.

Schneider, C. (2003a): Controlling der Supply Chain bei einem Logistikdienstleister. In: Distribution – Logistik in Warenfluss und Verteilung 34(2003)1-2, S. 11-12.

Schneider, C. (2003b): Logistikdienstleister als Organisatoren der Transportkette In: Distribution – Logistik in Warenfluss und Verteilung 34(2003)4, S. 8.

Schneider, C. (2003c): Kennzahlengestütztes Controlling in der Luft- und Seefrachtspedition. In: CM Controller Magazin 28(2003)3, S. 216-221.

Seifert, W. (2003): Totale IT-Transparenz: Ein Traum? In: Internationale Transport Zeitschrift 65(2003)25-26, S. 36-37.

Seifert, W./Kümmerlen, R. (2003): Stolpersteine auf dem Siegeszug – Studie: SCM-Projekte leiden unter IT Problemen. In Deutsche Verkehrszeitung (2003)75, S. 9.

Stabenau, H. (2003): Netzwerkmanagement logistischer Dienstleister. In: *Merkel, H./Bjelicic, B.* (Hrsg.): Logistik und Verkehrswirtschaft im Wandel – Unternehmensübergreifende Versorgungsnetzwerke verändern die Wirtschaft. Festschrift für Gösta B. Ihde. München 2003, S. 387-397.

Statistisches Bundesamt Deutschland (Hrsg.) (2003a): Das statistische Jahrbuch 2002 für die Bundesrepublik Deutschland. Wiesbaden 2003.

Statistisches Bundesamt Deutschland (Hrsg.) (2003b): Das statistische Jahrbuch 2002 für das Ausland. Wiesbaden 2003.

Stinnes AG (Hrsg.) (2001): Geschäftsbericht 2000. Mülheim an der Ruhr 2001.

Stölzle, W. (2001): Die Balanced Scorecard in der Logistik – Ein Instrument des strategischen Controllings. In: New Management 70(2001)11, S. 40-48.

Stölzle, W. (2002): Supply Chain Controlling und Performance Management – Konzeptionelle Herausforderungen für das Supply Chain Management. In: Logistik Management 4(2002)3, S. 10-21.

Vahrenkamp, R. (1998): Logistikmanagement. 3. Auflage. München, Wien 1998.

Weber, J./Bacher, A./Groll, M. (2002a): Supply Chain Controlling. In: *Busch, A./Dangelmaier, W.* (Hrsg.), Integriertes Supply Chain Management. Theorie und Praxis effektiver unternehmensübergreifender Geschäftsprozesse. Wiesbaden 2002, S. 145-166.

Weber, J./Bacher, A./Groll, M. (2002b): Konzeption einer Balanced Scorecard für das Controlling von unternehmensübergreifenden Supply Chains. In: Kostenrechnungspraxis. (2002)3, S. 133-141.

Weber, J./Bacher, A./Groll, M. (2002c): Supply Chain Controlling. Zahlen zum Ziel: Die Umsetzung von Supply Chain Controlling gelingt nicht ohne entsprechende Instrumente. In: Logistik Heute (2002)4, S. 40-41.

Weber, J./Bacher, A./Gebhardt A./Voss, P. (2002): Grundlagen und Instrumente des Supply Chain Controlling. In: Supply Chain Management (2002)4, S. 7-17.

Weber, J./Blum, H. (2001): Logistik-Controlling – Konzept und empirischer Stand. Vallendar 2001.

Wittich, M. (1999): Balanced Scorecard – Projekterfahrungen und Erfolgsfaktoren für einen optimierten Einsatz im wertorientierten Controlling. In: CM Controller Magazin 24(1999)6, S. 434-440.

Wörnlein, P. (2002): Das Netzwerk ist die Basis des Erfolges – Interview mit Schenker Vorstand Dr. Thomas Lieb über das See- und Luftfracht-Geschäft. In: Deutsche Verkehrszeitung (2002)4, S. 3.

Zentes, J./Morschett, D. (2003): Die Servicebausteine in der Logistik. In: *Merkel, H./Bjelicic, B.* (Hrsg.): Logistik und Verkehrswirtschaft im Wandel – Unternehmensübergreifende Versorgungsnetzwerke verändern die Wirtschaft. Festschrift für Gösta B. Ihde. München 2003, S. 419-436.

CROSS THE OCEAN – DOOR TO DOOR.

Ocean transport is a vital part of the world economy. And global relations need global standards. This is why Schenker offers a line of products for your global ocean freight needs.

SCHENKER*ocean* is the name of the product family covering global ocean transport, from door to door. High quality and efficiency are supported by long-term contractual relationships with reliable carriers, and bundled with customized pre- and on-carriage arrangements.

There are three product units: SCHENKER*complete*, the service for "Full- Container-Load" cargo (FCL), SCHENKER*combine* for Less-than-Container-Load (LCL), and SCHENKER*projects,* covering customized solutions for breakbulk cargo and all related services demanding extra care. Our logistics experts provide complete solutions, tailor-made for customers of today and tomorrow. Talk to us about your global ocean freight requirements.

For more information, please contact
Schenker AG
Alfredstrasse 81
45130 Essen / Germany
Phone +49(0)201/8781-8471
Fax +49(0)201/8781-8472
E-Mail info@schenker.com
www.schenker.com

Die neuen Seiten des Controlling

zfcm
Erfolgreiches Controlling

Kostenloses Probeheft unter:
Tel. 06 11.78 78-129
Fax 06 11.78 78-423

■ **Fundiertes Know-How:**
Die neue Fachzeitschrift „Controlling & Management" ist schnell, aktuell und lösungsorientiert und bietet für jeden Bedarf die richtige Informationstiefe.

■ **Magazin:**
Der neue Magazinteil liefert einen umfassenden Überblick über Themen, Trends, Tools, Unternehmen und Strategien, Köpfe und Meinungen.

■ **Praxis:**
Controlling & Management „Praxis" beschreibt fundiert Methoden, Instrumente und neue Entwicklungen des Controlling und enthält Praxisberichte zu aktuellen Themen.

■ **Wissenschaft:**
Controlling & Management „Wissenschaft" liefert den State of the Art aus Controlling-Forschung und Wissenschaft.

■ **Nachgewiesene Kompetenz:**
Der renommierte Herausgeber Prof. Dr. Jürgen Weber bringt die Experten der Community zusammen.

■ **zfcm-online:**
Mit einem Klick alles im Blick: Nutzen Sie unser Volltextarchiv im Internet: **www.zfcm.de**

Änderungen vorbehalten. Stand: Juli 2003.

Gabler Verlag · Abraham-Lincoln-Str. 46 · 65189 Wiesbaden · www.gabler.de

GABLER

Kostenrechnung/Controlling

Günter Ebert
Kosten- und Leistungsrechnung
Mit einem ausführlichen Fallbeispiel
9., überarb. Aufl. 2000. 262 S.
Br. EUR 34,00
ISBN 3-409-21123-3

Carl-Christian Freidank /
Elmar Mayer (Hrsg.)
Controlling-Konzepte
Neue Strategien und Werkzeuge
für die Unternehmenspraxis
5., vollst. überarb.u. erw. Aufl. 2001.
XXVIII, 662 S.
Geb. EUR 74,00
ISBN 3-409-53004-5

Wolfgang Kilger / Jochen Pampel /
Kurt Vikas
**Flexible Plankostenrechnung
und Deckungsbeitragsrechnung**
11., vollst. überarb. Aufl. 2002.
XX, 657 S.
Geb. EUR 59,90
ISBN 3-409-16083-3

Thomas Joos-Sachse
**Controlling, Kostenrechnung
und Kostenmanagement**
Grundlagen – Instrumente –
Neue Ansätze
2., überarb. Aufl. 2002. XXII, 350 S.
Br. EUR 29,90
ISBN 3-409-21502-6

Friedrich Keun
**Einführung in die
Krankenhaus-Kostenrechnung**
Anpassung an neue
Rahmenbedingungen
4., überarb. Aufl. 2001. XX, 226 S.
Br. EUR 31,00
ISBN 3-409-42908-5

Beate Kremin-Buch
Strategisches Kostenmanagement
Grundlagen und moderne Instrumente.
Mit Fallstudien.
2., vollst. überarb. Aufl. 2001.
XIV, 226 S. mit 29 Abb.
Br. EUR 26,00
ISBN 3-409-22266-9

Weber, Jürgen / Schäffer, Utz
Balanced Scorecard & Controlling
Implementierung – Nutzen für Manager
und Controller – Erfahrungen in deutschen
Unternehmen
3., überarb. Aufl. 2000. XIV, 355 S.
Geb. EUR 41,00
ISBN 3-409-31518-7

Wolfgang G. Walter
**Einführung in die moderne
Kostenrechnung**
Grundlagen – Methoden – Neue Ansätze.
Mit Aufgaben und Lösungen
2., vollst. überarb. u. erw. Aufl. 2000.
XXIV, 379 S.
Br. EUR 26,00
ISBN 3-409-22246-4

Klaus Wolf / Bodo Runzheimer
Risikomanagement und KonTraG
Konzeption und Implementierung
4., vollst. überarb. u.erw. Aufl. 2003.
261 S. mit 97 Abb.
Br. EUR 42,90
ISBN 3-409-41490-8

Änderungen vorbehalten. Stand: Juli 2003.

Gabler Verlag · Abraham-Lincoln-Str. 46 · 65189 Wiesbaden · www.gabler.de

Konzepte für das neue Jahrtausend

Schlüsselfaktor Materialmanagement

Dieses klar strukturierte und praxisorientierte Lehrbuch vermittelt die wesentlichen Grundlagen einer modernen Beschaffungs- und Lagerhaltung. Dabei werden vom Beschaffungsmarketing bis zum automatischen Kleinteilelager alle wichtigen Themen und aktuellen Trends detailliert dargestellt. Für die 8. Auflage der „Beschaffungs- und Lagerwirtschaft" wurden alle Inhalte auf den neuesten Stand gebracht sowie das Thema e-Business aufgenommen.

Klaus Bichler / Ralf Krohn
Beschaffungs- und Lagerwirtschaft
Praxisorientierte Darstellung mit Aufgaben und Lösungen
8., vollst. überarb. Aufl. 2001.
XVIII, 298 S.
Br. EUR 32,00
ISBN 3-409-30768-0

Schnittstellendisziplin Logistik

O.-E. Heiserich erläutert Instrumente, Methoden und Zusammenhänge der Logistik und integriert fachübergreifende Lösungen aus der Betriebswirtschaftslehre, Informatik und Technik.
In der dritten Auflage geht der Autor u.a. auf den Wandel des Begriffs Logistik, die Restrukturierung der Beschaffungs- und Absatzmärkte und auf die neuen Möglichkeiten der Logistik im Entsorgungsbereich ein.

Otto-Ernst Heiserich
Logistik
Eine praxisorientierte Einführung
3., überarb. Aufl. 2002.
XVIII, 409 S.
Br. EUR 29,90
ISBN 3-409-32238-8

Erfolgspotentiale im Einkauf

Das Lehrbuch gliedert sich nach amerikanischem Vorbild in abgeschlossene, aber inhaltlich zusammenhängende Lerneinheiten. Für jede Lerneinheit sind die Lernziele klar definiert. Mit drei ausführlichen Fallstudien kann der Lernerfolg anwendungsorientiert überprüft werden. Die Ausführungen zur Beschaffungsaufbauorganisation und zu den Erfolgspotentialportfolios sind vollständig überarbeitet. Die rasante Umsetzung von Internet-Technologien im Einkauf ermöglichte es, diese Anwendungen aus strategischer Sicht eingehender zu behandeln.

Large Rudolf
Strategisches Beschaffungsmanagement
Eine praxisorientierte Einführung.
Mit Fallstudien
2., überarb. u. erw. Aufl. 2000.
XII, 314 S.
Br. EUR 29,90
ISBN 3-409-22245-6

Wenn Lieferanten und Kunden zu Partnern werden

Das Supply Chain Management gilt als Bereich mit großen Verbesserungspotentialen. Selten wird jedoch deutlich, wie diese Möglichkeiten konkret auszuschöpfen sind. Das neue Lehrbuch nimmt sich dieser Problemstellung an. Mit vielen Beispielen aus der Praxis.

Hartmut Werner
Supply Chain Management
Grundlagen, Strategien, Instrumente und Controlling
2., vollst. überarb. u. erw. Aufl. 2002. XXVI, 306 S.
Br. EUR 24,90
ISBN 3-409-21635-9

Änderungen vorbehalten. Stand: Juli 2003.

Gabler Verlag · Abraham-Lincoln-Str. 46 · 65189 Wiesbaden · www.gabler.de   **GABLER**